Edition Akzente
Herausgegeben von
Michael Krüger

Karl Heinz Bohrer

Selbstdenker und Systemdenker

Über agonales Denken

Carl Hanser Verlag

1 2 3 4 5   15 14 13 12 11

ISBN: 978-3-446-23758-2
© Carl Hanser Verlag München 2011
Umschlag: Peter-Andreas Hassiepen, München,
nach einem Reihenentwurf von Klaus Detjen
unter Verwendung des Gemäldes »Tod der Virginie«
von Claude Joseph Vernet (1714–1789), Eremitage, Petersburg
Satz: Memminger MedienCentrum AG, Memmingen
Druck und Bindung: Friedrich Pustet, Regensburg
Printed in Germany

Inhalt

Was heißt unabhängig denken?

Die Formel »Unabhängigkeit des Denkens« ist eine geläufig gewordene Qualifikation. Man ist geneigt, sofort sagen zu können, was das ist – das Denken als Unabhängiges. Die Formel gehört zu jenen Attributen im intellektuellen Wertekanon, die wahrscheinlich jeder Intellektuelle gerne für sich selbst in Anspruch nimmt und die bei Laudationes das nächstliegende Prädikat des zu Belobigenden ist: Was in Wirklichkeit ganz selten ist, wird gemeinhin als ganz kommun gehandelt. Wahrscheinlich liegt das daran, dass das Wort »unabhängig« moderne Charakteristika wie »frei«, »individuell«, »eigenwillig«, »selbständig« impliziert. Daher zunächst etwas zur Klärung dessen, was unabhängiges Denken eigentlich heißen kann.

Im scharfen Kontrast zu der Annahme einer Symmetrie der beiden Worte verhält es sich doch so, dass Denken – modernes und vormodernes – gerade durch Abhängigkeit, Bezugnahme geprägt ist. Gedanken, vor allem systematisch formulierte, sind ohne Abhängigkeit von anderen Gedanken meist gar nicht möglich. Eine solche Abhängigkeit sei einmal eine formale genannt. Das macht sie aber noch nicht abhängig im pejorativen Sinne. Innovatorische Philosophen wie Hegel und Heidegger beziehen sich auf vorangegangene Philosophen und kommen durch das Innovatorische zu ihrem unabhängigen Urteil. Sie sind unabhängige Denker par excellence. Umgekehrt ist unsystematisches Denken, das sich auf niemanden bezieht, nicht notwendigerweise unabhängig. Es ist es nämlich dann nicht, wenn es nicht innovatorisch ist, sondern bloß ein individuelles Meinen, so charaktervoll und subjektiv selbstbewusst es auch sein mag. Einem vorhandenen Gedanken zu widersprechen, ist sehr viel leichter, als einen neuen Gedanken zu entwickeln. Kant fand in dieser Differenz das Kriterium des Genies.

Offenbar ist das Charakteristikum des Innovatorischen, also das objektive Merkmal einer Differenz des Gedankens zu anderen Gedanken, zunächst einmal wesentlich bei der Frage, wann ein Denken unabhängig ist. Die ähnliche Kategorie lautet dann »originell«. Das hätte sofort auch Konsequenzen für die Form, den Stil: Denn unabhängiges Denken der erwähnten Philosophen Hegel oder Heidegger zeigte sich auch daran, dass beide einen hochgradig artikulierten Individualstil sozusagen erfanden, eben als Mittel ihres neuen Denkens. Man würde das nicht von Thomas von Aquin oder Immanuel Kant sagen wollen. Diese sind Systemdenker, bei denen die Charakterisierung »Unabhängigkeit des Denkens« nicht so selbstverständlich aufkäme. Nicht deshalb nicht, weil sie abhängig wären oder nicht innovatorisch, sondern weil sie sich im System definierten, insofern sie systemdefiniert waren.

Ganz anders liegt der Fall beim gelehrt-philologischen Denken, denn viele geisteswissenschaftliche Arbeiten, so intelligent sie auch sind, zeugen nicht von einer Unabhängigkeit des Denkens, sondern gerade vom Gegenteil. Die Fußnote, der Bezug auf schon gespeichertes Wissen, spielt ja dort eine ausschlaggebende Rolle, besonders in der deutschen Gelehrtentradition, die deshalb lange berüchtigt war für unlesbare, aber umso gelehrtere Wälzer, und ist noch immer bekannt dafür, dass ihre Studenten mehr zur Lektüre von Sekundärliteratur denn zum selbständigen Nachdenken erzogen werden. Ein anderes Beispiel wäre die deutsche Nachkriegsphilosophie, die im Schatten ihrer eigenen großen Tradition stand, so dass die meisten Lehrstuhlinhaber Philosophieexegese und Philosophiegeschichte betrieben, aber kein eigenes Denken produzierten, wie das doch in Frankreich, den USA und auch in England geschah. Dies setzt allerdings nicht die Einsicht außer Kurs, dass Kenntnisse vor sogenannten Erfindungen schützen sollten.

Und damit ist das Kriterium genannt, das man wohl mit dem Begriff »Unabhängigkeit des Denkens« zu Recht verbindet: die Individualität, die subjektorientierte Eigenschaft. Wenn klar ist, dass Denken sehr wohl sich auf anderes Denken bezieht oder beziehen kann, darf man so weit gehen und sagen, dass die moderne Erwartung auf unabhängiges Denken sich meist nicht auf Systemdenken bezieht, sondern auf ein Denken, das aufgrund sehr individueller Impulse seine innovatorische Qualität hat oder den Mut besitzt, dominierenden Denkmotiven zu widersprechen – und diesen Widerspruch in Neuem zu begründen. Die Gefahr, dass der Begriff »unabhängig« zum Kennwort für eine marktgängige Exzentrik schmilzt, dessen Unterhaltungswert größer ist als sein Denkwert, ist dann ausgeschlossen.

Umgekehrt ist der Fall, wenn denkerische Originalität im spezifisch modern verstandenen Sinne als »eigenwillig« oder gar »eigensinnig« qualifiziert wird. Das ist dann die gönnerhafte Zuordnung der Unabhängigkeit, die Ausnahme geworden ist, durch den biederen Normalfall. Es läge nun nahe, unabhängiges Denken im definierten Sinne an einem zeitgenössischen Beispiel zu beschreiben. Da sich dabei sofort aber die Frage erhebt, ob und wie Unabhängigkeit im von Wissensarchiven und Medien beherrschten zeitgenössischen Diskurs überhaupt möglich ist, gehe ich erst einmal auf historische Distanz, um von dort aus das, was heute ist, genauer beobachten zu können: also ein Blick auf unabhängiges Denken in seiner klassischen Erscheinungsform. Daraus wären dann Kriterien für die Gegenwart zu gewinnen.

Dass Innovatorik nicht allein den Begriff des unabhängigen Denkens bestimmt, sondern Individualität, zeigt sich daran, dass einem auf der Suche nach charakteristischen Beispielen vornehmlich Denker von großer individueller Prägekraft einfallen, deren Genre nicht das System, sondern der Essay war, ja die eine Skepsis gegenüber dem System oft zu ihrem Thema gemacht haben. Damit verbindet sich eine zweite Eigenschaft: Viele dieser Systemskeptiker waren ganz folgerichtig auch politische Antisystematiker, das heißt, die historischen Vertreter eines unabhängigen Denkens würde man nicht unter den Großen der politischen Rede suchen. Von den französischen Moralisten über Lessing, Hamann und Lichtenberg bis zu Heinrich Heine, Friedrich Nietzsche, Oscar Wilde, Georg Simmel und Helmuth Plessner, ganz zu schweigen von Hannah Arendt, Albert Camus, Raymond Aron und Roland Barthes, haben wir es mit Denkern zu tun, die entweder die jeweils dominierende Denkform oder die dominierende Politikform kritisch perspektivierten. Die Genannten taten das allerdings nicht im Sinne einer symmetrischen Opposition, etwa als Vertreter politischer Opposition, sondern aus denkerischen Impulsen.

Es gibt unter dem essayistischen Typus zwei Denker, die für das moderne unabhängige Denken vor allem interessant geworden sind und seitdem auch blieben, nämlich Montaigne und Friedrich Schlegel. Auf der Basis der bei ihnen zu beobachtenden Eigenschaften von selbständigem Denken könnte man klären, ob und wie solche Selbständigkeit in unserer Gegenwart noch möglich ist, wobei ein Dritter, nämlich Friedrich Nietzsche, der Stichwortgeber werden soll. Natürlich meinen diese Namen nur Idealformen, die nicht kurzgeschlossen werden können mit möglichen aktuellen Formen unabhängigen Denkens. Zeitgenössische Autoren unabhängigen Denkens können ohnehin nicht den historischen Rang von Montaigne und Schlegel einholen.

Zunächst ist ein Missverständnis auszuräumen: Mit Individualität ist nicht Montaignes berühmtes autobiographisches Projekt gemeint, das er in seiner Vorrede an den Leser hervorkehrt und das seitdem, nicht zuletzt wegen Rousseaus autobiographischer Bezugnahme, bei der modernen Intelligenz Karriere gemacht hat und heute alles andere als originell ist. Es geht auch nicht um die Anwendung des sokratischen Prinzips »Erkenne dich selbst«, dem Montaigne so emphatisch folgt und das inzwischen ebenfalls zur Ausrüstung jeder konventionellen Autobiographie gehört. Vielmehr ist der zentrale Gedanke gemeint, dass die Individualität des Ich nicht als identisch und in der Zeit kontinuierlich gedacht wird. Und das hat wiederum nichts mit der inzwischen abgenutzten Rimbaudschen Formel »Ich ist ein anderer« zu tun! Es ist ganz ohne solche Prätention gedacht, im Stile einer ruhigen Beobachtung des Alltags gemeint. Damit hängt zusammen die Relativierung jeder nachdrücklichen Aussage, geschweige Wahrheitsannahme und schließlich die Ablehnung der traditionellen Ontologie. Wie weit Montaigne dabei unter dem Einfluss der sogenannten pyrrhonischen Skepsis des Sextus Empiricus stand, ist hier nicht von Belang, denn Montaignes gedankliches Prozedere läuft auf eine lebenspraktischere Einsicht hinaus, ist nicht der Ehrgeiz erkenntnistheoretischer Spekulation. Charakteristisch dabei ist, was er der skeptischen Philosophie vorwirft: den Mangel an einer »neuen Sprache«. Den innovatorischen Charakter, den ihre Skepsis haben mag, bemisst er am Ende an ihrem sprachlichen Ausdruck. Damit hat Montaigne eigenhändig das auch für uns noch charakteristische Kriterium der »Unabhängigkeit« erfunden, ohne es schon wirklich zu thematisieren.

Es ist kein Wunder, dass das rationalistische 17. Jahrhundert unter dem Einfluss Descartes' den Denker Montaigne vergaß und er erst heute in seiner Originalität wieder als relevant empfunden wird. Alles, was von Friedrich Schlegel und Friedrich Nietzsche erfunden worden ist, hat eigentlich Montaigne schon entdeckt. Man muss ihn hören. Satz für Satz lesen, wie er sagt, was er sagt, um das Unabhängige daran buchstäblich vor Augen geführt zu bekommen. Einer der zentralen Sätze über die Wechselhaftigkeit des Ich lautet: »Unsere gewöhnliche Art ist es, den Regungen unserer Begierde zu folgen, nach links, nach rechts, bergauf, bergunter, wie der Wind der Gelegenheiten uns treibt. Wir bedenken, was wir wollen, nur eben in dem Augenblick, in dem wir es wollen, und verwandeln uns wie jenes Tier, das die Farbe des Orts annimmt, an den man es versetzt. Den Vorsatz, den wir im Augenblick gefasst haben, ändern wir bald und kehren bald wieder zu ihm zurück: es ist eitel Unrast und Unbestand.«[1]

1 Michel de Montaigne, *Essais*, Auswahl und Übersetzung von Herbert Lüthy, Zürich 1953, S. 321.

Dieser Hinweis auf den Momentanismus der Existenz ist wahrscheinlich Montaignes kühnster und folgenreichster Gedanke. Vor allem deshalb, weil er ihn nicht dezidiert aus einer a priori angenommenen Idee oder einem Motiv, sondern phänomenologisch im Vollzug beobachtet. Daraus folgt dann sowohl die Problematisierung von Wahrheitsaussagen wie auch die Problematisierung der Ontologie: »Was ich heute behaupte und glaube, das behaupte und glaube ich mit meinem ganzen Glauben; all meine Sinne und Kräfte ergreifen diese Meinung und stehen mir nach ihrem ganzen Vermögen dafür ein. Ich könnte keine Wahrheit mit größerer Inbrunst umfangen und bewahren als diese. Ich bin ganz von ihr eingenommen, ich bin es wirklich; aber ist es nicht vorgekommen, nicht einmal, sondern hundertmal, sondern tausendmal und alle Tage, dass ich eine andere Sache mit diesen gleichen Geisteskräften in dieser gleichen Weise umfing, die ich seitdem als falsch verworfen habe?«[1]

Kein Zweifel, dass normatives Denken die Behauptung über einen emphatisch gegebenen Momentanismus von Aussagen, sofern sie nicht nur Selbsteinschätzung, sondern Welteinschätzung sind, mit guten Gründen anfechten kann. Das zerstört jedoch nicht die Relevanz des Gedankens vom Momentanismus selbst. Vor allem nicht die eigenständige Unvoreingenommenheit, unbekümmert ob vorangegangener anderer Ideen. Montaigne hat die Rücksichtslosigkeit gegenüber gelehrtem Wissen expressis verbis zum Prinzip erhoben, sofern es um das Denken selbst geht, so gelehrt er selbst auch gewesen ist. Die Absage an die Vorstellung von einem »beständigen Sein« ist aber auch die vorweggenommene Absage an alles, was vom deutschen Idealismus gedacht worden ist. Es ist eine Emphatisierung der Existenz vor der Essenz avant la lettre. Nicht zuletzt bezüglich der Vorstellung von Zeit: »denn sie kann nichts Beharrendes und Bleibendes erfassen, weil alles entweder zum Sein unterwegs ist und noch

---

1 A. a. O., S. 464.

gar nicht besteht oder schon zu vergehen beginnt, noch ehe es entstand. Die Blüte des Lebens stirbt und vergeht, wenn das Greisenalter eintritt, und die Jugend endet in der Blüte des Mannesalters, die Kindheit in der Jugend, und das Säuglingsalter in der Kindheit, und der gestrige Tag stirbt im heutigen, und der heutige Tag wird im morgigen sterben; und nichts ist, was bliebe und was immer eins wäre.«[1]

Montaignes Momentanismus kommt hier zu Erklärungen, die erst in der europäischen Literatur des 19. Jahrhunderts zu einem zentralen Motiv gemacht worden sind – gegen das Interesse der amtierenden Philosophie, muss man hinzufügen. Es ist deshalb nicht überraschend, dass dieser Momentanismus weitere intellektuelle Kategorien enthält, die erst im 19. und 20. Jahrhundert entdeckt werden, vor allem die sogenannte Einbildungskraft und die Anziehungskraft der Poesie. Beide sind für Montaigne offensichtlich evidenter als die Urteilskraft. Wir können also sehen, wie die Individualität eines Denkens die beiden Charakteristika der Unabhängigkeit und des Innovatorischen zusammenbringt. Es ist innovatorisch, weil es unabhängig ist. Es ist unabhängig, weil es innovatorisch ist. Wäre es nicht innovatorisch, bliebe es bloß charakteristisch.

Man kann natürlich die Kategorie der Einbildungskraft innerhalb der Geschichte der Ästhetik systematisieren und historisieren. Aber das führt gerade zu keinem Verständnis des denkerisch Unabhängigen daran. Das ist nur zu sehen, wenn und wie diese Kategorie plötzlich Gestalt annimmt. Also nicht aus historischem, sondern phänomenologischem Interesse sei an Vauvenargues' Satz »Große Gedanken entspringen im Herzen«[2] erinnert, der Montaignes Emphatisierung des Gefühls gegen den Verstand, der Erfahrung gegen die Regel, der Phantasie gegen die Vernunft aphoristisch erweiterte. Die französischen Moralisten sind denn auch immer wieder

1 A. a. O., S. 483.
2 Vauvenargues, *Reflexion und Maximen*, in: Fritz Schalk (Hrsg.), *Die Französischen Moralisten*, Bremen 1962, S. 91.

als die Erzengel der Eigenständigkeit und der Originalität des Denkens von denen erinnert worden, die diese Qualität für sich selbst in Anspruch nahmen, so auch von Friedrich Schlegel und Friedrich Nietzsche.

Der Fall Schlegel ist für unseren Kasus besonders aufschlussreich, weil man ihn in ein klares Verhältnis zum Regelfall des deutschen Idealismus setzen kann. Dieser hatte dem neuen Verständnis der Einbildungskraft im System der geistigen Vermögen Rechnung getragen und den Begriff einer »Neuen Mythologie« für sich in Anspruch genommen. Der einschlägige Text *Das älteste Systemprogramm des Deutschen Idealismus*, 1802/1803 gemeinschaftlich von Schelling, Hegel und Hölderlin geschrieben, befand den »höchsten Akt der Vernunft« als einen »ästhetischen«. Schelling betonte das Innovatorische daran, wenn er es als eine Idee ankündigte, die »noch keines Menschen Sinn« gekommen sei. Er nannte es die »Neue Mythologie«, die im »Dienste der Ideen«, das heißt der »Vernunft« stehe. Bis heute gilt diese Definition als das romantische Konzept der Neuen Mythologie.

In Wahrheit aber war es Friedrich Schlegel, der dem schon Ende des 18. Jahrhunderts grassierenden Begriff einer Neuen Mythologie seine eigentliche innovatorische Wendung gab. Er trennte nämlich, so in *Gespräch über die Poesie*, seiner zentralen ästhetiktheoretischen Schrift von 1800, gerade die Phantasie von der Vernunft: »Denn das ist der Anfang aller Poesie, den Gang und die Gesetze der vernünftig denkenden Vernunft aufzuheben und uns wieder in die schöne Verwirrung der Phantasie, in das ursprüngliche Chaos der menschlichen Natur zu versetzen, für das ich kein schöneres Symbol bis jetzt kenne, als das bunte Gewimmel der alten Götter.«[1] Die Mythologie, die es zu erneuern gilt unter der Bedingung der Moderne, hat nach Schlegel den Vorzug, »sinnlich geistig« zur Anschauung zu bringen, »was sonst das Bewußtsein

---

1 Friedrich Schlegel, *Gespräch über die Poesie*, in ders., *Kritische Schriften*, hrsg. von Wolfdietrich Rasch, München 1971, S. 502.

ewig flieht«.[1] Es handelt sich also nicht um den Vorschlag für einen Regress zu den Ursprüngen, nicht um eine Irrationalisierung der Kunst und Literatur, sondern ihre Ablösung – man kann es auch Freiheit nennen – vom klassischen Vernunftbegriff, eine Bindung, die das Systemprogramm der Idealisten ja gerade betonte. Während Schelling ähnlich wie Hegel von der Kunst als Darstellung des Absoluten sprach, also in ihr noch immer eine Funktion der Philosophie sah, wendet Schlegel diese Normentsprechung charakteristischerweise um: Er spricht von der »modernen Phantasie« als »absoluter Phantasie«. In dieser Verschiebung des Substantivs »das Absolute« zum Adjektiv »absolut« liegt das Unabhängige von Schlegels Vorgehen.

Revolutionär unabhängig vor allem, dass er die geschichtsphilosophische Begründung des Ästhetischen aufkündigte, das heißt die teleologische Struktur, in der fast alle zeitgenössischen Ideen gefasst waren. Das war ein Prozess, der sich in seinem noch geschichtsphilosophisch gemeinten *Studium*-Aufsatz ankündigte und in der »Rede über die Mythologie« vollendet worden ist. In einer erhellend kritischen Rezension zu Condorcets rigid teleologischem Geschichtsentwurf heißt es 1795: »Das eigentliche Problem der Geschichte ist die Ungleichheit der Fortschritte in den verschiedenen Bestandteilen der gesamten menschlichen Bildung«.[2] Condorcets »Behauptung wider alle Erfahrung«, so auf den Punkt gebracht, war schon der Tigersprung, der alle anderen Klischees der Geschichtsphilosophie implizit erledigte. Das Innovatorisch-Unabhängige war zu behaupten, Literatur präzisiere sich nicht in ihrem Stellenwert im geschichtlichen Prozess der Vernunft, sondern in ihrer Dignität als Bestandteil des natürlich-anthropologisch zu sehenden Zustands des Menschen und seiner Natur. Dass sich die Utopie der »Neuen Mythologie«

1 A. a. O., S. 501.
2 Friedrich Schlegel, *Condorcets, »Esquisse d'un tableau Historique«*, in: ders., *Kritische Schriften*, a. a. O., S. 236.

als eine reine Poetologie erweist, dass sie anstelle normativer Handlungsziele das ästhetische Ideal eines hochgradigen Symbolismus setzt, hierin lag der entscheidende Bruch mit allen anderen ästhetischen Entwürfen der Epoche, die als ästhetische Utopie gelten könnten (Schiller, Schelling, Novalis).

Revolutionär auch, dass der Poesie nicht, wie später bei Hegel, der Status einer geschichtlich überholten Jugendstufe der menschlichen Kultur zugewiesen wurde, sondern umgekehrt der Status zukünftiger Geistesphasen. Während Schelling eingeführten idealistischen Bahnen folgend dekretiert, er construire in der »Philosophie der Kunst zunächst nicht die Kunst *als* Kunst, als dieses Besondere, sondern ich *construiere das Universum in der Gestalt der Kunst*«,[1] kündigt Schlegel, und dies ist eben innovatorisch, das umgekehrte Prinzip im 252. *Athenäums*-Fragment an: »Eine Philosophie der Poesie überhaupt aber würde mit der Selbständigkeit des Schönen beginnen, mit dem Satz, dass es vom Wahren und Sittlichen getrennt sei und getrennt sein solle, und dass es mit diesem gleiche Rechte habe«.[2] Damit sei Schlegels Entdeckung der Autonomie des Ästhetischen Genüge getan. Man könnte sie noch vielfältig theoretisch erläutern.[3] Wichtig ist abschließend zu sagen, dass diese Form von Unabhängigkeit in der theoretischen Debatte nicht einfach einem subjektiven Widerspruchsgeist geschuldet ist, sondern abgedeckt ist durch die objektive Relevanz des Arguments. Nicht die idealistische, sondern die Schlegelsche Ästhetik hat in der Geschichte der Kunst recht bekommen, was allerdings die Mehrheit der deutschen Geisteswissenschaftler bis heute nicht gemerkt hat.

Montaigne und Friedrich Schlegel gehören zur gleichen intellektuellen Familie. Nicht allein wegen ihres Bruchs mit der Systematik, sondern in viel spezifischerem Sinne, nämlich

---

1 F. W. I. Schelling, *Philosophie der Kunst*, in: ders., *Ausgewählte Schriften*, hrsg. von Manfred Frank, Bd. 2, Frankfurt a. M. 1985, S. 196.

2 Friedrich Schlegel, *Athenäum-Fragmente*, in: ders., *Kritische Schriften*, a. a. O., S. 55.

3 Vgl. S. 93 ff. dieses Buches.

wegen ihrer momentanistischen Zeitvorstellung. Natürlich gehört Nietzsche auch zu dieser Familie. Aber da ist ein ganz neues Moment: Nietzsche formuliert das Kriterium der Unabhängigkeit des Denkens erstmalig als die Primärtugend von Denken überhaupt, er macht diesen Modus selbst zur Thematik seines Denkens. In vielerlei Hinsicht ist er der Erbe von Montaignes Kategorie der nichtidentischen Identität und von Schlegels Kategorie der autonomen Einbildungskraft, natürlich jeweils innerhalb seines neuen Problemhorizonts. Sein Selbstverständnis als Autor eines unabhängigen Denkens ist jedem seiner Texte von Beginn an zu entnehmen, handelt es sich doch von der Tragödienschrift an bis zu den erkenntniskritischen und moraltheoretischen Schriften um subversive Kommentare zur etablierten Philosophie und Geisteswissenschaft.

Und hier stellt sich die erste Frage hinsichtlich der aktuellen Situation. Wenn Unabhängigkeit seit Nietzsches Subversion gegenüber dem, was intellektuell der Fall ist, als Kriterium des Denkens gilt – worin Nietzsche die Kategorien Montaignes und Schlegels verschärfte –, dann wird dieses Kriterium selbst bald absehbar, abnutzbar. Nietzsches Charakteristik solcher Unabhängigkeit, wo sie expressis verbis formuliert ist, nämlich in seiner 1886 geschriebenen zweiten Vorrede zum Aphorismustext *Menschliches, Allzumenschliches*, bezieht sich auf den Untertitel der Schrift: *Ein Buch für freie Geister*. Diese Schrift enthält Zweifel an der traditionellen Metaphysik und der Geistphilosophie des deutschen Idealismus und ihrem Zentrum, dem »Ding an sich«, sie setzt uns der Perspektive eines phänomenologischen Blicks aus, der radikal sein will und als neue Kategorien die der »Oberfläche« und des »Scheins« vorführt.

In der Vorrede, die solche denkerischen Novitäten erklärt, wird der Terminus »freier Geist« erläutert, den wir für eine Umschreibung dessen ansehen dürfen, was unter »unabhängigem Denken« zu verstehen ist. Dabei sollte uns hier nicht Nietzsches spezifische Metaphorik von einer »Neugierde«

nach einer »unentdeckten Welt«, einem »plötzlichen Schrecken« und »Argwohn«, also das Pathos von Nietzsches Selbstentzündung ablenken. Entscheidend bleibt das kulturkritische Argument der »grossen Loslösung« selbst. Denn es verflacht bald. Es fand jene essayistische Nachahmung, die die Formel »unabhängiges Denken« fast diskreditierte. Nietzsche spricht von zukünftigen »freien Geistern« als Kommenden, deren Kommen zu beschleunigen sei – eine Façon der Rede, die in ihrer Terminologie diese Kommenden schon als einen Intellektuellentypus charakterisiert, der sich mehr durch seine Zahl und seine Ansprüche denn durch geistige Unabhängigkeit und Originalität auszeichnet.

Klarzustellen ist hier, dass – was Nietzsche nicht weiter erklärt – sein freier Geist, besser seine freien Geister nichts mit dem Freigeist der aufklärerischen Tradition zu tun haben, obwohl er in späteren Verlautbarungen solche freien Geister die Aufklärung sehr wohl in Anspruch nehmen lässt: aber in einer Aktualisierung, die die geschichtsphilosophischen und moralischen Charakteristika der Aufklärung geradezu umkehrt. Die erste Eigenschaft des »freien Geistes« ist die »Umkehrung gewohnter Werthschätzungen und geschätzter Gewohnheiten«.[1] Hier erkennt man abermals die Problematik des Unabhängigkeitsprinzips, mit dem wir es hier zu tun haben. In Nietzsches Fall ist dessen Proklamation noch immer gedeckt durch die tatsächlich geleistete Novität seines Denkens. Selbst wenn man seine prinzipielle Kritik am Kategoriensystem des deutschen Idealismus, die in späteren Schriften zur sardonischen Satire gerät, systematisch widerlegen würde, ändert das nichts an dem ungeheuren Impakt, den dieses Umkehrungsprinzip bis heute auf das europäische Denken gehabt hat. Vor allem die Phänomenologie des Scheins, die Ästhetik der Oberfläche – wie im Aphorismus »Die Revolu-

1 Friedrich Nietzsche, *Menschliches, Allzumenschliches I*, in: ders., *Sämtliche Werke in 15 Bänden*, hrsg. von G. Colli und M. Montinari, Frankfurt a. M. 1980, Bd. 2, S. 13.

tion in der Poesie« formuliert[1] – hat in all ihren Ausdifferenzierungen bis hin zum Ideal des »Grossen Stils« das Denken über Kunst revolutioniert, so dass es eigentlich erst in unserer Epoche in seiner Aktualität wirklich wahrgenommen und weitergedacht werden kann.

Die weiteren Umschreibungen von Nietzsches Umkehr als »Misstrauen gegenüber der Moral«, als »Schule des Verdachts«, als Mut und Verwegenheit, als »Verschiedenheit des Blicks« – diese Begriffe sind alle eingegangen in das Vokabular der deutschen Kulturkritik. Mit diesem Begriff nun ist noch genauer fixiert, warum der Anspruch, unabhängig zu denken, diese Unabhängigkeit in Frage stellen könnte. Man hat sich genau klarzumachen, was Kulturkritik, von den sechziger und siebziger Jahren des vorigen Jahrhunderts an bis heute, eigentlich noch heißen kann. Montaignes und Friedrich Schlegels Unabhängigkeit vom Mainstream, ihre Originalität und Besonderheit, springen sofort ins Auge. Das darf man auch von Nietzsches Umkehrung »geschätzter Gewohnheiten« behaupten. Ist das aber heute noch der Fall? Nietzsche hatte neben Marx – das ist die Pointe – das Rüstzeug für das Perpetuum mobile einer Kultur- und Ideologiekritik geliefert, die hundert Jahre lang durch kleinere und größere Namen sogenanntes unabhängiges Denken produzierte und wahrscheinlich in Theodor W. Adorno ihren letzten Höhepunkt fand. Der Niedergang dabei war absehbar: Wer Odysseus zum ersten Faschisten erklärt, dessen kulturkritische beziehungsweise ideologiekritische Tiefe und Originalität des Blicks hat schon begonnen, sich in die Stimmung eines Ressentiments zu verlieren, das fortan charakteristisch sein wird für das kulturkritische Denken.

Das Gleiche ist von Adornos Antipoden Heidegger zu sagen, sofern er kulturkritisch auftrat, nämlich Hölderlins späte Hymnik zum Paradigma seiner zeitkritischen Signale benutzte. Heideggers Einfluss auf die dekonstruktivistische französi-

---

1 A.a.O., S. 180–184.

sche Philosophie belegt ebenfalls, was aus Kulturkritik werden musste. Aber eine solche Qualifikation genügt noch nicht. Giorgio Agamben, der sowohl Adornos als auch Heideggers Kulturkritik beerbt hat, führte das Desaster endgültig vor: Wer KZ als Codewort der westlichen Zivilisation setzt, verfällt dem gleichen unterkomplexen Argument wie vorher Adorno und Heidegger: nämlich der falschen Analogisierung. Analogisierung ist ein methodisches Grundprinzip moderner Kulturkritik geworden und trifft sich hierin mit pathologischen Formen der Schizophrenie.

Die definitive Bedingung der Unabhängigkeit von Denken, nämlich Innovatorik und Originalität, ist offensichtlich nicht mehr gesichert selbst in den besten Formen kulturkritischer Gegenwartsphilosophie. Die Ausbildung eines akademischen Heers von Adepten – seien es Adepten Nietzsches, Adornos oder Derridas – ist der gefrorene Widerspruch zur Unabhängigkeit. Man kann das Argument erweitern, wenn man neuere Stichwortgeber der Zivilisationskritik, etwa den französischen Schriftsteller Michel Houellebecq, darauf prüft, was denn an ihrer Verwerfung unserer Zivilisation auch originell und innovatorisch ist. Gibt es da irgendwelche Strukturelemente, die zumindest ansatzweise dem Niveau der Montaigneschen und Schlegelschen Kategorien entsprechen? Oder ist es nicht so, dass die Unabhängigkeit sozusagen tautologisch begründet wird, nämlich im Pathos des Unabhängigkeitsanspruchs selbst? Man kann diese Frage auch an die diskursiven Ansprüche von Gegenwartskünstlern stellen. Gibt es da irgendetwas, das die kulturkritischen Elemente der frühen und mittleren Avantgarde des 20. Jahrhunderts überböte und uns intellektuell zum Erstaunen brächte?

Die rhetorische Frage enthält schon die Antwort, wenn man dabei an die zu Tode gerittenen Ausdifferenzierungen der Concept Art denkt – dem letzten Fall von Kulturkritik. Es handelt sich bei der absehbaren Vakanz im unabhängigen Denken von heute aber nicht einfach um eine Defizienz an Begabungen, auch wenn es so etwas gibt wie intellektuell reiche und arme Epochen. Vielmehr handelt es sich um ein objektives historisches Problem: die Unabhängigkeit, die geschichtlich hinter uns liegt, nicht bloß zu wiederholen, sondern immer wieder zu überbieten durch eine neue Art von Unabhängigkeit. Was Montaignes und Schlegels Denken leistete, konnte es leisten, weil es um die Abarbeitung felsenfester Gültigkeiten ging. Ihre neuen Kategorien, also zweifelhafte Identität und ästhetische Autonomie, gehören aber noch immer nicht zum intellektuellen Besteck, trotz Nietzsche, der davon abgab an Adorno und die französische Gegenwartsphilosophie. Was soll aber heute abgearbeitet werden? Vor allem: In welcher Form soll das geschehen? Bedarf es dazu der epochalen Begabung der Genannten?

Und da ist zumindest eine erste Antwort möglich, nämlich in welcher Form es wahrscheinlich nicht mehr geschehen kann: Es kann wohl nicht mehr ohne großes Risiko in der Form geschehen, in der es so lange geschehen ist – im Essay, jedenfalls nicht in seiner traditionellen, bildungsbürgerlichen Form. Aus zwei Gründen, einem eher soziologisch-kommunikationshistorischen und einem historisch-systematischen. Erstens: Seitdem der intellektuelle Markt innerhalb und außerhalb der Universität weiterhin extrem floriert, vor allem aber die Information und die Debatten in den besseren Zeitungen jedenfalls in Deutschland kein anspruchsvolles Motiv mehr auslassen, das nicht Philosophie und Wissenschaft entstammte, ist unabhängiges Denken nicht mehr in der ursprünglich so begünstigenden Form, der eher intuitiv-assoziativen Prosa, also dem Essay, gesichert! Diese Form selbst hat allzu große Ähnlichkeit mit dem ständigen Gespräch der »chattering classes«. Wurde im Salon des 18. Jahrhunderts noch Material gesammelt für die Paradoxien von La Rochefoucauld, Vauvenargues und Chamfort, so sind die heutigen Salons nicht mehr produktiv für Ähnliches. Man kann das auch rezeptionsästhetisch daran erkennen, dass es seit geraumer Zeit keine Prosa mehr gibt, die öffentlichen Skandal machte oder eine intellektuelle Debatte auslöste – nicht eine

Debatte à la Grass, sondern à la Enzensberger oder Botho Strauß oder Rudolf Burger. Hierin lässt sich genau ermessen, wie sehr sich die Form des originellen kulturkritischen Essays, für den diese die wohl bekanntesten deutschen Kandidaten sind, verbraucht hat.

Zweitens: Wenn Unabhängigkeit sich vornehmlich an der Originalität des Gesagten erweist, die im Essay nicht mehr gesichert ist, dann ist vielleicht eine neue systematische Form gefragt. Es scheint, dass der angedeutete ungeheure Zuwachs an intellektuellem Wissen, vor allem aber die intellektuelle Attitüde im gehobenen kulturellen Diskurs dringend einer Art der puritanischen Ernüchterung bedürfte. Es ist nämlich eine Situation eingetreten, die Nietzsche schon im Buch an die »freien Geister« konstatierte: die Notwendigkeit, zur Strenge wissenschaftlichen Denkens zurückzukehren, also nicht zur Blase Peter Sloterdijks hinzustreben. Ausgerechnet Nietzsche, der den metaphorischen Stil in das Denken eingeführt hat, warnte in *Menschliches, Allzumenschliches* eben davor, wenn er vom »Wahrheitssinn des Künstlers« im gleichnamigen Aphorismus kritisch schreibt: »Der Künstler hat in Hinsicht auf das Erkennen der Wahrheiten eine schwächere Moralität, als der Denker; er will sich die glänzenden, tiefsinnigen Deutungen des Lebens durchaus nicht nehmen lassen und wehrt sich gegen nüchterne, schlichte Methoden und Resultate. Scheinbar kämpft er für die höhere Würde und Bedeutung des Menschen; in Wahrheit will er die für seine Kunst *wirkungsvollsten* Voraussetzungen nicht aufgeben, also das Phantastische, Mythische, Unsichere, Extreme, den Sinn für das Symbolische, die Ueberschätzung der Person, den Glauben an etwas Wunderartiges im Genius: er hält also die Fortdauer seiner Art des Schaffens für wichtiger, als die wissenschaftliche Hingebung an das Wahre in jeder Gestalt, erscheine diese auch noch so schlicht.«[1]

Die Distanz herstellen zu können gegenüber den Verfüh-

---

1 Friedrich Nietzsche, *Menschliches, Allzumenschliches* I, a. a. O., S. 142.

rungen der Kunst, die metaphysische, das heißt abgegoltene Bedürfnisse befriedigt, das sei die Probe auf den »intellectuale(n) Charakter« jedes geistig Ehrgeizigen.[1] Es gehört zu diesem Argument, dass Nietzsche auch der Inspiration und der Improvisation eine scharfe Absage erteilt und an ihre Stelle die analytische Konstruktion setzt.[2] Nichts hat mehr Aktualität heute als diese Kritik Nietzsches an pseudoreligiösen Bedürfnissen des Intellektuellen, an den hyperbolischen Versprechungen einer zum Essay und zur Metapher gewordenen utopischen Philosophie, insofern sie nicht gesamtlich experimentieren. Kein traditioneller Essay also und keine Kulturkritik: Das ist, was formal und inhaltlich an der Tagesordnung wäre (die Abhandlung ist etwas anderes). Gibt es Vorbilder, wenn wir also Schlegel und Montaigne und Nietzsche nicht mehr direkt nachahmen können? Ich denke an Texte wie Reinhart Kosellecks *Kritik und Krise*. Ich denke besonders auch an Roland Barthes' *Mythen des Alltags* oder an Richard Rortys *Kontingenz, Ironie und Solidarität*. Nicht bloß die Inhalte dieser Bücher, sondern die Art und Weise des denkerischen Vorgehens würden ein Vademecum für unsere jetzige Suche nach Unabhängigkeit sein können.

Und was ist gegen den Einwand zu sagen, diese Kritik an der Kulturkritik sei selbst kulturkritisch? Warum ist das nicht so? Die leer gewordene oder abgegoltene Kulturkritik bestand ja darin, dass sie die Wirklichkeit noch immer im Namen eines normativ gesetzten Ideals kritisierte. Mochte das schon im Falle von Rousseau und dann im Falle von Marx höchst zweifelhaft sein, weil diese utopisch geträumte Normen einführten – sei es die Korruption einer ursprünglichen Natur, sei es die Entfremdung von ihr –, so liegen die Zweifel gegenüber ihren modernen Erben deutlich auf der Hand. Man muss hinzufügen, dass Kulturkritik vor allem eine deutsche Spezialität wurde. Das hat wahrscheinlich damit zu tun,

1 A.a.O., S. 145.
2 A.a.O., S. 146.

dass die deutsche Gesellschaft in den kleinen Duodezstaaten keine wirklichen Objekte politischer Betätigung, geschweige imperialer Selbstdarstellung fand. Während die Engländer Geschichte machten, betrieben die Deutschen Geschichtsphilosophie. Diese Differenz zwischen Wirklichkeit und Abstraktion von ihr führte in der konventionellen Kulturkritik zum Ressentiment: nämlich dem Ressentiment gegen Wirklichkeit selbst, weil man immer eine andere »höhere« Wirklichkeit gegen sie anführte, die Welt hinter der Welt. Die hier angewandte Kritik an der Kulturkritik bezieht sich aber nicht auf ein solches »anderes« Kriterium, sondern auf das gedankliche Defizit der Kulturkritik selbst: eben seine vage Transzendenz. Die Kritik an ihr bleibt dagegen immanent.

Damit komme ich auf die beiden erwähnten Beispiele aktueller Unabhängigkeit des Denkens zurück: Barthes' Alltag und Rortys Ironie. Gewiss, beide Bücher sind inzwischen für jede fortgeschrittene intellektuelle Auseinandersetzung so verinnerlicht worden, dass es nicht viel bringt, sie hier noch einmal hermeneutisch abzuklopfen und das zutage kommende intellektuelle Feuer neu zu entfachen. Ich empfinde aber, dass die von ihnen praktizierte induktive Methode die Praxis unabhängigen Denkens befördern könnte. Die Ethnologie erfand ja den Terminus »dichte Beschreibung«. Obwohl ich andere Konsequenzen, die vor allem die zeitgenössische Kulturtheorie zog, äußerst unsympathisch finde, kann man mit dem Begriff einer Beschreibung, die dicht sein soll, wirklich etwas anfangen, wenn man unabhängig denken und sich ausdrücken will. Was haben Montaigne und Friedrich Schlegel anderes getan als eben dies? Sie haben nicht aus Prinzipien abgeleitet, sondern Welt und Kunst phänomenologisch beschrieben. Und wir sind in der glücklichen Situation, dass man sie ja vergessen hat, dass eigentlich ihr ganzer Denktypus gerade in der Kulturkritik nicht wiederholt wurde.

Konsequent in diesem Kontext sollte man also Montaignes und Schlegels Ideen nicht essayistisch wiederholen, aber man könnte sich systematisch von ihrer induktiven Denkform anregen lassen. Am konsequentesten können das Dichter mit intellektuellem Glutkern tun, solche, auf die Nietzsches Verdikt des falschen Poetischen zutrifft: Dichter wie Robert Musil, Franz Kafka oder Samuel Beckett. Wahrscheinlich haben auch Jean-Paul Sartres Drama *Die Fliegen* und sein Roman *Der Ekel* mehr zur Erkenntnis der modernen Welt beigetragen als seine philosophischen Schriften. Denn solche Dichtungen stellen eine Erkenntnisform dar, die in der dichten Beschreibung aus dem dargestellten Phänomen die Funken einer wahrgenommenen Struktur schlägt.

Wir anderen aber, die wir keine Dichter sind, sind dennoch an das gleiche Verfahren gehalten, sollten wir noch einmal unabhängig zu denken versuchen. Nur aus der unbekümmerten, selbstbewussten Konzentration auf das, was zu beschreiben ist, kommt der genuine Einfall, der das intellektuelle Gerede und die konkurrierende Meinung beiseitelässt. Und damit sind wir am springenden Punkt: Man kann die falschen eingefahrenen Wege meiden, man kann sogar das eine oder andere Elixier der Montaigne oder Schlegel, Koselleck, Barthes oder Rorty benutzen, aber den Einfall kann man nicht lernen. Er ist das Unabhängige selbst, das Plötzliche.

Was heißt das aber konkret? Es heißt – um es paradox zu sagen –, dass man Gedanken überhaupt vermeiden muss. Eine von Nietzsches Notizen zum guten Stil enthielt die Empfehlung: auf keinen Fall Gedanken! Was diese Frivolität meinte, war, dass der Gedanke, der schon als Gedanke paradiert – und das tut natürlich der gewöhnliche Gedanke –, nichts taugt, weil er absehbar und verbraucht ist. Der interessante, neue Gedanke, so wäre fortzuführen, entspringt einer überraschenden Sprache, die ihn nicht sofort zu erkennen gibt. Daher ist er »plötzlich«. Das hat nichts mit Gesuchtheit des Stils zu tun, sondern mit einem einfachen Prinzip. Gedanken zu vermeiden, erreicht man am besten durch zwei Vorsichtsmaßnahmen: Keine generelle, im Diskurs schwebende Thematik berühren! Keine Sinnfragen stellen, was die erste Maßnahme schon begünstigt.

Das Innovatorische an Montaigne, Friedrich Schlegel und Nietzsche war ja, dass sie Sinnfragen durch Formfragen ersetzten. Dem wäre nachzustreben.

Der Verdacht wider die Idee

Zum Konflikt zweier Modernen

Das 19. und das 20. Jahrhundert waren voller »großer Ideen«. Was ist eine »Idee« im 19. und 20. Jahrhundert?

»Der Staat ist die Wirklichkeit der sittlichen Idee«.[1] So sprach Hegel in der *Rechtsphilosophie* von 1821. Er sei das »an und für sich *Vernünftige*«,[2] sei »Geist, der sich im Prozesse der Weltgeschichte seine Wirklichkeit gibt«.[3] Mit diesen Begriffen hat man, verkürzt, die idealistische Übertragung der Wirklichkeit an die beiden das geschichtsphilosophische Denken des 19. Jahrhunderts prägenden Kategorien »sittliche Idee« und »Prozess«. Als Rudolf Haym 1857 in seinen *Vorlesungen über Hegel und seine Zeit* diesen als »philosophischen Diktator über Deutschland« attackierte,[4] schien die Relevanz und der Einfluss der Hegelschen Idee mitsamt seiner Geschichtsauffassung zu schwinden.

Aber die Idee hatte in Gestalt von Kategorien wie Revolution, Utopie und Fortschritt ein zu starkes Fundament, das im Vernunftbegriff und seiner geschichtsphilosophischen Begründung zu Ende des 18. Jahrhunderts beruhte. Dass Geschichtsphilosophie noch einmal in der Epoche nach dem Zweiten Weltkrieg aktuell wurde, haben kritisch Reinhart Kosellecks und affirmativ Jürgen Habermas' einschlägige Auseinandersetzungen mit der aus der Aufklärung kommenden Idee der Vernunft als Beschleuniger des Diskurses der Moder-

---

1 G. W. H. Hegel, *Grundlinien der Philosophie des Rechts*, in: ders., *Werke* 7, hrsg. von Eva Moldenhauer und K. M. Michel, Frankfurt a. M. 1986, S. 398.
2 A. a. O., S. 399.
3 A. a. O., S. 405.
4 Vgl. zu Hayms Ausführungen: Joachim Ritter, *Hegel und die Französische Revolution*, Frankfurt a. M. 1965, S. 79.

ne gezeigt. Und als Odo Marquard 1973 seine *Schwierigkeiten mit der Geschichtsphilosophie* veröffentlichte, war offenbar der Anlass sehr akut. Max Webers Sicht auf eine tragische Moderne, seine Auffassung von der »sinnlosen Unendlichkeit des Weltgeschehens« nach dem Ersten Weltkrieg und seinem Bedürfnis nach Erlösung gewiss nicht das Wort der Stunde. Und vor dem Ersten Weltkrieg konnte eine solche Absage an hegelsche Teleologie ebenfalls nicht das letzte Wort des aufgeblühten Historismus sein: Die »Idee« hatte trotz aller Kritik an Hegel prachtvoll überlebt. Die Vorstellung von ihr – so wie sie sich innerhalb der Transzendental- und Subjektphilosophie des deutschen Idealismus zeigte – war allerdings vielfach gebrochen: Hegels eigene Kritik an der Transzendentalphilosophie des deutschen Idealismus im Namen des Prinzips der neuen Zeit und der dialektischen Subjektivität, die Aufspaltungen der Hegelschen Idee in Jung-, Rechts- und Linkshegelianismus, ihre folgenreichste Figur, Karl Marx' Umkehrung der Geschichtsphilosophie in eine materialistische Teleologie, und schließlich die verschiedenen Darstellungen des Historismus von Niebuhr über Ranke, Mommsen und Buckhardt zeigen alle noch diese unterschiedlichen Ausdrucksformen der sogenannten »Idee«, auch wenn sie nicht unter einen identischen Begriff von ihr zu bringen waren. Nicht zu vergessen ist hier auch Michelets historisches Ethos wider die Phantasmen des Romans. Jedenfalls ist die kritische Frage nach der idealistischen Erkenntnistheorie des historischen Denkens aktuell geblieben,[1] und die Kategorie des Prozesses begründet noch immer die Legitimität der »Neuzeit« (Blumenberg) oder der »Zivilisation« (Elias).

Es mag sein, dass die Herrschaft der Idee, sei es die hegelsche oder nachhegelsche, im deutschen 19. Jahrhundert stärker ausgebildet war als in England oder Frankreich. Aber mit Blick auf Hyppolite Taines Beziehung zu Hegels Geschichts-

---

1 Vgl. Jens Nordalm, *Historismus im 19. Jahrhundert. Geschichtsschreibung von Niebuhr bis Meinecke*, Stuttgart 2006.

Idee, zu Carlyles Beziehung zum deutschen Idealismus oder George Eliotts Reverenz an deutsche Denkmotive zeigt sich, wie einflussreich die »Idee« geblieben war, jedenfalls dort, wo offiziell gedacht wurde. Auf einem ganz anderen Blatt steht allerdings die europäische, vornehmlich die britische Welteroberung, in deren Wahrnehmung sich anstelle von Zeitkategorien solche des Raumes anbieten. In deren Licht wirkt die »Idee« ohnehin wie eine Ersatz-Handlung: Wer Geschichtsphilosophie betrieb, machte keine Geschichte. Und wer Geschichte machte, machte keine Geschichtsphilosophie. Die beiden herausragenden englischen Denker des 19. Jahrhunderts, Adam Smith mit seiner Theorie des Marktes und Charles Darwin mit seiner Neuerfindung des Menschen, belegen dieses Faktum hinlänglich. Heinrich Heine, dem Hegel-Studenten, ging der Geschlossenheitsfetischismus der idealistischen Systeme – »das Wahre ist das Ganze, das Ganze ist das Wahre« – gewaltig auf die Nerven, und er reimte 1826: »Zu fragmentarisch ist Welt und Leben! / Ich will mich zum deutschen Professor begeben. / Der weiß das Leben zusammenzusetzen, / Und er macht ein verständlich System daraus; / Mit seinen Nachtmützen und Schlafrockfetzen / Stopft er die Lücken des Weltenbaus.«[1] Aber selbst die pragmatischen Empirebuilder fielen, wenn es ihnen feierlich wurde nach ihrem Tun, auf eindeutig teleologische Erklärungsmodelle und idealistische Anthropologie zurück. Das Wort von »the white man's burden« meinte emphatisch den Geschichtsauftrag des viktorianischen Europäers als ein von Gott gegebenes Gesetz.

Wenn man nun danach fragt, in welcher Form, mit welchen Inhalten und zu welchem Ergebnis die Geisteslandschaft namens »Idee« schon im 19. Jahrhundert angezweifelt oder untergraben wurde, dann ist die Frage nicht ohne Bezug auf die seit dreißig Jahren stattfindende Dekonstruktion der »Idee« zu stellen. Erst Ende des 20. Jahrhunderts ist sie als Erblast

---

1 Heinrich Heine, *Sämtliche Schriften in zwölf Bänden*, hrsg. von Klaus Briegleb, München 1976, Bd. 1, S. 135.

oder Erbkraft für den öffentlichen Diskurs erkennbar demontiert worden. Oder auch nicht! Ob diese Demontage, betrieben vornehmlich von französischen und amerikanischen Denkern – die einflussreichsten waren Michel Foucault, Jacques Derrida, Gilles Deleuze und Paul De Man –, wirklich gelang, wird hier nicht beantwortet werden. Aber der Blick auf die Saboteure der Idee im 19. Jahrhundert wird Argumente dafür liefern, ob und inwiefern der Ideenabbruch nicht nur inhaltlich originell, sondern auch formal gut begründet war. Es wird sich dabei zeigen, in welchem Maße die Saboteure des 19. Jahrhunderts zwar schon Sprengmittel bereitgestellt haben, dabei aber nicht selbst zu neuen »Ideenbildnern« wurden, so wie ihre modernen Nachfolger oft zum Nachteil ihrer Dekonstruktionsarbeit.

Ich beschränke mich auf zwei Stationen oder Schaltstellen der Ideendekonstruktion im 19. Jahrhundert, die die entscheidenden Kategorien für eine solche Subversion geliefert haben:

I. Ästhetische Autonomie und Momentanismus bei Friedrich Schlegel

II. Der Selbstausdruck des ästhetischen Phänomens bei Friedrich Nietzsche

Diese Begriffe und einige mit ihnen verbundenen inhaltlichen Konzepte – vor allem das der Mythologie – sind als ein anderer Diskurs der Moderne zu erkennen als jener, der von Hegels Idee angestoßen wurde und bis zu Jürgen Habermas weitergeführt worden ist.

I. Ästhetische Autonomie und Momentanismus
(Friedrich Schlegel)

Ich beschränke mich auf einen inzwischen berühmten innovatorischen Text der Frühromantik: Friedrich Schlegels *Rede über die Mythologie.* Der Titel von Schlegels *Rede* innerhalb des

Essays *Gespräch über die Poesie* (1800), die so etwas wie die Quintessenz seiner Ästhetik nach den *Athenäums-Fragmenten* darstellt, nennt den Begriff, um den es hier gehen muss: Mythologie bzw. Neue Mythologie. Er wird aus dem Denken der ästhetischen Moderne nicht mehr verschwinden und hat seine Nahtstellen in Nietzsches *Tragödienschrift* von 1872 und in Louis Aragons surrealistischer *Mythologie moderne* von 1926. Um Friedrich Schlegels innovatorische, den Geist des Idealismus im Zentrum treffende neue Begründung eines von der frühen Auflärung, das heißt dem französischen Klassizismus, geächteten Begriffs angemessen einzuschätzen, hat man sich zu vergegenwärtigen, dass er schon in der Selbstkorrektur der Aufklärung auftaucht, eben im Wort von einer »Neuen Mythologie«, die sich von der überlieferten alten unterscheiden will.

Wodurch? Die repräsentative Antwort darauf hat das darob bekannte *Älteste Systemprogramm des deutschen Idealismus* gegeben, formuliert um 1795/96 vom jungen Schelling und Hegel, aber erst während des Ersten Weltkriegs veröffentlicht. Trotzdem gilt Schellings und Hegels Definition einer »Neuen Mythologie« in der geistesgeschichtlichen Rezeption durchweg als das repräsentative Wort der Frühromantik. Ihr Kernsatz lautet: »Ich bin nun überzeugt, daß der höchste Akt der Vernunft, der, in dem sie alle Ideen umfaßt, ein ästhetischer Akt ist und dass Wahrheit und Güte nur in der Schönheit verschwistert sind.«[1] Gegenüber der rationalistischen Distinktion zwischen Dichtung und Philosophie neu ist die Verschmelzung beider. Genauer: Die beiden Referenzpunkte der platonisch-idealistischen Tradition, Logik und Ethik, werden nach diesem Satz erst als ästhetische Rede wirklich sprechend. Dabei wird der ästhetischen Rede keineswegs eine ontologische oder logische Eigenständigkeit zugestanden. Das

---

1 G. W. F. Hegel, *Werke in zwanzig Bänden,* hrsg. von Moldenhauer und K. M. Michel, Frankfurt a. M. 1986, Bd. 1, S. 235.

Kriterium ihres Begriffs bleibt selbstredend das Schlüsselwort der Epoche: die »Vernunft«! Der ästhetische Akt wird nicht substantiell als solcher gefasst, sondern als Funktion eines Überschwenglich-Werdens der »Ideen«, die sich in der Idee der »Schönheit« überbieten. Möglicherweise verdankt sich solche Funktionalisierung des Ästhetischen Schellings einseitig idealistischer Lektüre von Platos Ende des 18. Jahrhunderts viel gelesener Schrift *Phaidros*: Während Plato aber den phänomenologischen Sonderstatus der »Schönheit« gegenüber »Gerechtigkeit« und »Besonnenheit« betont und ihren »Schein« als etwas ganz Spezifisches, nicht Anschlussfähiges denkt,[1] verstehen Schelling/Hegel diese Eigenheit der Schönheit nur relativ, die der Sphäre der Wahrheit und des Guten unmittelbarer noch zu ihrem Ausdruck verhilft.

Friedrich Schlegel, der Schellings Charakteristik des Begriffs einer »Neuen Mythologie« wohl vom Hörensagen kannte, unternahm drei Jahre später den entscheidenden Schritt, auf den alle späteren Fassungen einer Autonomie des Ästhetischen bewusst oder unbewusst zurückgehen, indem er den Begriff der »Poesie« prinzipiell vom Begriff der »Vernunft« trennte. Er hatte Schellings Idee von einer »Höchsten Philosophie«, die »wieder Poesie« werde, in den *Athenäums-Fragmenten* mit Respekt und Erwartung erwähnt, dabei aber hinzugefügt, Schelling gebe seiner »literarischen Kritik der Philosophie« eine falsche Tendenz.[2] Mit »falscher Tendenz« war ganz sicher die Identifizierung der Literatur mit dem philosophischen Begriff gemeint. Was hier aber noch wie eine Differenz im idealistischen Lager selbst klingt, wird in der *Rede über die Mythologie* zur kategorialen Differenz: »Denn das ist der Anfang aller Poesie, den Gang und die Gesetze der vernünftig denkenden Vernunft aufzuheben und uns wieder in die schö-

---

1 Vgl. K. H. Bohrer, *Ästhetik und Historismus. Nietzsches Begriff des Scheins*, in: ders., *Plötzlichkeit. Zum Augenblick des ästhetischen Scheins*, Frankfurt a. M. 1981, S. 114 f.
2 *Athenäums-Fragmente*. In: Friedrich Schlegel, *Kritische Schriften*, a. a. O., S. 62.

ne Verwirrung der Phantasie, in das ursprüngliche Chaos der menschlichen Natur zu versetzen, für das ich kein schöneres Symbol bis jetzt kenne, als das bunte Gewimmel der alten Götter.«[1]

Hier gilt es angesichts der postmodernen Vernunftkritik und ihrer Vorläufer in den zwanziger Jahren des 20. Jahrhunderts genau zu sein und jedes Wort auf die Goldwaage zu legen. Man erkennt dann: 1. Der Vernunft wird keineswegs abgesagt, sie gilt nur unter der Bedingung der poetischen Rede als aufgehoben. 2. Der Reverenz an die Götter der Mythologie, seien sie nun die griechischen oder außereuropäische, heißt nicht, eine Rückkehr zum archaischen Mythos als moderne Diskursform zu fordern. Das Wort vom »Gewimmel der Götter« meint vielmehr die Durchbrechung der rationalistischen, monotheistischen Semantik des Idealismus durch eine metaphorische Sprache in der romantischen Literatur. Mit dieser Klarstellung gegenüber irrationalistischen Vereinnahmungen wird aber auch der Blick auf Schlegels revolutionierendes Projekt einer autonomen ästhetischen Theorie deutlich: Unabgelenkt von der Frage nach der gesellschaftlichen Funktion der Poesie als »Neue Mythologie«, die sein Text ähnlich wie Schelling/Hegels *Systemprogramm* und Friedrich Schillers *Briefe über die ästhetische Erziehung des Menschen* (1795) durchaus auch noch aufwirft, gilt nunmehr das Hauptinteresse dem objektiven Anderssein poetischer Sprache gegenüber der vernunftbestimmten – aber eben nicht im Sinne jenes inflationär gewordenen gegenwärtigen Wissenschaftsjargons, der vom »Anderen der Vernunft« spricht, also diese noch immer als regulatives Prinzip der Kunst ansieht, wenn man denn ihr Besonderes nicht leugnen kann. Gegenüber solcher Verunklärung des Verhältnisses von Vernunft und Poesie verschärft Schlegel erstmalig ihrer beider Widerspruch, nunmehr ohne Rücksicht auf sein ursprüngliches Kriterium der

1 Friedrich Schlegel, *Gespräch über die Poesie*, in: ders., *Kritische Schriften*, a. a. O., S. 502.

Reflexionsmoderne, das ihn via Schillers geschichtsphiloso-phischem Reflexionsmodell des »Sentimentalischen« fünf Jahre vorher noch beschäftigt hatte.[1] Ganz im Widerspruch also zu Schellings und Schillers Ableitung der Poesie aus der Reflexion des modernen Subjekts heißt es, die schon zitierte Definition des Mythos vorbereitend: »Was sonst das Bewußt-sein ewig flieht, ist hier dennoch sinnlich-geistig zu schauen und festzuhalten...[2] Was dieses »Was« nun materiell sein soll, wie sich das dem Bewusstsein Fremde sinnlich darstellt – die-sen Vorgang in Form einer Poetologie formuliert zu haben – , darin liegt der entscheidende Schritt Schlegels. Es ist die Ausführung des Programms, das im 252. *Athenäums-Fragment* schon angedeutet wurde: »Eine Philosophie der Poesie über-haupt aber würde mit der Selbständigkeit des Schönen be-ginnen, mit dem Satz, daß es vom Wahren und Sittlichen getrennt sei und getrennt sein solle, und daß es mit ihm die gleichen Rechte habe.« Das ist die genaue Umkehrung des Identitätsprinzips von Schellings *Philosophie der Kunst* (1803/04), die diese nachdrücklich nicht auf ihren besonde-ren Gegenstandsbereich – eben den ästhetischen – begrün-det, sondern auf Universalien.[3]

Kant hatte im Diktum der *Kritik der Urteilskraft* (»Das Schö-ne ist das, was ohne Begriffe, als Objekt eines allgemeinen Wohlgefallens vorgestellt wird«)[4] Schlegels Annahme von ei-ner Sonderstellung des Schönen jenseits der Vernunft vorge-dacht. Auch Kant trennte das »Wohlgefallen am Guten« von dem »Wohlgefallen am Schönen«: Denn jenes ist an die Ver-nunft geknüpft, auf Begriffe gestützt und »mit Interesse« ver-bunden, während das Schöne begriffslos und »ohne alles In-

---

1 Vgl. Schlegel, *Vorrede zu Über das Studium der griechischen Poesie*, in: ders., *Kritische Schriften*, a. a. O., S. 116.
2 Friedrich Schlegel, *Gespräch über die Poesie*, a. a. O., S. 501.
3 F. W. J. Schelling, *Philosophie der Kunst. Ausgewählte Schriften*, Frankfurt a. M. 1985, Bd. 3, S. 196.
4 Immanuel Kant, *Kritik der Urteilskraft*, Frankfurt a. M. 1974, S. 124.

teresse« gedacht ist.[1] Aber zum einen galt Kants Schönheitsbegriff keineswegs ausdrücklich der Kunst bzw. der Literatur. Zum anderen trennte sein Begriff der »Interesselosigkeit« sich kategorial von Schlegels poetologischen Bestimmungen. Während nun die Identitätsphilosophen des deutschen Idealismus die schon von Kant betonte Autonomie des ästhetischen Urteils wieder aufhoben, indem sie es zugunsten ihrer erneuerten Suche nach dem Absoluten diesem Absoluten selbst wieder unterwarfen, ging Schlegel noch weiter als Kant: Er setzte an die Stelle einer Philosophie der Kunst die Forderung nach dem, was wir heute eine »ästhetische Theorie« nennen würden, ein Gegensatz, der fürderhin das akademische Kunst-Denken des 19. und 20. Jahrhunderts kennzeichnen wird. Die Originalität von Friedrich Schlegels antiidealistischem Entwurf lässt sich auch daran ablesen, dass er, scheinbar im Selbstwiderspruch, die Entstehung der »Neuen Mythologie«, sprich der romantischen Poesie, in Referenz an das »große Phänomen des Zeitalters«, nämlich den »Idealismus« erklärte.[2] Es handelt sich also nicht einfach um einen dezisionistisch gesetzten exzentrischen Einfall, sondern um ein am Kontext des geltenden Paradigmas gewonnenes, dieses Paradigma aber transzendierendes Theorem: Wie der Idealismus, sagt Schlegel, so würde auch die »Neue Mythologie« aus »Nichts« entstehen, »wie durch sich selbst« gesetzt.[3] Die Parallele gilt also dem zeitlichen Modus, nicht dem Gehalt!

Diese offenbar an Fichtes Theorie des sich selbst setzenden Ich orientierte Erklärung – Schlegels Wort »selbst gesetzt« verdeutlicht das nachdrücklich – führt uns zur zweiten Kategorie des antiidealistischen Diskurses, dem des Momentanismus. Der Moment, der die »Neue Mythologie« noch einmal

1 Ebd.
2 Friedrich Schlegel, *Gespräch über die Poesie*, in: ders., *Kritische Schriften*, a. a. O., S. 498.
3 Ebd.

wie aus dem »Nichts« hervorbringt, ist gefasst als »Revolution«.[1] Dabei erscheint der politische Revolutionsbegriff entgrenzt, das heißt fünf Jahre nach der Hinrichtung Robespierres nicht mehr strikt politisch. Auch die spezifisch geschichtsphilosophische teleologische Begründung ist zugunsten einer neuen »Ereignis«-Kategorie zurückgenommen. Was heißt das?

Die Vorstellung vom »Sprung« ist schon dort vorbereitet, wo Schlegel eigentlich noch in geschichtsphilosophischer Tradition denkt. Schon im *Studium*-Aufsatz tauchen anstelle teleologischer Strukturierungen der Geschichte momentanistische auf, auch wenn die Perspektive noch auf eine langzeitliche Zielvorstellung der modernen Poesie gerichtet ist. So ist die Rede von einer »glücklichen Katastrophe«, die den »entscheidenden Augenblick« bringt, wenn die »ästhetische Anarchie« der Gegenwart, gemeint sind die neunziger Jahre des 18. Jahrhunderts, beendet würde und eine »Wiederherstellung echter Kunst«[2] möglich sei. Zu diesem Zeitpunkt dachte Schlegel noch in den Kategorien des Klassizismus, orientiert am Paradigma der griechischen Kunstform des 18. Jahrhunderts. Seine in der Forschung häufig erwähnte Erwägung einer »Ästhetik des Häßlichen«[3], sozusagen als seine kritische Summe der nachklassischen Literatur, bleibt eindeutig negativ kodiert und findet auch im vielzitierten Begriff des »Interessanten«[4] nur ein Indiz für die Krise des Geschmacks. Nichtsdestotrotz kündigt sich in der Benennung solcher Abspaltungssymptome der Kunst vom erhabenen Vorbild der Antike schon der Sinn für den besonderen Moment an: Was im *Studium*-Aufsatz bei der inhaltlichen Bestimmung der Kunst noch idealistisch-teleologisch bleibt, wird bei der zeitlichen Bestimmung schon momentanistisch. Es sind der »plötzliche

1 Ebd.
2 Friedrich Schlegel, *Über das Studium der griechischen Poesie*, in: ders., *Kritische Schriften*, a.a.O., S. 127.
3 A.a.O., S. 193.
4 A.a.O., S. 149.

Sprung«, die »günstige Katastrophe der Zukunft«[1], die schon im *Studium*-Aufsatz eine »ästhetische Revolution« ermöglichen werden.[2] Schlegel stellt sich durchaus dem Problem der idealistischen Theorie der Perfektibilität. Er stimmt zwar dem Vernunftsatz von der »notwendigen unendlichen Vervollkommnung der Menschheit«[3], dem Leitsatz des Idealismus des ganzen 19. Jahrhunderts, noch im Prinzip zu, aber mit einer entscheidenden Einschränkung: »Nur die Anwendung auf die Geschichte kann die schlimmsten Mißverständnisse veranlassen, wenn der Blick fehlt, den eigentlichen Punkt zu treffen, den rechten Moment wahrzunehmen, das Ganze zu übersehen.«[4] »Punkt« und »Moment«, das sind die Perspektive gebenden neuen Wörte einer Sichtweise, die man phänomenologisch nennen kann. Sie sind gegen die traditionelle teleologische Geschichtsphilosophie gerichtet, etwa gegen Condorcets *Esquisse d'une tableau historique des progrès de l'esprit humain*. Dessen dogmatisches Vorverständnis der Ansicht von einer »künftigen grenzenlosen Vervollkommnung der menschlichen Gattung« kritisierend, stellt Schlegel in seinem Kommentar zu dieser Schrift das Kriterium des »Punkts« und des »Moments« noch programmatischer heraus: Condorcet habe die Erkennbarkeit geschichtlicher Gesetzmäßigkeit nicht richtig durchdacht. Der zentrale Punkt des Anstoßes ist für Schlegel Condorcets These, die Vergangenheit sei ein »stetes Fortschreiten«[5] gewesen.

Dagegen stellt Schlegel die These von der Ungleichheit des Beschleunigungsphänomens. Für den innovatorischen Charakter seines Arguments spricht umso mehr, dass Schlegel am Gedanken von einer »unendlichen Perfektibilität« gar nicht zweifelt, sondern daran, dass dieser Gedanke »allein ein

---

1 A.a.O., S. 150.
2 A.a.O., S. 162.
3 A.a.O., S. 156.
4 Ebd.
5 Friedrich Schlegel, *Condorcets »Esquisse d'une tableau historique des progès de l'esprit humain«*, in: ders., *Kritische Schriften*, a.a.O., S. 236.

hinreichendes Prinzip der Geschichte der Menschheit« sei.[1] Schlegel unterminiert also zentrale Begriffe einer Idee, die er als Prinzip noch gar nicht aufgegeben hat! Wir beobachten hier die frühe Dekonstruktion in the making. Das ist der Anfang jedes wohlbegründeten intellektuellen Paradigmenwechsels. Dieser heißt hier: das aufklärerische Modell der fortschreitenden Geschichte durch eine Theorie des Umschlags, des richtigen Moments zu ersetzen. Reinhart Koselleck hat dafür den Begriff »Verzeitlichung« eingeführt, eine dynamische Theorie vom Prozess der Wahrnehmung der Geschichte, der um 1800 eingesetzt habe. Es wäre aber falsch, diesem Prozess eine endgültige Struktur anzurechnen, wie es Koselleck wohl verstand.[2] Vielmehr steht solchem Momentanismus als Verzeitlichung von Beginn an eine statische und symbolische Auffassung des Moments gegenüber. Wenn man nun sich den entscheidenden Gedanken von Walter Benjamins *Geschichtsphilosophischen Thesen* vergegenwärtigt, dass das »Kontinuum der Geschichte« in einem »Augenblick der Aktion« aufgesprengt würde[3], dann erkennt man Schlegels Einwand gegen die teleologische Systematik wieder, die in Hegels Geschichtsphilosophie die erste Hälfte des 19. Jahrhunderts charakterisierte. Hegel wurde nicht von ungefähr zum ersten großen Verächter Friedrich Schlegels, denn schließlich prägten nicht Friedrich Schlegels idealismuskritische Kategorien den Diskurs des 19. Jahrhunderts, sondern die dem Idealismus kompatiblen.

Das radikale ästhetische Argument der vom Vernunftbegriff abgelösten »Neuen Mythologie« von 1800 übernimmt in der Darstellung dieser Mythologie nun die Rolle, die im *Studium*-Aufsatz und im Condorcet-Kommentar von 1795 die Auseinandersetzung mit der Geschichtsphilosophie gehabt hat. Nunmehr wird die 1795 erst geforderte Wahrnehmung

---

1 A. a. O., S. 237.
2 Vgl. S. 55 f. dieses Buches.
3 15. These.

des richtigen »Moments« wirklich vollzogen. Schlegel begreift das neue Zeitalter als ästhetische Revolution, beschreibt den Umschlag dorthin in rein poetologischen Kategorien, die ihrerseits das dezionistische, plötzlich eintretende Überraschungsmoment repräsentieren: So die die »Neuen Mythologie« leitenden Begriffe des »Witzes«, der »Arabeske« und der »Ironie«, die jeweils das schon in den *Athenäums*-Fragmenten entworfene Prinzip einer »Symmetrie von Widersprüchen«[1] vollstrecken, nämlich die »überraschende Zufälligkeit« ihrer Entstehung und das »Kombinatorische« des Gedankens.[2]

Man kann also feststellen: Die für die Zeitphilosophie der Moderne so zentral gewordene Modalität des Tempus ist von Friedrich Schlegel zum einen erstmalig gegen die idealistischen Normen gedacht und zum anderen sofort als ästhetischer Modus formuliert worden. Er hat damit eine dem Idealismus entgegengesetzte Möglichkeit des Diskurses der Moderne eröffnet. Die Virulenz des Gedankens von der »überraschenden Zufälligkeit« ist in unterschiedlichen Dokumenten zwischen Georg Büchner und Heinrich Heine überliefert, am frühesten und nachhaltigsten wohl in Heinrich von Kleists berühmter Erklärung des Ausbruchs der Französischen Revolution, wo es heißt: »Vielleicht, daß es auf diese Art, zuletzt das Zucken einer Oberlippe war, oder ein zweideutiges Spiel an der Manschette, was in Frankreich den Umsturz der Ordnung der Dinge bewirkte.«[3] Ohne auf diese fast frivol wirkende Sentenz im größeren Kontext von Kleists Essay *Über die allmähliche Verfertigung der Gedanken beim Reden* von 1805 einzugehen, ist nur zu betonen, wie hier wie bei Schlegel die geschichtsphilosophische Idee, die auch Kleist partiell

---

1 Friedrich Schlegel, *Gespräch über die Poesie*, in: ders., *Kritische Schriften*, a. a. O., S. 501.

2 Friedrich Schlegel, *Athenäums-Fragmente*, in: ders., *Kritische Schriften*, a. a. O., S. 49.

3 Heinrich von Kleist, *Über die allmähliche Verfertigung der Gedanken beim Reden*, in: ders., *Sämtliche Werke und Briefe*, hrsg. von Helmut Sembdner, München 1977, Bd. 2, S. 321.

noch leitete, durchbrochen wird: Kleist und Schlegel stützen sich statt auf Geschichtsphilosophie auf eine Metapher, die ihrem aktuellen naturwissenschaftlichen Interesse entsprang, der »Elektrizität«. Diese sollte die Beobachtung des plötzlich eintretenden Phänomens gegenüber einem entgegengesetzten Phänomen erläutern, was sich in den Worten Kleists ausspricht: »Die Sprache an sich reißen und etwas Unverständliches zur Welt bringen.«[1]

Wenn Sie Schlegels Terminologie einer »Neuen Mythologie« in Referenz zu Kleists »Plötzlichkeits«-Metaphorik nicht nur mit dem *Ältesten Systemprogramm des deutschen Idealismus*, sondern mit der Schrift vergleichen, die gemeinhin als die eigentliche idealistische Begründung der Reflexionsästhetik der Moderne gilt, nämlich Schillers Aufsatz *Über naive und sentimentalische Dichtung* von 1795, dann erkennen Sie, inwiefern die Schillersche Begründung einer selbstbewussten Moderne im Gedanken der geschichtsphilosophischen Versöhnung nunmehr in Schlegels »Neuer Mythologie« überhaupt keine Rolle mehr spielt und stattdessen das an den Idealismus nicht mehr anschließende Argument der Innovation des Rhetorisch-Formalen tritt. Den Schillerschen Reflexionsbegriff interessiert dies nicht, weil er doch ganz auf den Gedanken einer wieder schön und gut gewordenen Moderne konzentriert ist. Es hängt mit der Vorstellung vom unvorhersehbaren Ereignis zusammen, dass Schlegel die Reflexion aus der Bindung an einen poetischen Sprecher entlässt und die autonome sprachliche Form emphatisiert.[2] Das Subjekt der »Neuen Mythologie« ist das Phantasma eines sich anthropologisch, nicht nur historisch begreifenden Menschen.[3] Das ist keine teleologische Denkfigur mehr, sondern eben eine utopisch-ästhetische. Sie ist nicht mehr orientiert am Projekt der

---

1 A. a. O., S. 323.

2 Vgl. Bernhard Lypp, *Ästhetischer Absolutismus und politische Vernunft. Zum Widerstreit von Reflexion und Sittlichkeit im deutschen Idealismus*, Frankfurt a. M. 1972, S. 80.

3 Friedrich Schlegel, *Gespräch über die Poesie*, a. a. O., S. 501.

Menschheit in der Zeit, sondern an der Erscheinung der Kunst hier und jetzt: d. h. phänomenologisch gültig, nicht dialektisch ausgesetzt. Es ist nur konsequent, wenn Jürgen Habermas in seinem 1985 erschienenen *Philosophischen Diskurs der Moderne* nicht an Friedrich Schlegels, sondern an Schillers Modernitätskonzept anknüpft, nicht an Schlegels »Neuer Mythologie«, sondern an Schellings *Ältestem Systemprogramm.*

II. Der Selbstausdruck des »ästhetischen Phänomens« (Nietzsche)

Wenn ich nun zur entscheidenden Radikalisierung der frühromantischen Absage an den Idealismus, zu Nietzsches dionysischer Ästhetik, komme, zunächst ein Wort zum Begriff »Verdacht«, der unsere Thematik ja erläutert: Friedrich Schlegel und die Romantiker benutzen das Wort nicht, das sehr viel später erst seine kulturkritische Färbung im Sinne einer intellektuellen Verwahrung gegenüber der herrschenden Idee bekommt. Schlegel hat seine Abweichung vom idealistischen Diskurs nicht prinzipiell als solche charakterisiert. Er hat aber – auch mit rhetorischen Mitteln, wie wir sahen – seine Differenz zur Teleologie und zum Reflexionssubjekt markiert. Er hat den Begriff »Verdacht« semantisch vorbereitet, er hat den Verdacht vor allem im Stil der *Athenäums*-Fragmente praktiziert, ohne das Wort zu nennen.

Als Terminus technicus ist er erstmalig von Friedrich Nietzsche in der Vorrede zu *Menschliches, Allzumenschliches I* von 1886 verwandt worden. Nietzsche bezeichnet dort die Gesamtheit seiner Schriften als eine »Schule des Verdachts«, weil in ihnen mit einem »tiefen Verdacht« auf den idealistischen Vernunftdiskurs, sei es in der Kantschen oder Hegelschen Ausprägung, geblickt werde bzw. auf die »Herkunft unserer moralischen Vorurteile«, wie es in der Vorrede zur *Genealogie der Moral* (1887) heißt. In der Vorrede zur *Morgenröthe* (1881) ist die Rede vom »Argwohn«, der das »Vertrauen auf die Vernunft«, das heißt die Gültigkeit »logischer Wertur-theile«, untergrabe, in *Jenseits von Gut und Böse* (1886), wo die erkenntniskritische Polemik gegen Kants *Kritik der reinen Vernunft* und den nachfolgenden deutschen Idealismus mit besonders sardonischer Schärfe formuliert ist[1], gilt der Argwohn der philosophischen Begründung der »Moral«.[2] Ob »Verdacht« oder »Argwohn« – angekündigt wird das Projekt einer Entlarvung der Prätentionen der idealistischen Philosophie der Letztbegründung, der Annahme, unsere moralischen und erkenntnishaften Urteile lägen in einem letzten Grunde. Es ist wohlverstanden eine »Hermeneutik des Verdachts«, weil am Anfang von Nietzsches Verdacht-Terminologie das Ethos des Philologen, sein Interesse für die Genealogie von Texten steht.[3]

Dies im Hintergrund, ist nun zurückzukommen auf die »Neue Mythologie« Schlegels. Denn am Anfang von Nietzsches Vernunft-Kritik steht bekanntlich seine Wiederentdeckung der griechischen Tragödie als Paradigma für die Moderne und damit auch die archaische Mythologie. Ohne dass ein intertextueller Zusammenhang zu vermuten wäre – Nietzsche erwähnt Friedrich Schlegel im Unterschied zu dessen Bruder August Wilhelm zu diesem Zeitpunkt überhaupt nicht –, zeigt die *Tragödien*-Schrift eine prinzipielle Analogie zur »Neuen Mythologie«, wenn man von der antimetaphysischen Bedeutung von Nietzsches »Schein«-Begriff einmal absieht. Die Analogie betrifft sowohl die zentrale Bestimmung als auch wesentliche weitere Attribute der Mythologie. Wir erinnern uns: Schlegel hatte im Unterschied zu Schelling Poesie und Vernunft als absolut unterschiedliche Sphären voneinander getrennt und erstere dem ursprünglichen Chaos der menschlichen Natur sowie einem dem Bewusstsein frem-

1 Friedrich Nietzsche, *Sämtliche Werke*, hrsg. von G. Colli und M. Montinari, Berlin 1967 ff., Bd. 5, S. 24 f.
2 A. a. O., S. 106.
3 Christian Benne, *Nietzsche und die historisch-kritische Philologie*, Berlin 2005, S. 92.

den Zustand zugeschrieben, Distinktionen, die, das ist erklärt worden, unerhört waren innerhalb der idealistischen Kunstphilosophie der Schelling, Hegel und Schiller.

Nietzsches, des Begründers einer tragischen Weltauffassung, Beschreibung der »Erscheinung« des Dionysischen hat seine Ästhetik auf dem Symbolwort des griechischen Gottes Dionysos und dessen Mythologie aufgebaut, so wie sie von der romantischen Mythologieforschung überliefert war. Friedrich Schlegel hat die Figur des Dionysos im *Gespräch über die Poesie* durchaus erwähnt, aber erst Hölderlin benannte ihn als Medium poetisch-dichterischer Inspiration *(Brot und Wein)*. Schlegel hatte aber am Ende des Essays *Gespräch über die Poesie* die Möglichkeit erwogen, wieder Tragödien zu dichten, in denen »alles antik« wäre und dennoch der »Sinn des Zeitalters« enthalten sei. Die Bedingung dafür wäre, »wenn erst die Mysterien und die Mythologie durch den Geist der Physik verjüngt seien«.[1] Das Wort »Mysterien« verweist indirekt auf die Sphäre des Dionysos, das Wort »Physik« verweist auf das gerade entdeckte Phänomen des »Elektrischen«. Nietzsche hat nicht den frühen Schlegel, aber den romantischen mythologischen Zusammenhang gekannt und später seine ursprüngliche Dionysos-Ästhetik auch als noch zu romantisch kritisiert. Aber seine Charakteristik des Dionysischen im ersten Kapitel der Schrift *Die Geburt der Tragödie aus dem Geiste der Musik* hat er nie revidiert.

Nietzsches Beschreibung der Erscheinung des Dionysischen enthält nun wie bei Schlegel ebenfalls das Element der Bewusstlosigkeit, nämlich die Auflösung des Individuationsprinzips[2] sowie die Verankerung in der Natur, dem »innersten Grund« des Menschen[3], was wir ebenfalls schon von Schlegel kennen. Angesichts des Dionysischen versagt die Vernunft, sprich die »logischen Erkenntnisformen« und der

---

1 Friedrich Schlegel, *Gespräch über die Poesie*, a. a. O., S. 529.
2 Nietzsche, *Sämtliche Werke*, a. a. O., Bd. 1, S. 28.
3 Ebd.

»Satz vom Grunde«.[1] An deren Stelle stellt sich eine »wonnevolle Verzückung« ein, die im Modus ihrer Plötzlichkeit erfahren wird. Abermals also die Betonung des emphatischen zeitlichen Modus. Neu ist bei Nietzsche die Emphatisierung eines, wie er sagt, »ungeheuren Grausens«[2], das den Vernunftverlust, den Zustand der Subjektauflösung, begleitet. Dass die ästhetische Faszination vom Schrecken begleitet würde, wird eine stehende Formel in der Kunstauffassung der Avantgarden und der klassischen Moderne der zwanziger Jahre des 20. Jahrhunderts werden. Ich übergehe hier wichtige rhetorische Tradition einer Ästhetik des Erhabenen, die seit dem griechischen Denker Pseudolonginus existiert, aber von Edmund Burke und vor allem von Kant erneuert worden ist.[3]

Entscheidend für unsere Frage bleibt nun, in welcher Weise die Nietzschesche Version einer Ästhetik als Neue Mythologie den Verdacht gegen die Idee verschärft hat. Nietzsches Dionysos-Konzept ist als eine emphatische Alternative zu seiner zeitgenössischen Moderne entwickelt, die in Nietzsches kulturkritischer Perspektive eine letzte, dekadente Phase der sokratischen Vernunft darstellt, die einst die attische Tragödie zerstört habe. Die Tragödie wiederherzustellen – zunächst noch in Gestalt der später verbannten Musik Richard Wagners –, bedeutete also, der gegenwärtigen Erbschaft des Rationalismus und ihrer optimistischen Leugnung der Kontingenz des Lebens[4] aufzukündigen. Es heißt also nicht, eine regressiv-archaische Kultur zurückzufordern! Im Falle von Friedrich Schlegels »Neuer Mythologie« war eine solche Konsequenz auch nicht angedeutet, ja, wie wir sahen, hat Schlegel den Entstehungsmodus der »Neuen Mythologie« mit dem

1 Ebd.
2 Ebd.
3 Vgl. K. H. Bohrer, *Plötzlichkeit*, a. a. O., S. 126 ff.
4 Hierzu Peter Pfaff, *Der verwandelte Orpheus. Zur ästhetischen Metaphysik Nietzsches und Rilkes*, in: Karl Heinz Bohrer (Hrsg.), *Mythos und Moderne. Begriff und Bild einer Rekonstruktion*, Frankfurt a. M. 1983, S. 296.

Ausdruck von Fichtes Idealismus verglichen, nicht inhaltlich, aber formal.

Nietzsches ästhetische Radikalisierung zeigt sich nun vor allem in den Attributen seines dionysischen Verständnisses von Kunst und von zu erneuernder Kultur; auch hier die Analogie zu Schlegels subjektloser Poetologie. Zwei Momente sind zu betonen: Erstens die Transzendenz des subjektiven, vom Ich befreiten Künstlers zum objektiven Stil der Tragödie im Sinne eines lyrischen Gesangs, aus dem nicht mehr die individuelle Persona spricht, sondern die Mythologie.[1] Zweitens das Verständnis des Tragödienhelden als Maske des Dionysos: dass hinter allen tragischen Charakteren die Gottheit stehe.[2] Diese poetologischen Details sind deshalb zu betonen, weil ihnen eine der idealistisch identifizierenden Kunstphilosophie überlegene Erkenntnis ästhetischer Phänomene entspringt. Denn die beiden Gründe für eine Objektivierung des ästhetischen Ausdrucks anstelle der Subjektpriorität kommen aus genauer Formbeobachtung, sind nicht bloß dem vernunftkritischen Impuls geschuldet. Was dieser immer noch an skandalisierenden Kategorien bereithält (z. B. »Wille zur Macht«): au fond handelt es sich um die erste überzeugende Begründung des ästhetischen Ausdrucks qua Beschreibung spezifischer Formen, das heißt um eine Schlegels »Neue Mythologie« fortsetzende Erkenntnis der ästhetischen Differenz, deren aporetischer Charakter, nämlich das Miteinander von emphatisch-ästhetischer Erfahrung und nihilistischem Wissen, im Widerspruch von »Grausen« und »Verzückung« angedeutet bleibt. Insofern entspringt die verbreitete Ansicht, hier werde der »emanzipatorische Gehalt« der Moderne aufgegeben[3], einer einseitigen Auffassung von Moderne. Die von Schlegel, dann von Nietzsche entdeckte Autonomie des

---

1 Nietzsche, Bd. 1, a. a. O., S. 42 f.
2 A. a. O., S. 71 f.
3 Habermas, *Der philosophische Diskurs der Moderne*, Frankfurt a. M. 1985, S. 117.

Ästhetischen wird so in ihrem Charakter verkannt, und zwar wegen ihrer Unanschließbarkeit an pragmatische, politische oder soziale Zielvorstellungen. Stattdessen müsste es darum gehen zu erkennen, dass sich hier nunmehr offenbar zwei Modernen installiert haben, eine philosophische und eine ästhetische, deren Konflikt nicht zu lösen ist, indem man die eine als unzulässige ausscheidet bzw. sie der anderen unterwirft.

Bei diesem Konflikt handelt es sich nicht um jene Ambivalenz,[1] die der Vernunftmoderne von Beginn an zu eigen war. Diese von Beginn an »entzweite« Moderne hat die Opposition des Ästhetischen noch nicht im Blick, sondern meint den Widerspruch, der sich aus einer geschichtsphilosophisch begründeten Differenz der Alltäglichkeit des modernen Menschen zum abstrakt-utopischen Ideal ergibt. Es ist allerdings dieses utopische Ideal, das in Gestalt von Hegel und seinen Nachfolgern die uranfängliche Zensur des ästhetischen Phänomens vornimmt. Nietzsches Mythologie-Konzept hebt zunächst die Zensur auf und statuiert das Ästhetische als ein Problem für die traditionelle Vernunft. Solange diese Priorität der sogenannten ästhetischen Erfahrung als Differenzpunkt erhalten bleibt, solange sie nicht umschlägt – hier traf Habermas den entscheidenden Punkt – in eine Hypostatisierung des Ästhetischen zu Ontologie, zu einer totalisierenden neuen Lehre (wie im Falle Heideggers und Derridas), solange bleibt sie der nicht zu entschärfende Dorn im Auge des Idealismus. Dessen Sichtverengung in metaphysischen Annahmen musste früher oder später zu Konflikten mit einer neuen ästhetischen und auch anthropologischen Erfahrung führen, die auf einen Paradigmawechsel des 19. Jahrhunderts verweist, nämlich den Menschen nicht mehr vom Geist, sondern vom Körper her zu begrifen, wie Nietzsches philologisch-medizinische Metaphysik belegt.

Dieser Konflikt war schon in Friedrich Schlegels die ästheti-

1 A. a. O., S. 57; 59; 392.

sche Form, nicht mehr die historische Zeit betonender Ästhetik von 1800 angelegt. Praktiziert hat ihn Goethes Kunst, deren existentielle, ja mythische Augenblicks-Intensität letztlich im nachdrücklichen Absehen von jedem geschichtsphilosophischen Motiv begründet ist, d. h. prinzipiell dem Schillerschen Reflexionsbegriff des *Sentimentalischen* entfernt blieb. Das war ein Grund dafür, warum Goethes klassischer Stil dem idealistisch erzogenen deutschen Bildungsbürgertum partiell fremd blieb, was Nietzsche charakteristischerweise nicht entgangen ist. Ob Goethes Stil existentieller Präsenz sich letztlich nicht auch gedanklich als der der Geschichtsphilosophie überlegene moderne Impuls herausgestellt hat, sei hier nicht diskutiert. Ästhetische Rede als un-theoretische Rede bedeutet nicht, dass sie gedanklich nichts Neues sagt: Schlegel und Nietzsche sprachen theoretisch über die un-theoretische Rede, Goethe stellte diese selbst dar. Auch in die un-theoretische Rede als Poesie sind nachdrücklich theoretische Elemente eingegangen, aber eben nicht solche der dominierenden Idee, z. B. der Geschichtsphilosophie, deren Geltung jede poetische Darstellung eines besonderen Zeitmoments ästhetisch und gedanklich ruinieren würde.

Nietzsche hat später die kulturkritische Konsequenz aus dem *Tragödien*-Projekt, die Erneuerung der deutschen Kultur, aufgegeben. Er hat aber den Begriff »Dionysos« bzw. »dionysisch« nach über zehnjähriger Vermeidung des Worts wieder aufgegriffen und im Sinne einer »Schein«- und »Oberflächen«-Ästhetik verschärft. Und dabei hat er alle ursprünglichen Bestimmungen aus der *Tragödien*-Schrift aktualisiert. Die Pointe dabei ist, dass es im Kontext der radikalen Kritik an Richard Wagners Musik geschah, die bekanntlich als Medium des Dionysischen durch Bizets Oper *Carmen* substituiert wurde. Ohne auf die musikkritische Relevanz eingehen zu können, sind die spezifischen Charakteristika dieser zweiten dionysischen Ästhetik zu nennen: Sie reklamieren eine Kunst (Musik), die »böse, raffiniert, fatalistisch« sein soll, und diese Eigenschaft entfaltet den Eindruck von »Plötzlichkeit«, also den Modus, der auch die Faszination am ursprünglichen Dionysischen der Tragödie mittrug. Solche Attribute sind als Opposition zur Wagnerschen Musik gesetzt, die nunmehr als Ausdruck des deutschen Idealismus[1] gilt, sei es als »sozialistische Utopie«[2], sei es als Erbe Hegels.[3] Wagner bedeutete, so Nietzsche wörtlich, »die Musik als Idee«.[4] Es heißt hier im Jahre 1888: »Dieselbe Art Mensch, die für Hegel geschwärmt, schwärmt heute für Wagner; in seiner Schule schreibt man sogar Hegelisch! – Vor Allen verstand ihn der deutsche Jüngling. Die zwei Worte ›unendlich‹ und ›Bedeutung‹ genügten bereits: ihm wurde dabei auf eine unvergleichliche Weise wohl. Es ist nicht die Musik, mit der Wagner sich diese Jünglinge erobert hat, es ist die ›Idee‹ –«.[5] Man erkennt die Variante von Nietzsches sardonischer Kritik an den jungen Schülern Kants, die sich für dessen »synthetische Urteile a priori«, das heißt eine Letztbegründbarkeit des moralischen Vermögens, begeistert hätten. Über sie heißt es in Nietzsches Idiom: »Es kam der Honigmond der deutschen Philosophie; alle jungen Theologen des Tübinger Stifts giengen alsbald in die Büsche« und suchten – so ist die Invektive sachlich fortzusetzen – nach Kants moralischem Vermögen.[6] Die rhetorisch-ironische Verve von Nietzsches Invektive von 1886 gegen den idealistischen Jüngling hat in Schlegels *Athenäums*-Fragmenten von 1798 einen an Ironie gleichrangigen Vorläufer: »Die Kantische Philosophie gleicht dem unterschobnen Briefe, den Maria in Shakespeares ›Was Ihr wollt‹ dem Malvolio in den Weg legt. Nur mit dem Unterschiede, daß es in Deutschland zahllose philosophische Malvolios gibt, die nun die Kniegürtel kreuzweise binden, gelbe Strümpfe tragen und

---

1 Nietzsche, *Sämtliche Werke*, Bd. 6, a. a. O., S. 25.
2 A. a. O., S. 21.
3 A. a. O., S. 37.
4 A. a. O., S. 36.
5 Ebd.
6 Nietzsche, *Sämtliche Werke*, Bd. 5, a. a. O., S. 25.

immerfort phantastisch lächeln.«[1] Gewiss ist in solcher Ironie nicht ein charakteristisches Argument gegen die idealistische Philosophie selbst gewonnen, aber eben doch ist das Motiv ihrer Anhänger – eine unspezifische Sehnsucht nach dem Idealen – ausgestellt.

Wir sehen in Nietzsches Invektive gegen Wagners und Kants Jünglinge den Verdacht gegen die Idee rhetorisch at its best praktiziert. Wenn dies selbst schon ein Indikator für ein starkes Argument ist, so hängt Nietzsches Polemik von solcher Rhetorik aber nicht ab. Entscheidend ist, dass seine erneuerte dionysische Ästhetik nunmehr ganz auf Stil und Ausdrucksphänomene beschränkt ist. Er ging dabei so weit, Stil als Gegensatz zum Ausdruck von Gedanken zu definieren: »Vor allem kein Gedanke! Nichts ist compromittirender als ein Gedanke!« *(Der Fall Wagner).* Nietzsches scheinbar frivole Empfehlung will sagen: ein Gedanke, der schon als Gedanke – sprich als »Idee« – paradiert, ist nichts wert. Der interessante Gedanke gibt sich nicht als Idee zu erkennen, sondern in neuen Wörtern. Nietzsches empirische, antimetaphysische und antitheologische Einstellung – inspiriert von seinem Ethos Kritischer Philologie – statuiert den philosophischen und den profanen Idealismus als nicht nur historisch obsolet, sondern als intellektuell korrumpierend.

Die Entdeckung der Selbstreferenz des Ästhetischen ist wahrscheinlich das schneidendste Argument im Verdacht gegen die Idee gewesen. Neben Nietzsche war es der als intellektueller Innovator ihm ähnliche französische Lyriker und Denker Charles Baudelaire, der die Selbstreferenz der ästhetischen Erscheinung in einem überraschenden Beispiel erläutert hat: In seiner Abhandlung über das »Lachen« von 1855 *(De L'Essence de Rire)* unterscheidet Baudelaire zwischen dem gewöhnlichen bzw. signifikativen Komischen (comique signifitif)[2] und dem absoluten Komischen (comique absolut)

---

1 Schlegel, *Athenäums-Fragmente,* in: ders., *Kritische Schriften,* a. a. O., S. 26.
2 Charles Baudelaire, *Œuvres complets,* Paris 1976, Bd. 2, S. 535 f.

bzw. dem Bösen. Während das gewöhnliche Komische immer eine soziale, psychologische oder moralische Kausa enthält bzw. eine solche Eigenschaft bezeichnet, läuft das »absolut Komische« auf die schiere Erscheinungsform von etwas Intensivem, Groteskem, Beunruhigendem hinaus, das nicht begrifflich identifizierbar ist. Als Beispiel wird der Ausdruck des scheinbar geköpften Kopfes eines englischen Clowns beschrieben. Baudelaire unterstreicht kritisch, dass eine solche schiere Ausdruckskunst der kulturellen und moralischen Tradition des französischen Kunstverständnisses krass zuwiderlaufe. Baudelaire kritisiert die »Idee« dieser Tradition.

Nietzsches Beschreibung der Erscheinung des Dionysischen hat – mit einem anderen Beispiel als Baudelaire – eben einen solchen Skandal beschrieben, nämlich die Nichtidentität des ästhetischen Phänomens mit dem Geist, mit der Vernunft, mit der Norm etc. Dabei ist nun für den Charakter des »Verdachts« essentiell, dass es sich nicht um eine fundamentale Gegensetzung handelt, wo der »Mythos« bzw. die ästhetische Rede an die Stelle der »Idee« gesetzt wird, sozusagen deren universalistisches Erbe antretend! Es ist gerade der Umstand entscheidend, dass die Mythologie, von der Schlegel und Nietzsche sprechen, in poetologischer Metaphorik auftritt. Hierin liegt die Stärke des Verdacht-Arguments: Es gibt keine Vermittlungsproblematik mehr zwischen Geist und Natur, die das idealistische Denken umtrieb. Richard Rorty hat unter den zeitgenössischen Philosophen wohl als einziger diese Überholung der Idee durch die ästhetische Rede thematisiert. Er sagt: »Interessante Philosophie ist nur selten eine Prüfung der Gründe für und wider eine These. Gewöhnlich ist sie explizit oder implizit Wettkampf zwischen einem erstarrten Vokabular, das hemmend und ärgerlich geworden ist, und einem neuen Vokabular, das erst halb Form angenommen hat und die vage Versprechung großer Dinge bietet.«[1] Schlegels und Nietzsches Überholung der Sprache des

---

1 Richard Rorty, *Kontingenz, Ironie und Solidarität*, Frankfurt a. M. 1989, S. 30.

Idealismus lässt sich in Rortys Sinne als ein neues Vokabular bezeichnen.

Allerdings – so ist hier hinzuzufügen – nur unter folgender Bedingung: dass die sogenannte »neue« Sprache als »ästhetische« erkannt bleibt und sich als solche von der philosophischen nicht kommandieren lässt. Insofern blieb Rortys Einsicht unklar: Man kann zwar – wie er es getan hat – Friedrich Schlegel als Innovator gegenüber dem Idealismus bezeichnen und sogar Hegels *Phänomenologie des Geistes* als Neue Sprache erkennen. Aber Schlegel war nur innovatorisch, insofern er Erfinder einer Ästhetischen Theorie blieb, und Hegels Stil in der *Phänomenologie* war nur originell, weil sie Ausdruck einer originellen Idee gewesen ist.

Eine abschließende Frage ist zu beantworten: Was drückt sich im neuen antiidealistischen Vokabular Schlegels, Nietzsches und Baudelaires an Staats- und Gesellschaftsauffassung aus? Die Antwort lautet: keine eigentlich politische Ansicht. Friedrich Schlegels *Rede über die Mythologie* denkt die Mythologie zwar als Medium einer neuen Gesellschaft. Diese ist aber nicht als real existierende gefasst, sondern unter der utopischen Perspektive einer »goldenen Zeit«.[1] Die Priorität spiritueller und ästhetischer Prädikate schlägt in allen Äußerungen durch, sei es, dass Schlegel sagt, die wenigen Revolutionäre, die es in der Französischen Revolution gegeben habe, seien »Mystiker« gewesen.[2] Sei es, dass er die Französische Revolution als eine »Allegorie auf das System des transzendentalen Idealismus«[3], sprich romantische Ironie, charakterisiert, oder sei es, dass er die Zukunft der Epoche, den Anfang des 19. Jahrhunderts, darin erklärt, dass man die noch unverständliche Sprache des romantischen Zentralorgans, der Zeitschrift *Athenäum*, dann verstehen werde.[4] Dieser Hinweis,

---

1 Schlegel, *Gespräch über die Poesie*, a. a. O., S. 503.
2 Schlegel, *Ideen*, a. a. O., S. 100.
3 Schlegel, *Über die Unverständlichkeit*, a. a. O., S. 534.
4 Schlegel, *Gespräch über die Poesie*, a. a. O., S. 539.

nicht auf alle Mitglieder der Gesellschaft, sondern auf zukünftige Eingeweihte, findet seine Parallele bei Nietzsche: Hatte sich dessen ursprünglicher Entwurf einer ästhetischen Mythologie bzw. die Wiederentdeckung des Mythos der griechischen Tragödie als kulturkritisches Projekt für alle dargestellt, so revidiert er diesen Anspruch nach Neuformulierung des dionysischen Programms zugunsten eines Anspruchs für einige wenige Auserwählte, sogenannte »freie Geister«, die er erst »am Horizont« auftauchen sieht.[1] Es ließe sich die Distanzierung der Gesellschaft und natürlich auch des Staates im ästhetischen Diskurs durch markante Beispiele – unter anderem Baudelaires Hinweis auf den Dandy als letzten Heros in einer demokratischen Epoche – ergänzen. Man hat von Seiten des politischen und pragmatischen Rationalismus daraus immer wieder das Hauptargument gegen den Verdacht wider die Idee gemacht. Dieses Argument wird aber nur dort tragfähig, wo der Verdacht sich als ein politischer Gegenentwurf äußert, wie in diversen Fällen des frühen 20. Jahrhunderts, wo aus dem ästhetischen Impuls eine politische Idee entsprang (Stefan George, Hofmannsthal, Borchardt und selbst Carl Schmitt[2]), ja aus ästhetischer Autonomie eine politische abgeleitet wurde. Die Verdachts-Semantik verliert in solchem Falle ihr Momentum. Denn ihr Momentum liegt gerade darin, eine solche Identifikation des Nichtvernünftigen, die zu einer neuen Substanz führte, zu vermeiden! Wie wir sahen, ist Schlegels und Nietzsches ästhetischer Argumentation eben dies gelungen. Hierin liegt auch der Unterschied zur postmodernen Dekonstruktion, nicht zur Dekonstruktion Paul De Mans, aber zu der in metaphysischer Absicht ausgeführten, die bei Jacques Derrida zu erkennen ist, partiell auch bei Foucault.[3]

---

1 Friedrich Nietzsche, *Vorrede zu Menschliches, Allzumenschliches*, in: ders., *Sämtliche Schriften*, Bd. 2, S. 15.

2 Vgl. Marcus Twellmann, *Das Drama der Souveränität. Hugo von Hofmannsthal und Carl Schmitt*, München 2004.

3 Jürgen Habermas hat dies einschlägig charakterisiert, ohne dass er al-

Ist aber diese Beschränkung der Vernunftskepsis als ästhetische Rede auf ihre eigene Sphäre nicht zu teuer erkauft? Hätte dagegen ein pragmatischer Anspruch der Vernunftskepsis auf generelle Öffentlichkeit nicht die Logik für sich? Nietzsches Empfehlung, »Gedanken« zu vermeiden, war ja – im Unterschied zu Mallarmés gleicher Empfehlung – nicht auf Literatur beschränkt! Ich habe auf diese heikle Frage keine überzeugendere Antwort als diese: Nietzsche wollte mit seiner Ironisierung des sogenannten »Gedankens« den öffentlichen Diskurs nicht ästhetisieren, sondern entbanalisieren.

Nehmen wir die »Idee« in ihrer erhabensten Erscheinung des 19. Jahrhunderts und den »Verdacht« wider sie in seiner vernünftigsten: Dann kommen wir zu der Einsicht, dass es sich offensichtlich um zwei miteinander im Streit liegende Elemente der Moderne und Nachmoderne handelt, dessen Ausgang absehbar unentschieden bleibt. »Idee« und der »Verdacht« gegen sie bilden offenbar zusammen eine Struktur im westeuropäischen Diskurs. Eine Aufhebung eines dieser beiden Elemente, sei es die Idee oder die Anti-Idee, führt entweder zur Ideologie der Vernunft oder der Gegen-Vernunft. Oder, um es mit den aporetischen Worten Friedrich Schlegels zu sagen: »Es ist gleich tödlich für den Geist, ein System zu haben und keins zu haben. Er wird sich wohl entschließen müssen, beides zu verbinden.«[1]

Das klingt in seiner erlösenden Vagheit wie eine Vorwegnahme der berühmten systemkritischen Sentenz »anything goes« (Feyerabend); sie hat, wenn auch inzwischen gealtert, zur unangestrengten Banalität eingeladen, so dass man sich fast nach einem neuen Idealismus sehnen könnte. Aber wer Friedrich Schlegels Projekt einer archäologischen Philologie kennt, worin er Friedrich Nietzsche vorausging, weiß, dass der

lerdings Schlegel und vor allem Nietzsche hätte miteinbeziehen sollen. Vgl. S. 89 ff. dieses Buches.

1 Schlegel, *Athenäums-Fragmente*, a. a. O., S. 31.

zitierte Satz eine Umschreibung seines Stils der Fragmente ist, die er einmal »philosophische Lehrjahre« genannt hat. Es geht also beim Verdacht gegen die Idee nicht darum, diese durch Bilder, durch Metaphern, durch Essayismus zu ersetzen, sondern darum, Bilder, Metaphern und die poetische Sprache überhaupt nicht mit Ideen zu erklären. Diese Verifizierung des ideenskeptischen Diskurses schützt vor einem oberflächlichen Verständnis im Sinne einer fälschlich ästhetisierenden Postmoderne.

Moderne Diskontinuität

Der Moment als Funktion – der Moment als Substanz

I. Das Problem

Verzeitlichung ist der Begriff, unter dem Beschleunigungsprozesse von diskontinuierlicher Form als das Gesetz der Moderne verstanden worden sind. Diese von Reinhart Koselleck im Rückgriff auf Henry Adams etablierte dynamische Theorie der Geschichte[1] impliziert, dass die Form der Beschleunigung eine fortschreitende ist, quasi einer teleologischen Struktur gehorchend. Um es auf unsere Frage anzuwenden: Der Erste Weltkrieg und sein als »Katastrophe« beschriebener Umbruch wären im Sinne des Koselleckschen Verzeitlichungsbegriffs der zweite große Kontinuitätsbruch nach der Französischen Revolution von 1789. Alle dem Katastrophenbegriff als Zeitform zuarbeitenden Kategorien sollten demnach die reine formale Zeitlichkeit weiter etablieren, im Sinne einer Funktion: nämlich als Begründung der Beschleunigung, inzwischen ohne den geschichtsphilosophischen Horizont, den die Beschleunigungserwartung der Revolution von 1789 noch besaß.

Diese hier sehr verkürzt charakterisierte begriffsgeschichtliche Ableitung[2] des Begriffs »Verzeitlichung«, der weitgehend auf zeitgenössischen Historikern, Geschichtsphilosophen und interessierten Beobachtern der Zeitgeschichte fußt, muss indes in seiner weithin akzeptierten Modernitätsannahme relativiert werden: Dem reinen »Momentanismus«

---

1 Reinhart Koselleck, *Vergangene Zukunft. Zur Semantik geschichtlicher Zeit*, Frankfurt a. M. 1979, S. 77, 321–329
2 Hierzu kritisch: Ludolf Herbst, *Komplexität und Chaos. Grundzüge einer Theorie der Geschichte*, München 2004, S. 171 f.

des historischen Zeitflusses, wie ihn namhafte Denker der Jahrhundertschwelle von 1800 erkannten, steht von Beginn an eine Statik und Symbolik in der Auffassung solcher Momente gegenüber, deren Semantik sich in der zweiten Hälfte des 19. Jahrhunderts sozusagen dialektisch verschärft. Dem emphatischen Beschleunigungsgesetz wird nachdrücklich das Gesetz einer die Beschleunigung verlangsamenden Bedeutung entgegengesetzt. Es ist daher kein Zufall, dass dieser Gegensatz nicht von Historikern, sondern von zwei die Epoche prägenden Denkern, einem Schriftsteller und einem literarisch angeregten Philosophen, formuliert wurde: von Friedrich Nietzsche und Charles Baudelaire, also von Erfindern einer konsequenten ästhetischen Theorie der Moderne.

Nietzsche hat, sozusagen als Revision seiner eigenen Anfänge, seit 1878 eine gegenrevolutionäre, gleichwohl moderne Ästhetik entwickelt, in der er zum einen – so im *Fall Wagner* – alle aktuellen Ansätze zur fragmentarischen Destruierung eines Kunst-Werks abwies, das heißt die Autonomie des einzelnen Wortes gegenüber dem Satz, des Satzes gegenüber dem Sinn einer Seite kritisierte, zum anderen die Verzeitlichung der Darstellung durch expressiv-naturalistische Stilformen anprangerte – so in dem Aphorismus »Die Revolution in der Kunst« in *Menschliches, Allzumenschliches I* und stattdessen eine Ewigkeitsreflexion zum notwendigen ästhetischen Gesetz erhob und es unter die Kategorien von »idealischer Maske« und »allegorischer Allgemeinheit« stellte, wodurch Kunst wieder einen »mythischen« Charakter annehme.[1] Baudelaire, den eine konventionelle Lesart zum Champion einer modernistischen Verzeitlichungsidee gemacht hat,[2] hob in seinem hier einschlägigen Essay *Le peintre de la vie moderne* (1864)

1 Friedrich Nietzsche, *Menschliches, Allzumenschliches*, in: ders., *Sämtliche Werke in 15 Bänden*, hrsg. von G. Colli und M. Montinari, München 1980, Bd. 2, S. 184.
2 H.R. Jauss, *Literaturgeschichte als Provokation*, Frankfurt a.M. 1970, S. 54f. Ebenso J. Habermas, *Der philosophische Diskurs der Moderne*, Frankfurt a.M. 1985, S. 17ff.

gegenüber dem »Flüchtigen« und »Zufälligen« der modernen Kunst den für den ästhetischen Effekt entscheidenden Gegenbegriff des »Ewigen« und »Unbeweglichen« hervor.[1] Die gleiche Opposition zum flüchtigen Einbruch eines Momentanen ist in dem für seine Zeitlichkeit thematisch berühmt gewordenen Gedicht *A une passante* entfaltet: Der Flüchtigkeit des epiphanen Eindrucks ist die Ewigkeit des Verlusts dieses Eindrucks gegenübergestellt.

Nietzsches und Baudelaires Emphatisierung des Kontinuums innerhalb eines Plötzlichkeitsarguments sind umso frappanter, als dieser Kontinuitätsanspruch wieder auftritt, nachdem Friedrich Schlegel und dann Heinrich Heine das autonome Jetzt, den diskontinuierlichen Moment, als Gesetz zunehmender Verzeitlichung der Literatur und Geschichte im Sinne Kosellecks entdeckt hatten.[2]

II. Der Moment als Funktion

Wie stellt sich nun dieser Doppelaspekt des Moments im Kontext des historischen Kontexts des Ersten Weltkriegs dar, das heißt im Kontext seiner Umbruchsimpulse für die zwanziger und dreißiger Jahre des 20. Jahrhunderts? Wenn der Erste Weltkrieg von der historisch-soziologischen und mentalitätsgeschichtlich-literarhistorischen Forschung unter Begriffen wie »Urkatastrophe«, »Trauma«, »Chaos«, »Nervosität« analysiert worden ist, dann lassen sich seine ästhetischen Äquivalente sofort als binäre denken, also als Funktion und Sub-

---

1 Charles Baudelaire, *Der Maler des modernen Lebens*, in: ders., *Sämtliche Werke / Briefe*, hrsg. von Friedhelm Kemp und Claude Pichois, München 1989, Bd. 5, S. 226.

2 Vgl. Friedrich Schlegel, *Über das Studium der Griechischen Poesie*, in: ders., *Kritische Schriften*, hrsg. von Wolfdietrich Rasch, München 1970, S. 127, 156, 161, und Heinrich Heine, *Verschiedene Geschichtsauffassung*, in: ders., *Sämtliche Schriften*, hrsg. von Klaus Briegleb, München 1976, Bd. 5, S. 22 f.

stanz. Dennoch gilt es hier ein methodisches Apriori einzuklagen: Im historischen Diskurs beziehen sich der Begriff Momentanismus und die ihm zuordenbaren Begriffe wie »Katastrophe« immer auf die Referenz real statthabender Geschichte. Den literarischen Momentanismus über eine historische Referenz zu beglaubigen ist zu kurz gedacht, wenn man ihn nicht von vornherein als ein ästhetisch-rhetorisches Darstellungsinstrument begreift, das zuweilen eine absolute Autonomie erreicht und der historischen Rückbindung nicht bedarf. Mit diesem Vorbehalt spreche ich also einmal von Formen radikaler Dispensierung jeder Langzeit und der in ihr verankerten Sinnansprüche und zum anderen von solchen Zeitformen, in denen es um eine Fundamentalisierung eines solchen metaphysischen Sinns geht. Das erste sei hier Metaphorik der Funktion, das zweite Metaphorik der Substanz genannt. Dass beide Kategorien ganz prinzipiell für den Momentanismus, das heißt die Kontingenzemphase der Epoche, relevant sind, lässt sich schon aus den beiden, wie mir scheint, wichtigsten mentalitätsgeschichtlichen Analysen, Helmut Lethens *Verhaltenslehren der Kälte. Lebensversuche zwischen den Kriegen* (1994) und Boris Groys' *Gesamtkunstwerk Stalin* (1988) ableiten, wird aber auch bestätigt durch Beiträge des von Inka Mülder-Bach herausgegebenen Bandes *Modernität und Trauma*, wobei Ralph Ubls Analyse von Max Ernsts traumatophilen Kriegsbildern für das Folgende von besonderem Interesse ist.[1] Zunächst die ästhetische Darstellung des Moments als Funktion. Dabei beschränke ich mich weitgehend auf Ausdrucksformen des französischen Surrealismus bei André Breton und Louis Aragon unter Berücksichtigung von Robert Musil. Dass die Wahrnehmung und Aufmerksamkeitsemphatik, wie sie die frühen Texte des französischen Surrealismus enthalten, sich nicht einfach aus der »Alarm-Stim-

---

1 Ralph Ubl, *Fremdkörper und Geheimnis. Max Ernsts traumatophile Kriegsbilder*, in: Inka Mülder-Bach (Hrsg.), *Modernität und Trauma. Beiträge zum Zeitenbruch des Ersten Weltkrieges*, Wien 2000, S. 163.

mung« einer Weltkriegserfahrung erklären lassen, ergibt sich
schon aus der Aufmerksamkeitsthematik der Zeitphänomenologie Husserls, die unabhängig von jener Weltkriegserfahrung
entwickelt wurde. Eine Schärfe der Augenblickswahrneh-
mung und Erscheinung tritt auf, in der das Wahrgenommene
isoliert auftritt, ihm Signifikanz, aber keine unmittelbare Bedeutung zugeschrieben wird. Nennen wir diese surrealistische Erscheinung Wahrnehmungsereignis ohne Referenz.
Besonders Bretons frühe Prosa *Nadja* ist von solchen plötzlich
auftretenden Wahrnehmungsereignissen markiert, wobei die
zentrale weibliche Figur ebenfalls als ein solches Wahrnehmungsereignis definiert werden könnte, in der sich allerdings schon die funktionale Eigenschaft zur substantiellen
verschiebt. Funktional ist sie dort, wo außer der Betonung des
punktuellen Zeitmoments, der einen denkbaren Zusammenhang dementiert, nichts Sinnhaftes erkennbar wird, so wenn
Nadja am »oberen Rand« des Türfensters eines Eisenbahnab-
teils den »umgedrehten Kopf« eines Mannes erblickt, der sie
vor Schrecken einen Schrei ausstoßen lässt.[1] Für den funktionalen Charakter bezeichnend ist: 1. Die Wahrnehmungsebe-
ne – das Türfenster – ist selbst nur als Teil wahrgenommen.
2. Das Wahrgenommene ist wiederum nur der Teil eines
Menschen, zudem noch in einer exzentrischen Position: der
Kopf ist umgedreht. (Wobei nicht klar wird, ob er umgedreht
ist, um in das Innere des Abteils zu schauen oder nach außen
in die Landschaft.) 3. Der Realitätsgehalt der Erscheinung
bleibt zunächst im Ungewissen, da sich der von Nadja be-
hauptete Wiederholungsfall nicht zu beglaubigen scheint,
um dann schließlich – das ist die 4. Bestimmung – als normale
Berufshandlung eines Bahnbeamten entmystifiziert zu werden. Dennoch handelt es sich um die plötzliche Unterbrechung des gewohnten Zusammenhangs, wobei dem deut-

1 André Breton, *Nadja*, aus dem Französischen übersetzt von Bernd
  Schwibs und einem Nachwort von Karl Heinz Bohrer, Frankfurt a. M.
  2002, S. 92.

schen Wort »plötzlich« französische Varianten gegenüberstehen. Das ist die Funktion des Momentanismus hier.

Sehr ähnlich ist die punktuelle Wahrnehmung sado-erotischer Erscheinungen innerhalb von Szenen des Boulevardtheaters,[1] sei es das plötzliche Öffnen einer Tasche um »nur einen Spalt«, die Entblößung des Körpers nur um einen Teil, ein Unfall im Augenblick der Abreise, der Körper eines Kindes mit heruntergehängtem Kopf, das Fallen eines Balles ins Zimmer. Nirgends ist eine andere Bedeutung zu erkennen als die Punktualität der Räumlichkeit und Zeitlichkeit.

Breton hat den Ereignischarakter ohne Referenz diesbezüglich definiert: »es handelt sich um Ereignisse, die, auch wenn sie dem rein Feststellbaren zugehören, jedes Mal wie ein Signal anmuten, ohne dass man genau angeben könnte, was für ein Signal es ist.«[2] Es heißt dann später, das surrealistische Ereignis löse die Empfindung aus, dass etwas Schwerwiegendes für uns von ihm abhänge.[3] Hier erkennt man den Charakter des botschaftslosen Signals expressis verbis. Aber es bleibt eben eine Leerstelle. Im *Ersten Surrealistischen Manifest* wird der Ereignis-Charakter selbst zum Signal erklärt. Er beschränkte (…) sich auf die Feststellung, dass jene Idee, jene Frau *Eindruck* auf ihn machen. Aber er wäre keineswegs fähig zu sagen, welchen *Eindruck*.[4] Die Reduktion auf das, »dass es sich ereignet«, auf das Ereignishafte als solches, eröffnet allerdings schon die strukturelle Ambivalenz des funktionalen Moments in der Kunst und Literatur: Er ist a priori belastet mit einem Erwartungsimpuls, einem, wenn man will, verweigerten Sinnpotential. Das gilt selbst für den reinen Fall von funktionalem Momentanismus, etwa ein von Musil geschilderter Verkehrsunfall zu Beginn des *Manns ohne Eigen-*

1 A. a. O., S. 36 ff.
2 A. a. O., S. 16.
3 A. a. O., S. 17.
4 *Erstes Manifest des Surrealismus* (1924), in: André Breton, *Die Manifeste des Surrealismus*, übersetzt von Ruth Henry, Reinbek bei Hamburg 1968, S. 17.

schaften: Obwohl der Verkehrsunfall als »besonderes Ereignis« zu einem in der Statistik gewöhnlichen Ereignis reduziert wird,[1] kommt Musils Schilderung nichtsdestotrotz das Opake einer Wahrnehmungsintensität zu. Sehr viel deutlicher erkennbar ist die Ambivalenz des funktionalen Moments in Bretons Metaphorik seines neuen Schönheitsbegriffs zum Ausgang des *Nadja*-Texts. Der traditionell-romantische oder klassische Schönheitsbegriff, also seine metaphysisch aufgeladene Bedeutung, ist negiert zugunsten eines Bildes von signalhafter Vorgängigkeit, dem Stampfen des Stoßens eines Eisenbahnzuges, der nie abfährt.[2]

Im Falle von Aragons *Le paysan de Paris* ist das Ereignis der Wahrnehmungen von Beginn an unter dem Begriff des »täglich Wunderbaren«[3] gestellt (le merveilleux quotidien) im Sinne des Konzepts einer »Mythology Moderne«: Damit ist der funktionale Charakter der exzentrischen Temporalisierung und Lokalisierung schon eindeutiger begrenzt als bei Breton. Immerhin besteht der Text ebenfalls aus einer Folge von intensiven Wahrnehmungsereignissen, deren Exotik nicht weiter erklärt wird. Das beginnt mit der Schilderung eines Schaufensters für Spazierstöcke innerhalb der Passage de l'Opera, in dem der Passant eine sirenenartige halbnackte Frau erblickt, deren Identität er »plötzlich« zu erkennen glaubt,[4] wobei alle übrigen Accessoires zu etwas Irrealem verfremdet und ihre Bewegungen einem Veitstanz angenähert sind. Es endet mit einer Theorie des surrealistischen Bildes im Sinne von dessen radikaler Autonomie, in dem der Referenz gegenüber einem Ganzen aufgekündigt ist. Das plötzlich erscheinende surrealistische Bild repräsentiert nichts!

1 Robert Musil, *Der Mann ohne Eigenschaften I.*, hrsg. von Adolf Frisé, Reinbek bei Hamburg 1981, S. 10.
2 André Breton, *Nadja*, a.a.O., S. 138.
3 Luis Aragon, *Le paysan de Paris / Pariser Landleben*, übersetzt von Rudolf Wittkopf, Nachwort Elisabeth Lenk, München 1969, S. 14.
4 A.a.O., S. 29.

Trotzdem wird ihm eine subversive Wirkung zugeschrieben, so wie ihre Erfinder sich durch »verräterische Zeichen« bei der Polizei verdächtig machen.[1] Auch die Temporalisierung des Ereignisses, wie es den *Nadja*-Text durchzieht, ist für Aragons Texte charakteristisch: Dabei entsteht eine Inkongruenz der zeitlichen Überdeterminierung und ihrer Bedeutungszuschreibung: Es »war an einem Abend gegen fünf Uhr«, als dem Erzähler einfällt, es werde »Frühling auf Erden«.[2] Oder: Das »gelbe Auto«, das plötzlich »in der Rue Ordenere« auftaucht, kündigt eine neue Philosophie an.[3] Man könnte hier eine Weiterentwicklung des referenzlosen Phantastischen entdecken, wie es erstmalig in Achim von Arnims und Clemens Brentanos Motiven auftritt – im Unterschied zum referenziellen Phantastischen bei Novalis und E. T. A. Hoffmann.[4]

III. Der Moment als Substanz

Gleitende Übergänge also von der Momentaufnahme als schierer Wahrnehmungsintensität zur Bedeutungsaufladung. Letztere bestimmt die wohl signifikantesten Fälle des Momentanismus und lässt dabei eine spezifisch deutsche Affinität zum substantiellen Momentanismus erkennen, auf deren Gründe ich nicht eingehe. Der substantielle Momentanismus tritt selbst dort ein, wo sich eigentlich die funktionale Erklärung im Sinn der These Kittlers anbietet, wonach die deutsche Prosa durch die neuen technischen Nachrichtensysteme des Ersten Weltkriegs beeinflusst sei. Der Fall des expressionistisch-dadaistischen Lyrikers August Stramm zeigt jedoch, dass seine das Chaos der von Granateinschlägen und Maschi-

---

1 A. a. O., S. 79.
2 A. a. O., S. 9.
3 Luis Aragon, *Libertinage oder die Ausschweifung*, aus dem Französischen übersetzt von Lydia Babila, Stuttgart 1973, S. 65.
4 Hierzu K. H. Bohrer, *Das Romantisch-Phantastische als dezentriertes Bewußtsein*, in: ders., *Die Grenzen des Ästhetischen*, München 1998, S. 9–36.

nengewehrfeuer einfangende lyrische Sprache letztlich auf eine lebensphilosophisch gemeinte Mimesis hinausläuft: Diskontinuität und Augenblick des Kriegsereignisses als ewige Natur. Vergleichbares lässt sich an den frühen Bildern von Max Ernst zeigen, in denen durch die »Beschleunigungsimagination der Avantgarde« und den »Zeitensprung« des Ersten Weltkriegs hindurch eine traumatophile Bildform erscheint, die eine neue »Urzeit der Seele« evozieren will.[1]

Strukturell liegt eine ganz ähnliche Dialektik von Momentanismus und Ewigkeit im Falle Walter Benjamins und Carl Schmitts vor. »Augenblick« und »Ereignis« sind Benjamins zentrale Metaphern. Sie strukturieren durchweg sein ganzes Werk, seien in unserem Zusammenhang mit Blick auf den Essay *Der Sürrealismus* von 1929 und die geschichtsphilosophischen Thesen von 1930 in dieser Struktur benannt. Der Essay *Der Sürrealismus* ist das Ergebnis von Benjamins Lektüre von Bretons *Nadja* und Aragons *Le paysan de Paris*, deren Spannung zwischen Funktion und Substanz ich erläutert habe. Obwohl Benjamin am surrealistischen Phänomen der »Überraschung« eine romantische, das heißt also substantialistische Befangenheit kritisiert,[2] das heißt selbst also eine Tendenz zum Umschlag von funktionaler zur substantiellen Wertigkeit vermutet, ließe sich seine strikt auf temporale Phänomenalität und Beschleunigungsvorgänge konzentrierte Lektüre des surrealistischen Textes als Substanz-Programmatik verstehen. Berühmt gewordene Sätze und Begriffe kündigen zwar die funktionale Variante an, voran der Titel *Die letzte Momentaufnahme der europäischen Intelligenz* und dann die Schlusssätze: »Für den Augenblick sind die Surrealisten die einzigen, die seine heutige Order begriffen haben. Sie geben, Mann

---

1 Ralph Ubl, *Fremdkörper und Geheimnis. Max Ernsts traumatophile Kriegsbilder*, in: Inka Mülder-Bach (Hrsg.), *Modernität und Trauma*, a. a. O., S. 166 f.

2 Walter Benjamin, *Der Sürrealismus*, in: ders., *Angelus Novus. Ausgewählte Schriften* 2, Frankfurt a. M. 1966, S. 212 f.

für Mann, ihr Mienenspiel im Tausch gegen das Zifferblatt eines Weckers, der jede Minute sechzig Sekunden lang anschlägt.«[1] Das klingt ganz nach dem Ethos der neusachlich-funktionalen Kältelehre, wie sie Helmut Lethen am Beispiel von so gegensätzlichen Autoren wie Helmuth Plessner, Ernst Jünger, Bertolt Brecht und Walter Serner vorgeführt hat.

Indes zeigt sich dann, dass Benjamin den surrealistischen Augenblick auflädt mit Gehalten einer politischen und spirituellen Emphase, die er selbst im aporetisch-paradoxen Begriff der »profanen Erleuchtung«[2] zu fassen versucht: Denn welches Profane könnte profan bleiben, wenn es erleuchtet ist? Was bei Aragons und Bretons Schilderungen des seltsamen Augenblicks und des seltsamen Gegenstandes zunächst in phänomenologischer Konkretheit situiert wird, erfährt bei Benjamin – da es sich um eine Hermeneutik dieser Phänomene handelt – notwendigerweise eine Verschiebung von der Funktion zu einer Substanz-Annahme. Die Betonung des Profanen bei dieser Erleuchtung ist charakteristisch für den antimetaphysischen Affekt aller Autoren des »Augenblicks«: Virginia Woolf, James Joyce, Breton, Proust und andere. Aber diese Camouflage sollte uns nicht täuschen. Musils Wort von der »taghellen Mystik«[3] annonciert den gleichen Widerspruch, allerdings versteht ihn Musils Ehrgeiz wirklich als Paradox von Rationalem und Irrationalem, während Benjamin sich in eine unwillkürlich aporetische Rede verfängt.

Dass Benjamins »Augenblick« nicht nur »spirituell«, sondern spezifisch theologisch gemünzt ist, belegt seine Rolle in den *Geschichtsphilosophischen Thesen*. Der »Augenblick«, die »Sekunde«, der »Moment«, Begriffe, die sich zweifellos seiner Analyse der Technologie des Films verdanken, sind hier die Metaphern einer Geschichtsphilosophie der nachträglichen Erlösung der Menschheit in einem messianischen Akt.

---

1 A.a.O., S. 215.
2 A.a.O., S. 202, 213.
3 Robert Musil, *Der Mann ohne Eigenschaften*, a.a.O. II., S. 1091.

Die wohl berühmteste Verwendung der Augenblicksmetapher lautet: »Vergangenes historisch artikulieren heißt nicht, es erkennen, ›wie es eigentlich gewesen ist‹. Es heißt, sich einer Erinnerung bemächtigen, wie sie im Augenblick einer Gefahr aufblitzt.«[1] Benjamin spricht, profan ausgedrückt, von der permanenten Aktualisierung vergangener Möglichkeit der politischen Geschichte. Das Vergangene war immer schon ein unerlöstes Versprechen auf die Zukunft. Diese heute seltsamer als in den sechziger Jahren anmutende messianische Spekulation, in der eine Nietzscheanische und Proustsche Evokation des historischen und des aktuellen Augenblicks verschmelzen, wird in allen Thesen »zum Begriff der Geschichte« terminologisch variiert. Entscheidend bleibt die Konzeption des »Augenblicks« als Potenz, das »Kontinuum der Geschichte aufzusprengen«,[2] als »Tigersprung ins Vergangene«, zu der die »Witterung für das Aktuelle«[3] fähig ist. Mit anderen Worten: Der Augenblick ist Benjamins Begriff für seinen theologisch begründeten Dezisionismus.

Damit ist das Stichwort zu der Variante des substantiellen Augenblicks bei Carl Schmitt gegeben. Bekanntlich ist Benjamins Augenblicksemphase von Carl Schmitts Kategorie des politischen »Ausnahmezustandes« beeinflusst, wie ihn dieser in der berühmt-berüchtigten Formel »souverän ist, wer über den Ausnahmezustand entscheidet«[4], gefasst hat und mit ihr seine fundamentale, erstmalig 1923 veröffentlichte Kritik am liberalen Verfassungsstaat eröffnet. Auf diese politische Bewandtnis im Kontext der nach dem Machtantritt der Nationalsozialisten unverändert neuaufgelegten Schrift nicht eingehend, seien hier ausschließlich die temporalen Begriffe,

1 Walter Benjamin, *Über den Begriff der Geschichte*, in: ders., *Gesammelte Schriften*, hrsg. von R. Tiedemann und H. Schweppenhäuser, Frankfurt a. M. 1974, Bd. 1.2, S. 695.
2 A. a. O., S. 701.
3 Ebd.
4 Carl Schmitt, *Politische Theologie. Vier Kapitel zur Lehre von der Souveränität*, Berlin 2004 (8. Aufl.), S. 14.

die sämtliche Schriften Schmitts, vor allem die Titel *Politische Romantik* (1919), *Politische Theologie* (1923), *Der Begriff des Politischen* (1932), prägen, kurz auf ihren Substanzcharakter befragt.

Es wird deutlich, dass Schmitt die seine Politikdefinition prägende Fremd/Feindunterscheidung als eine nicht relative, sondern absolute, ontologisch gefasste Wertung begreift. Evident wird diese Wertung aber nicht durch eine deduktive Erklärung, sondern durch einen weiteren emphatisch aufgeladenen Begriff: den des »Ernstfalls«, der die Ausnahme zum Normalfall, die Diskontinuität zur Kontinuität bildet. Strukturell hat er die gleiche Funktion wie Benjamins »Augenblick«: Erst im Innewerden des Ernstfalls, erst in der Wahrnehmung, dass es diesen Ernstfall überhaupt gibt, bin ich in der Lage, »politisch« zu denken beziehungsweise zu handeln, so wie Benjamins »Augenblick der Gefahr« den geschichtsphilosophisch Inspirierten befähigt, aus der verschütteten Vergangenheit politisches Kapital zu schlagen.

»Feind«, »Ausnahmezustand«, »Entscheidung« sind nicht im traditionellen logischen System des Naturrechts begründet, sondern korrespondieren alle, wie im Falle Benjamins, spezifisch imaginativ zu nennenden Vorstellungen, bei denen man eine religiöse, ja poetologische Substanz entdeckt. Schmitt selbst hat seine Idee von der »Ausnahme« mit der theologischen Kategorie des »Wunders« verglichen[1] und nachdrücklich gemacht. Das Gleiche gilt für Schmitts Referenz an die Kategorien des »Gefährlichen« und des »Bösen«,[2] auch wenn diese scheinbar nur ethisch-anthropologisch verstanden sind und Schmitt sich auf solche politischen Theorien berufen kann, die den Menschen schon als »gefährliches« Wesen angesehen haben. Was ist nun die Pointe für uns dar-

---

1 Carl Schmitt, a.a.O., S. 43.
2 Carl Schmitt, *Der Begriff des Politischen*. Text von 1932 mit einem Vorwort und drei Corollarien, Berlin 1991, S. 60. Schmitt bezieht sich dabei auf H. Plessners politische Anthropologie, die er rühmend unter den zeitgenössischen Philosophen hervorhebt.

an? Wie kommt es zu Dialektik von Funktion und Substanz? Wohl folgendermaßen: Zunächst tritt eine funktionalistisch anmutende Abwehr der universalistisch-rationalen Idee von der Politik auf, eben die Entdeckung, dass ein spezifischer Momentanismus das ganze System von Kontinuität und Ableitung sprengt. Schon hier aber hat man einen semi-poetischen Impuls, ein imaginatives Element festzuhalten, was sich auch an Schmitts polemischem Interesse an den romantischen Kategorien der »konkreten Sekunde« und des »Zufalls«, des »Moments« zeigt,[1] wie prinzipiell er auch sein politisches Denken von dem romantischen unterschieden sieht. Dann aber tritt in das Pathos des Partiellen, des nicht rational Benennbaren, die ebenso poetologisch wie theologisch verwendbare Idee des »Anderen« ein.[2] Die Attraktivität des Momentanismus liegt also nicht in seiner Funktion, traditionelle Annahmen von langer Zeit und Kontinuität, d. h. die Idee durch Verzeitlichungsargumente zu sprengen, sondern darin, dass der Momentanismus zum begrifflichen Medium eines neuartigen imaginären Ewigen wird. Mit anderen Worten: Schmitt ist nicht nur aus analytischen Gründen einer politischen Unterscheidung am Begriff des Feindes als dem »Anderen« interessiert, sondern aus Gründen einer Transzendenzsuche innerhalb der entzauberten Realität. Das Entzauberte nennt er die der Politik verlustig gegangene Banalität der entspannten sozialen Welt.[3]

Man wird diesen Befund für die Substantialisierung des Verzeitlichungsindikators für die zwanziger und dreißiger Jahre verallgemeinern dürfen, also von dem hier angedeuteten besonderen Modus bei Benjamin und Schmitt absehen können. Ich verweise nur pars pro toto auf den Spiritualismus innerhalb der expressionistisch-abstrakten und selbst neusachlichen Malerei oder auf die Konvertierung der Unfallno-

1 Carl Schmitt, *Politische Romantik*, Berlin 1982 (2. Aufl.), S. 111.
2 Carl Schmitt, *Der Begriff des Politischen*, a. a. O., S. 27.
3 A. a. O., S. 35 f.

tiz zum Mystischen bei Wittgenstein.[1] Gegenüber der in der Romantik auftretenden Temporalisierung von Geschichte und Poesie (bei ganz gegenläufigen Substanztendenzen), die besonders gerade an Carl Schmitts schon erwähnter *Kritik des romantischen Occasionalismus* deutlich wird, erscheint die Substanzkarriere des Moments gegenüber der weitverbreiteten Funktionsannahme besonders auffällig. Sie liefert ein starkes Argument gegen Kosellecks folgende Beschleunigungstheorien in Bezug auf die Moderne. Gleichzeitig aber wird auch erkennbar, inwiefern der Wechsel von Funktion zur Substanz innerhalb der Verzeitlichungsmethaphorik nicht einfach epochenhistorisch erklärbar ist. Mögen die zwanziger und dreißiger Jahre eine besondere Affinität zur Emphatisierung des Moments haben, so ist dieses gleichzeitig ein selbstreferenzielles Strukturgesetz der imaginativen Rede und Kunst, wie sie sich an der Rolle ihrer formalen Äquivalenz, der heftigen Bewegung, ebenso erkennen lässt wie an ihrem prinzipiellen Modus, der Plötzlichkeit: Diese kann ganz unabhängig von der historisch-politischen Referenz sowohl als ein Zeichen reiner Punktualität im Zeitenfluss als auch als Verweis auf eine höhere Bedeutung auftreten.

---

1 Thomas Macho, *Träume und Kriegserfahrung in Wittgensteins Philosophie*, in: Inka Mülder-Bach (Hrsg.), *Modernität und Trauma*, a. a. O., S. 53. f.

Welche Macht hat die Philosophie heute noch?

Wem ist es nicht schon passiert, dass ihm ein akademischer Gesprächspartner gesagt hätte: »Ich lese zum gedanklichen Gewinn eigentlich keine zeitgenössischen Philosophen, sondern intelligente Schriftsteller«? Gewiss, ein solcher Satz war auch schon in den zwanziger und dreißiger Jahren des vorigen Jahrhunderts möglich: Man hätte sagen können, Robert Musils *Der Mann ohne Eigenschaften* enthielte mehr theoretische Phantasie als Nicolai Hartmanns philosophische Ästhetik. Aber das wäre letztlich doch eher eine Prävalenz für eine spezifische Textsorte gewesen, noch keine symptomatologische Aussage. Nunmehr aber könnte man diese Beobachtung nachdrücklich damit erklären, dass seit spätestens Ende der siebziger Jahre systematisch formulierte Ideen wenn nicht in Misskredit geraten sind, dann doch an Attraktivität für die theoretische Phantasie verloren haben.

Es handelt sich dabei nicht bloß um eine Mode der intellektuellen Saison: Die von der poststrukturellen Lehre ausgehende Kritik an der philosophischen Theorie, nicht zuletzt die Methode der sogenannten Dekonstruktion, hat Wirkungen gezeigt, die weit über das hinausgingen, was Paul de Mans Kritik der Hermeneutik ursprünglich an Abwertung von Systemgebäuden geleistet hatte. Aber diese Bewegung hat seit dem Tode ihrer namhaften Vertreter an Einfluss verloren. Nichtsdestotrotz ist die Skepsis gegenüber der Philosophie geblieben. Oder sagen wir es so: Ein erzählender Philosoph wie Montaigne, der im Zeitalter des Descartesschen Rationalismus an Bedeutung völlig verloren hatte, ist seit Jahren wieder zu Anerkennung und Wirkung gekommen, während Descartes selbst nur noch als Formel über die erkenntnistheoretisch verbürgte Evidenz des Ich präsent ist. Eine analoge Beobachtung: Noch nie sind die Fragmente Friedrich Schlegels so aktuell behandelt worden wie heute, selbst seinen partiell enigmatischen Notaten zur römisch-griechischen Literatur wird mehr Aufmerksamkeit zuteil als den eher historisch-philosophischen Abhandlungen zum Thema.

Und das eben hat etwas mit der eingangs erwähnten Beobachtung zu tun: Philosophie hat keinen Einfluss mehr, der dem bis Ende der sechziger Jahre gliche. Wenn man darüber mit einem unserer namhaften Universitätsphilosophen sprechen würde, könnte man wahrscheinlich als Widerspruch hören: »Wieso? Im Gegenteil! Noch nie haben Philosophen in praktischen Fragen so viel Einfluss gehabt wie heute. Nehmen Sie nur das Beispiel des Ethikrats.« Nun würde eine solche Antwort gerade die Widerlegung dessen, was sie sagen will, enthalten: Denn eine Philosophie, die in der Praxis angekommen ist oder die Praxis beeinflussen will, verliert ihren spezifischen philosophischen Charakter.

Man kann diesen Vorgang das Gesetz des *Siebten Briefs* Platons über sein sizilianisches Abenteuer nennen. Denn dieser Brief beschreibt das Scheitern der philosophischen Lehre vor der Praxis als ein notwendiges Scheitern: Dreimal eingeladen von den Herrschern von Syracus, vor allem auf Betreiben des philosophisch inklinierten jungen Dion, der schließlich seinen Vorgänger Dionysios vertrieb, beschreibt Platon im *Siebten Brief*, inwiefern ein ehrgeiziger Herrscher von der Substanz des philosophischen Gedankens nichts begreift. Im Zentrum steht Platons Erklärung, wie es zur Erkenntnis kommt. Oder: welcher einzelnen Schritte es bedarf, dass man von Erkenntnis sprechen kann. Es ist die für den Erkenntnisakt zentrale Einlassung Platons neben dem sechsten Buch der *Politeia*, wo er die »größte Erkenntnis«, die »Idee des Guten«, entwickelt.

Die Begründung des Erkenntnisgewinns stellt also die philosophische Essenz oder das Paradigma für eine philosophische Rede dar; das erkenntnistheoretische Stück ist aber nur der kurze Mittelteil des *Siebten Briefs*. Der Anfang und das Ende handeln von der Erfahrung des Philosophen angesichts rein weltlicher Ambition, ja vom Scheitern der Idee in der praktischen Welt. Natürlich hat Platon die Philosophie weiterhin als Grundlage für einen gerechten Staat angesehen, was heißt, dass nur durch eine Beteiligung der Philosophie an der Regierung das Unglück des Staates aufzuheben sei. Das war der Ausgangsgedanke des *Siebten Briefs*.

Umso mehr spricht das Ende dieses Paradigmas für unsere Frage: Solange man die Idee durch die Wirklichkeit nicht letztlich beeinträchtigt findet – und das haben die Zeitgenossen Platons auch nicht radikal getan –, solange sich sozusagen noch eine Zwei-Welten-Lehre denken lässt, solange kann die Philosophie noch Meister des Diskurses bleiben. Und das ist die Philosophie ja, nicht zuletzt auf Platon gestützt, bis weit in das 20. Jahrhundert hinein gewesen. Dass Schleiermachers Übersetzung von Platons Schriften eine unmittelbar einsetzende zustimmende und polemische Reaktion hervorrief – die Debatte zwischen esoterischer und exoterischer Auslegung –, ist ein Beleg dafür.

Hegels polemische Reaktion auf den wichtigsten Platoninterpreten des ausgehenden 18. Jahrhunderts, Wilhelm Gottlieb Tennemann, demonstriert das Selbstbewusstsein der Philosophie in der Welt, nach dem man heute vergeblich sucht. Es wird von Hegel nämlich der philosophische Gedanke, die philosophische Idee, von objektivierbarem Gedankeninhalt unterschieden: Gedanken sind für Hegel keine äußerlichen Dinge, die man, wie er sagt, einfach in die Taschen stecken kann, sondern: »Die philosophische Idee besitzt umgekehrt den Menschen«, heißt es in den *Vorlesungen über die Geschichte der Philosophie*.[1] Die Auslegungsdebatte bezüglich Platon im frühen 19. Jahrhundert ist noch nicht als interne Fachhermeneutik einzugrenzen. Es geht noch immer ums Ganze. Man braucht nicht nur auf die majestätischen Selbsterklärungen der Meisterdenker der Epoche, die Einleitungen von Hegels

---

1 G.W.F. Hegel, *Vorlesungen über die Geschichte der Philosophie II*, in: ders., *Werke 19*, hrsg. von E. Moldenhauer und K.M. Michel, Frankfurt a.M. 1986, S. 21.

Phänomenologie des Geistes und Fichtes *Wissenschaftslehre,* zu schauen.

Auch bei Hegels Widerpart, dem Theoretiker der Frühromantik Friedrich Schlegel, ist die Philosophie nicht ins Abseits gestellt worden, auch wenn er sie als aporetisches Sprungbrett zum Verständnis des ästhetischen Phänomens benutzte: Spinoza ist sein neuer Gott, sein Eintritt zur frühromantischen Welt- und Kunsterklärung, also der Moderne. Mit anderen Worten: Das ganze innovatorische romantische Begriffs- und Metaphernfeld der Novalis, Hölderlin und Kleist ist fundiert in der Philosophie des deutschen Idealismus. Wenn deren Kategorien so etwas darstellen wie erste Bausteine zu einer ästhetischen Moderne, dann ist die systematische Philosophie deren Voraussetzung gewesen. Kein Wunder, dass Walter Benjamin, der Betreiber des Surrealismus unter der deutschen Intelligenz der zwanziger und dreißiger Jahre, mit der Darstellung der Schlegelschen Kunsttheorie sein Werk begann.

Der andere, anspruchsvollere Widerspruch zur Philosophieskepsis könnte an diese große Tradition anschließen und mit Otfried Höffes *Kleiner Geschichte der Philosophie* noch immer unverblümt sagen: »Philosophieren tut not«, nach wie vor, nämlich zu »kaum vermeidbaren Grundfragen überzeugende Antworten« zu geben. Damit sind wir aber wieder bei der eingangs gemachten Beobachtung einer neuen literarischen Konkurrenz zur Philosophie. Die Wirkungsgeschichte von Philosophie in einer jeweiligen Gegenwart – das ist bei der Frage nach ihrer Macht immer im Auge zu behalten – ist natürlich nicht identisch mit der Geschichte ihrer internen universitären Diskussion.

Anders ausgedrückt: Es existiert eine Geschichte philosophischer Hermeneutik, also der Erforschung der logischen und historischen Bewandtnis einzelner Denkmotive einzelner Philosophen, die mitnichten ein Beleg für deren Lebendigkeit im intellektuellen Leben einer Bildungsnation ist. Die Mehrheit der heutigen Philosophieprofessoren schreibt keine eigene Philosophie, sondern erklärt die Philosophie anderer. Das haben die meisten Philosophen schon immer getan, und das ist kein Einwand gegen sie und gegen die Relevanz der Universitätsphilosophie an sich. Aber der Maßstab hat neuartige Konsequenzen: Es gab bis vor kurzem an den meisten deutschen Universitäten circa drei Philosophielehrstühle. Bei etwa hundert Universitäten, nicht alle erwähnenswert, sind das gut dreihundert Philosophieprofessoren. Von diesen sind keineswegs alle durch Publikationen über ihre Habilitationsschrift hinaus hervorgetreten. Wirklich bekannt bei ihren geisteswissenschaftlichen Kollegen, bei Literatur- und Kunstwissenschaftlern, bei Historikern und Soziologen, ist nur eine dünne Minderheit.

Als Ernst Tugendhat, Michael Theunissen und Dieter Henrich vor fünfundzwanzig Jahren nach Berlin berufen wurden, da galt Berlin fortan als philosophische Hochburg. Außerhalb dieser Namen gab es zu jener Zeit niemanden von vergleichbarem Renommee, sieht man von der Ausnahmeerscheinung Jürgen Habermas ab. Dieser hatte noch 1985 kritisch von einer »Rückkehr zur Metaphysik« gesprochen (*Merkur*, Nr. 439/440). Das galt Dieter Henrichs Erklärung, dass die »Philosophie zu einem neuen Beginn zu finden« scheine. Rehabilitierungsimpulse der Metaphysik, wie sie Habermas damals am Beispiel von Henrichs Büchern *Selbstverhältnisse* und *Fluchtlinien* charakterisierte, sind heute nicht mehr erkennbar.

Was zeigt sich daran? Offensichtlich doch, dass Philosophie im alten Sinne einer intellektuellen Generalinstanz zurückzutreten begann hinter Philosophie als einer fachwissenschaftlichen Disziplin (was sie per definitionem nicht sein sollte) im Sinne des Forschungsbetriebs, in dem sich jeweilige Erkenntnisse zur Philosophiegeschichte oder zu philosophischen Denkmotiven sowohl akkumulieren als auch verbrauchen. Anlässlich der Auszeichnung eines der bedeutendsten Vertreter des Faches bemerkte ein junger Professor, jener berühmte Name wirke nur noch wie das verschwindende rote Rücklicht eines Zuges im Tunnel.

Die aktuellste Bilanz des Verschwindens der metaphysischen Tradition der kontinentalen Philosophie gibt nicht ohne Arroganz Joseph Margolis in *Pragmatism's Advantage. American and European Philosophy at the End of the Twentieth Century* (2010). Das geht schon ans Eingemachte und ist mehr als von nur fachwissenschaftlicher Bedeutung. Allerdings steht die deutsche Philosophie von Kant und Hegel bis Apel und Habermas noch einmal triumphierend auf, um dann im historischen Abgrund zu versinken. Die abschließende Pointe ist hier die Feststellung, Habermas, also der deutsche Kritiker des Rückgewinns der Metaphysik, habe den Kantschen Transzendentalismus trotz »pragmatischer Argumentation« nie verlassen. Ende vom philosophischen Lied. Dass ein solcher Parforceritt gegen die kontinentale Philosophie von einem amerikanischen Vertreter des philosophischen Pragmatismus kommt, gibt dem Eindruck vom Machtverlust eine aktuelle Würze.

Gewiss, auch im 18. und 19. Jahrhundert gab es philosophische Debatten im fachwissenschaftlich engeren Sinne. Wer erinnert heute noch den Platonforscher Tennemann, der Hegel zu einer seiner grandiosen Definitionen der Philosophie als Macht provoziert hat? Aber solche internen Debatten hatten lange Zeit auch externe Wirkung. Das seit einiger Zeit gewusste Faktum, dass die Einzelwissenschaften der Philosophie das Wasser abgraben, ist keine befriedigende Antwort. Das liefe auf eine endgültige Resignation des alten Anspruchs hinaus. Eher schon ist der Niedergang der Geisteswissenschaften als Parallelvorgang im großen Ganzen der Bologna-Reform zu sehen.

Im Falle des Neukantianismus, der Benjamin noch anregte, bedeutete die akademische Wiederlektüre Platons unter betont erkenntnistheoretischen Gesichtspunkten nicht nur eine fachwissenschaftliche Veranstaltung. Das war noch viel weniger der Fall bei Edmund Husserls phänomenologischem Erneuerungsversuch der philosophischen Theoriebildung im Namen des Prinzips »Zu den Sachen«. Sein Nachfolger Martin Heidegger entfachte bis in unsere Epoche hinein, nicht zuletzt bei französischen Denkern, geradezu ein Feuer des Gedankens, so wie es Hegels Satz beschrieben hatte. Aber die geniale Intuition eines Einzelnen ist nicht allein Kriterium der Lebendigkeit des philosophischen Gedankens. Dafür zeugen auch die Auslegungen, die Kants *Kritik der reinen Vernunft* zu Ausgang des 18. Jahrhunderts gefunden hat.

Es gab indes eine Zäsur, die unsere Frage erneuert: Friedrich Nietzsche und seine Attacke auf den deutschen Idealismus. Sein Witz über Kants »synthetische Urteile apriori«,[1] sein Sarkasmus über die Wahrheitssuche der deutschen Jünglinge von Tübingen, vor allem aber die Neubegründung der Moral im unterbewussten Willen zur Macht waren die inhaltliche Seite der Zäsur. Als Metaphysikkritik ist sie zunächst von der zeitgenössischen Philosophie nicht wirklich rezipiert worden. Es war Martin Heidegger, der meinte, den Destruktionsversuch Nietzsches richtiger angehen und vollenden zu können. Die andere Seite, die formale hingegen zeigt die Zäsur im Sinne der Unterbrechung des philosophischen Diskurses in ihrer wahren Schärfe: Es ist Nietzsches aphoristische Sprache gewesen, die das Ende der philosophischen Systematik ansagte. Darüber ist seit dem Zweiten Weltkrieg viel geschrieben worden. Mehr im Ausland als in Deutschland, wo ein durch politische Korrektheit und ideengeschichtliche Voreingenommenheit bedingter Originalitätsverlust es nicht zuließ, Nietzsches Sprache produktiv zu rezipieren. Die Karriere des Begriffs der »Metapher« lief an der deutschen Nachkriegssystematik und -historik bis vor kurzem vorbei.

Es kann daher nicht behauptet werden, Nietzsches Denken habe die Bedeutung der deutschen, der europäischen systematischen Philosophie beendet. Das hat eher die angelsächsische, von deutschen Philosophen wie Ludwig Wittgenstein

---

1 Friedrich Nietzsche, *Jenseits von Gut und Böse*, in: ders., *Sämtliche Werke in 15 Bänden*, hrsg. von G. Colli und M. Montinari, Bd. 5, München 1980, S. 24.

und Gottlob Frege inaugurierte analytische Sprachphilosophie versucht, scheinbar auch zunächst erreicht. War es doch Wittgenstein, so Chantal Bax in ihrem Essay *Wittgenstein and the Fate of Theory* (2010), der der philosophischen Theorie überhaupt ein Ende gesetzt hatte – jedenfalls wenn diese definiert wird als ein Versuch, in die Essenz der Dinge einzudringen. Dann hat sie, sprachphilosophisch gesehen, keinen Grund zu existieren. Die Widersprüche, in die Wittgensteins These gerät mit ihrem eigenen Anspruch, die Natur der Dinge zu verstehen, haben den Einschnitt, den seine »grammatische These« bedeutete, nie verringert. Auch nicht, wenn selbst ihm nahestehende Philosophieprofessoren behaupteten, sie verständen das, was Wittgenstein denke, schon dann nicht mehr, wenn er aufhöre, es ihnen zu erklären. Dennoch hinterließen Wittgensteins Sätze – hierin Kafkas Sätzen ähnlich – einen unüberwundenen Zweifel gegenüber philosophischen Denkgewissheiten. Der Hohn von A. J. Ayer, dem frühen Star der Oxforder Analytiker, über die kontinentalen Kollegen zeigte deren Prestigeverlust: Philosophen wie Heidegger, von Sartre ganz abgesehen, wurden als Scharlatane behandelt. Nur die Phänomenologie von Maurice Merleau-Ponty war eben noch zugelassen.

Bis man inzwischen wieder eines Besseren belehrt wurde – auch wenn viele deutsche Lehrstühle ebenfalls von Vertretern der analytischen, antimetaphysischen Richtung besetzt sind. Mit Blick auf die Entwicklung des philosophischen Denkens der letzten Jahrzehnte ist unübersehbar, wie systematische Philosophie verdrängt worden ist durch eine essayistische, von Nietzsche angeregte. Man hat sie in den fünfziger, sechziger und noch siebziger Jahren als Inspiration für Schriftsteller und Künstler gelesen. Sie wurde seit den Achtzigern aber zunehmend das Modell eines Gedankenflugs, der in alle geisteswissenschaftlichen Spezialgebiete vorstieß. Man müsste einschlägige Paragraphen von Nietzsches Werk, vornehmlich die Texte zur Ästhetik und Moralphilosophie, auf ihr argumentatives Verfahren hin lesen und fragen, warum und wie sie die traditionelle Philosophie überholen konnten.

Entscheidend war also – das ist seit der französischen Neulektüre Nietzsches generell akzeptiert – der Stil. Ob man nun auf dessen fragmentarischen Charakter eingeht, auf sein rhetorisches Interesse, auf die Relevanz des von ihm erfundenen Aphorismus oder auf eine Stilkonzeption als Schutz gegen die Drohung einer Wahrheitsprätention: Immer zielt die Identifikation von Nietzsches Stil, also die sprachliche Form seiner Texte, auf einen innovatorischen Gehalt. Nicht von ungefähr ist die einst verneinte Frage, ob Philosophie etwas mit Stil zu tun habe, neuerdings positiv beantwortet worden.

Ich gehe nicht auf die unterschiedlichen erkenntnistragenden Einlassungen der Blanchot, Lacoue-Labarthe, Derrida und Nehamas ein. Vor allem aber nicht auf die Problematik des aporetischen Befunds, dass Nietzsches Sätze eigentlich den Sinn eines Ganzen verweigern würden. Ob ich nun den Sinn eines Ganzen, eines Teils oder auch nur eines Satzes im Auge habe, immer ist natürlich eine Sinnvermutung ausgesprochen, ohne die Nietzsches Infragestellung von Wahrheit oder Tatsachen zugunsten von »Interpretationen« keinen Sinn hätte. Hier hilft eine paradoxe Passage aus *Der Fall Wagner* weiter: »Was das Ahnen-machen betrifft: so nimmt hier unser Begriff ›Stil‹ seinen Ausgangspunkt. Vor Allem kein Gedanke! Nichts ist compromittirender als ein Gedanke! Sondern der Zustand vor dem Gedanken, das Gedräng der noch nicht geborenen Gedanken, das Versprechen zukünftiger Gedanken, die Welt, wie sie war, bevor Gott sie schuf, – eine Recrudeszenz des Chaos ... Das Chaos macht ahnen ...«[1]

Nietzsches Stil, das wird hier klar, sucht die Vermeidung eines absehbar Gewussten, das jeder »Gedanke« wohl enthält. Ganz gewiss der traditionelle philosophische Gedanke. Nicht zu reden von der geistesgeschichtlich vermittelten »Idee«. So

1 Friedrich Nietzsche, *Der Fall Wagner. Ein Musikanten-Problem*, in: ders., *Sämtliche Werke*, a. a. O., Bd. 6, S. 24.

sarkastisch wie das Vermeidungsgebot des Gedankens ausgesprochen ist, so wird die Leerstelle, also der »Stil«, qualifiziert: als ein neues Medium der Philosophie, als Ausdrucks-
form eines anderen Kreators. Und noch etwas Neues ist im
Gedankenspiel: der Gestus, dass der traditionelle, der abgegoltene, der konventionelle Gedanke – kurz gesagt die Banalität an der philosophischen Tradition – nur vermieden werden kann, wenn der zukünftige Gedanke Ausdruck eines bis
dahin nicht gekannten Impulses ist, eines Lebenselixiers, offenbar etwas autobiographisch Verbürgtes.

Das hat nach Nietzsche nur Robert Musil ähnlich geäußert,
wenn er im *Mann ohne Eigenschaften* die Abnutzung der »Idee«,
die einen besonders ausgezeichneten Zustand des Ichs begleitet, beschreibt: »Das bewirkt oft eine einzige Idee. Aber
nach einer Weile wird sie allen anderen Ideen, die du schon
gehabt hast, ähnlich, sie ordnet sich ihnen unter, sie wird ein
Teil deiner Anschauungen und deines Charakters, deiner
Grundsätze oder deiner Stimmungen, sie hat die Flügel verloren und eine geheimnislose Festigkeit angenommen.«[1]

Die Musilsche Erkenntnis vom Energieverlust der »Idee«
für die vom Ich gesuchte Erfahrungskapazität des noch nicht
Erfahrenen, noch nicht Gesagten, ist die Fortsetzung der Absage Nietzsches an den »Gedanken« qua Stil. Umgekehrt wird
die Originalität der subjektiven Wendung bei Nietzsche von
Musils Sätzen her beleuchtet. Es versteht sich, dass Musil den
Begriff »Idee« nicht mehr im objektiven Sinne Platons oder
Hegels benutzt. Seine Subjektivierung auf einen quasi auto-
biographischen Anlass hin ist ein weiterer Hinweis auf unser
Thema: was aus der Macht der Idee, was aus der Philosophie
geworden ist.

Aber der Stil implizierte natürlich schwerwiegende Inhalte.
Unter Nietzsches schwerer Munition war das Wort »Leben«
gewesen, also nicht mehr das Denken selbst, sondern die gro-

---

1 Robert Musil, *Der Mann ohne Eigenschaften*, hrsg. von Adolf Frisé, Bd. 1,
  Reinbek bei Hamburg 1978, S. 354.

ße Totalität, innerhalb deren es sich vollzieht. Henri Bergson vollendete die Richtung: auch er ein Analytiker von Bewusstseinsvorgängen wie Nietzsche, aber mit neuem Erkenntnisinteresse. Das Wort »Leben« hätte jedoch auch ohne die beiden Denker nach 1900 Karriere gemacht – nicht nur als Referenzvokabel der »Lebensphilosophie«. Die ganze neue Prosa der klassischen Moderne war ja voll davon. Man suchte »moments of being«. Nicht bloß Virginia Woolf, sondern ebenso James Joyce und Marcel Proust oder Robert Musil. Und der Surrealismus!

Virginia Woolf legte großen Wert darauf zu sagen, ihre »Seinsmomente« hätten nichts mit Platon zu tun. Das Gleiche gilt für Joyce hinsichtlich der scholastischen Philosophie des »Scheins«. Heidegger hat das nur in gewisser Weise intellektuell vertieft beziehungsweise »objektiviert«. Jedenfalls kam Nicolai Hartmanns zum Teil noch heute beeindruckendes Kategorienschema dagegen nicht mehr an. Die Niederlage der alten Systematik ist bewerkstelligt worden durch eine neue Nuance der Momentbeobachtung. Und die Abrechnung mit den Erben des Momentanismus wird dort sofort schwach, wo man den Momentanismus glaubt ideologiekritisch entlarven zu können.

Die aktuelle Lage des die philosophische Systematik ablösenden Denkens ist nun durch zwei unterschiedliche Tendenzen gekennzeichnet: Es gibt einmal eine, wie angedeutet, systematische Praxisphilosophie, die von publikumswirksamen Stichwortgebern in allen ungelösten Lebensfragen bis zum Kompetenzanspruch im Ethikrat reicht. Dazu gehören auch Befragungen von Universitätsphilosophen zu religiösen Debatten, die charakteristischerweise nicht theologisch, sondern moralisch geführt werden: eine Tendenz, die eigentlich mit Platons erwähntem sizilianischen Abenteuer zu Ende gegangen sein sollte. Die andere, die interessantere, weil zur klassischen Philosophie gedanklich konkurrierend, wird in Deutschland vom Typus Peter Sloterdijk repräsentiert. Er hat Gefährten im essayistischen Philosophiespiel: Autoren wie

Slavoj Žižek, Dieter Thomä (*Totalität und Mitleid*), vielleicht darf man sogar den Kulturtheoretiker Joseph Vogl zu dieser Gruppe zählen. Und selbst strikt philosophische Autoren wie Wolfram Hogrebe und Martin Seel ließen sich einbeziehen. Seels jüngstes Buch ist die betont aphoristische Vermeidung jeder Systematik.

Als Jürgen Habermas das Phänomen Sloterdijk erstmals öffentlich wahrnahm, qualifizierte seine durchaus sympathisierende Charakteristik diesen als den Vertreter eines literarischen Denkstils, der eigentlich nicht in Deutschland, sondern nur in Frankreich Tradition habe. Wie weit Habermas dabei sogar Derrida und Deleuze einschloss, ist nicht eindeutig zu sagen. Jedenfalls besetzten die »nouveaux philosophes« seit den achtziger Jahren die französischen Feuilleton- und Fernsehdebatten. Dass sie dabei auf Sartre und Camus zurückgreifen konnten, auch auf den philosophischen Dissens zwischen beiden, gab ihnen eine zusätzliche Akzeptanz, während man jenseits der Grenze doch das Leichtgewicht der viel Engagierten etwas zu auffällig fand, deren typischer Fall der elegante Bernard-Henri Lévy oder der elegische André Glucksmann geworden sind. Was sich an Sloterdijk zeigte, das Übergehen jedes systematischen Anschließens an strikt systematische Denkansätze zugunsten aktueller »Lebens«-Motive, ist bei Autoren wie Levy oder Glucksmann noch deutlicher zum politischen Besinnungsaufsatz geworden. Deshalb ist nicht zu erwarten, dass es zu Rezeptionen ihrer Gedanken über die Befriedigung aktueller »Intellektuellen«-Themen hinaus kommt.

Für die französische Intelligenz bietet sich besonders die Unterscheidung zwischen philosophischen Literaten und literarischen Philosophen an. Danach gehörten selbst Sartre und Camus zum ersten Typus. Der Heidegger-Schüler Sartre hat schließlich außer der Abhandlung *L'être et le néant* keine philosophischen Texte im strengen Sinne geschrieben, sondern nachdrücklich literarische Prosa und Dramen. Bei Camus liegt die Sache noch eindeutiger in Richtung Literatur.

Trotzdem begründeten beide den Existentialismus, der nicht bloß eine Mode für die urbane Intelligenz wurde, sondern als neue Subjektbestimmung von systematischen Philosophieprofessoren, zum Beispiel Manfred Frank, ernst genommen worden ist. Bei uns ließe sich der enorme Einfluss Theodor W. Adornos und Walter Benjamins unter einer ähnlichen Kategorie verstehen: Die Kritik am falschen Bewusstsein in der Kulturindustrie brachte ebenfalls die Utopie eines neuen freien Menschen in Anschlag.

Damit kommen wir zum Ausgangspunkt zurück: der Erkenntnis, dass die Wiederentdeckung von Montaigne in unserer Epoche auf die Existenz von zwei Denktypen, die seit langem vorherrschen, verweist. Nietzsche, der wegen seines ambivalenten Skepsisbegriffs ein zwiespältiges Verhältnis zu Montaigne hatte, verehrte dagegen die anderen französischen Moralisten, vor allem La Rochefoucauld und Vauvenargues. Man wird also bei der Beurteilung des gegenwärtigen essayistischen Typus, das heißt des Bedeutungsverlusts des systematischen Typus, auf das gedankliche Niveau jener ersten philosophischen Essayisten zurückschauen müssen.

Großen Erkenntnisgewinn bietet dabei der Philosophiehistoriker Kurt Flasch mit seiner Darstellung der mittelalterlichfrühneuzeitlichen Philosophie als Minenfeld intellektueller Konflikte, als Schauplatz agonaler Argumente. Danach war schon damals das Interessante nicht die Vermittlung großer Ideen, sondern eher deren Aufkündigung. Dieser Umstand lässt im Kontext der Systeme häretisch inklinierte Geister wie Abaelard oder Meister Eckhart oder Ockham an Bedeutung gewinnen. Mit anderen Worten: Die Absage ans System ist offenbar nicht erst eine moderne Tendenz des Denkens, sondern wohnt der Philosophie als Denkereignis seit jeher inne. Die »Essayisten« waren immer schon da.

Aber was lag dem als Ursache zugrunde, sieht man davon ab, dass jeder Satz einen Gegensatz impliziert und provoziert? Wahrscheinlich liegt es an dem Umstand, dass im Prozess des philosophischen Denkens schon früh die Säkularisa tion der »Idee« zu erkennen ist. Objektive Wahrheitszuschreibungen werden durch subjektive Erfahrungskategorien relativiert. Schon Abaelard bezweifelt die Realität des »Allgemeinen« zugunsten der einzigen Realität, die es gebe, nämlich der von Individuen. Und Eckhart polemisierte gegen die Begriffe einer ontologischen Theologie. Auch Ockham musste wegen seiner neuen Wirklichkeitskonzeption und individuellen Freiheitserfahrungen der Verfolgung durch die Kurie entfliehen.

Was ist Nietzsches, Bergsons und Heideggers Emphatisierung von »Daseins«-Empfindungen anderes gewesen als ein abermaliger Bruch gegenüber der Metaphysik? Dabei verlor die »große« Philosophie mächtig an Boden: Es kamen nämlich Gedanken auf, die von intelligenten, literarisch vermögenden Geistern ebenfalls gedacht wurden. Der schon genannte Musil ist das klassische Beispiel hierfür. Kafka wäre ein anderes. Gewiss, man müsste etwas genauer auf die Frage eingehen, was denn an Musils oder Kafkas Prosa »philosophisch« relevant ist. Vor allem: wodurch sie denn zeitgleiche philosophische Systeme gedanklich überboten haben könnten. Das ist hier nur anzudeuten: Man müsste dazu Musils Metapherntheorie und Kafkas paradoxe Parabolik untersuchen. Aber die Andeutung des Sachverhalts einer subjektiven Gedanklichkeit mag genügen, um plausibel zu machen, inwiefern der traditionelle universitäre Philosophiekatalog, in dem von Platon und Aristoteles über Thomas und Augustin bis zu Hume und Kant und schließlich Heidegger plus Wittgenstein die Inhalte von Systemen angeboten werden, heute nicht mehr ausreichte, Menschen mit theoretischer Phantasie bei der Stange zu halten.

Eine weitere Veränderung jenseits des Systemverlusts ist zu bedenken: Ein besonderes Element der Philosophie des 20. Jahrhunderts, vielleicht schon ein Schritt zu ihrer Auflösung, war die Kulturkritik, von Sigmund Freuds *Unbehagen in der Kultur* (1919) bis zur *Dialektik der Aufklärung* (1947) von Horkheimer und Adorno. Es ließen sich eine Reihe weiterer jüngerer Namen – Arnold Gehlen, Herbert Marcuse, Gilles Deleuze, Giorgio Agamben, Michel Foucault – anführen. Alle haben wohl in Friedrich Nietzsches Kulturkritik ihre Wurzeln. Die 1886 geschriebene zweite Vorrede zum Aphorismustext *Menschliches, Allzumenschliches* enthält ihre Charakteristik, angefangen mit dem Untertitel *Ein Buch für freie Geister*. Ein freier Geist ist für Nietzsche kein Freigeist im Sinne des 18. Jahrhunderts und dessen moralischen und geschichtsphilosophischen Kategorien. Ein freier Geist ist derjenige, der »gewohnte Wertschätzungen« umkehrt, den die »Neugierde« nach einer »unentdeckten Welt« antreibt, die »große Loslösung« von philosophischen Traditionen. Für Nietzsche war es vor allem die idealistische Philosophie, Platon und der deutsche Idealismus. Aber davon kann man hier absehen: Es geht um das neue Prinzip der originellen Sehweise oder »Perspektive«, das Wort, das Nietzsche in die Moderne einführte.

Der spezifische kulturkritische Gestus, nämlich unabhängig zu denken, die »Schule des Verdachts« zu hegen, ist aber seit langem zu einer gängigen Münze des modernen kritischen Intellektuellen geworden. Ist also Nietzsches Prinzip, »geschätzte Gewohnheiten« umzukehren, heute noch anwendbar? Hinzu kommt ein Paradox von Nietzsches Kulturkritik: Sie warnt vor dem metaphorischen Stil, den er selbst erfand: Der »Wahrheitssinn des Künstlers« sei nur schwach ausgebildet, er habe »in Hinsicht auf das Erkennen der Wahrheiten eine schwächere Moralität, als der Denker«.[1] Und dann setzt Nietzsche zu einer Charakteristik an, die jede Hoffnung auf außersystematische Philosophie enttäuschen könnte: Der Künstler wolle »sich die glänzenden, tiefsinnigen Deutungen des Lebens durchaus nicht nehmen lassen« und wehre sich »gegen nüchterne, schlichte Methoden und Resultate«.[2]

---

1 Nietzsche, *Menschliches, Allzumenschliches I*, in: ders., *Sämtliche Werke*, a.a.O., Bd. 2, S. 142.
2 Ebd.

Diese Sätze stammen aus Nietzsches sogenannter positivistischer Periode und gelten vornehmlich dem Dichter, nicht dem Intellektuellen. Sie bekommen aber eine aktuelle und generellere Pointe, wenn man liest, man müsse metaphysische, das heißt letztlich abgegoltene Bedürfnisse, wie sie der Dichter noch immer suche, distanzieren. Das sei die Probe auf den »intellectualen Charakter« jedes geistig Ehrgeizigen. Es gehört zu diesem Argument, dass auch Inspiration und Improvisation beim Denken abgelehnt werden und stattdessen die Analyse gefordert ist. Inwieweit Nietzsches eigene Schriften, vor und nach diesen Statements, diesem neuen puritanischen Prinzip entsprechen oder inwieweit ihre Semantik diesem zumindest nicht widerspricht, ist ein eigenes interessantes Thema, das in der zur Flut gewordenen Nietzsche-Diskussion meines Wissens nicht behandelt worden ist.

Auf jeden Fall aber kommentieren solche fragmentarischen Sätze unsere Frage nach der Alternative zur systematischen Schulphilosophie. Insofern diese pseudoreligiöse oder utopische Bedürfnisse befriedigt oder auf eine hyperbolische Weise den Status der derzeitigen Zivilisation kritisiert, fällt sie ziemlich genau unter Nietzsches Verdikt. Dabei allerdings wird eine Grenzschärfe deutlich: Es ist manchmal nicht die zeitgenössische bedeutende Dichtung, die sich »tiefsinnigen Deutungen« überlässt, sondern eher die zeitgenössische kulturkritische Philosophie. Um es an einem Beispiel zu erläutern: Die Festungssymbolik W. G. Sebalds öffnet in legitimer Weise den Blick auf den technisch organisierten modernen Staat. Ob dies auch die KZ-Allegorik Agambens vermag oder ob sie, verführt durch »Inspiration«, fahrlässige Analogiebildung betreibt, ist doch sehr die Frage. Anderseits beeindrucken neue Texte der schon genannten philosophischen »Essayisten« durch theoretische Originalität, Joseph Vogls *Über das Zaudern* oder Wolfram Hogrebes *Riskante Lebensläufe,* auch Martin Seels *Theorien* wären hier erste Kandidaten.

Das sind alternative Möglichkeiten des Denkens jenseits

der systematischen Philosophie. Ob sie im einen oder anderen Fall »Macht« gewinnen, hängt mehr denn je von intellektuellen Stimmungen ab. Sie zeigen aber, inwiefern unsystematisches Denken nicht notwendigerweise unter das Verdikt des bloß »Tiefsinnigen« fällt. Man kann diese Einsicht mit Richard Rorty, dem kritischen Leser Nietzsches und der Frühromantik, ergänzen und aktualisieren. Mithilfe des für ihn methodisch zentralen Begriffs der »Ironie« hat Rorty 1989, also Jahre nach seiner Trennung von der analytischen Philosophie, dem unsystematischen Denken eine Art systematische Begründung gegeben: *Contingency, Irony, and Solidarity*. Er wollte als »Nominalist«, also als jemand, der die Priorität der Sprache behauptet, »die Romantik von den letzten Resten des deutschen Idealismus reinigen«.[1] Er rekurrierte dabei ungeniert auf den romantischen Phantasiebegriff, um seine Idee von der Kontingenz der Sprache, des Selbst und des Gemeinwesens zu begründen. Und ging so weit, sogar Derridas Denken als »freies Phantasieren« im Sinne einer »Verkehrung systematischer Pläne« als Endphase einer »ironistischen Theorie« zu beglaubigen.[2] Entscheidend ist – auch wenn nicht alle Beispiele Rortys einleuchten –, dass der systematischen Philosophie abgesagt wird im Namen einer neuen Sprache des Denkens. Dabei machte Rorty zwischen Dichtern und Denkern keinen Unterschied, insofern sie das Kriterium erfüllen: die Kapazität einer neuen Sprache. Dann geraten Nietzsche, Proust und Hegel in die gleiche »literarische« Reihe. Denn die *Phänomenologie des Geistes* wird als ironistische Theorie verstanden, also als eine Überholung der kognitiv-metaphysischen Elemente der Philosophie.

Rorty hat unsere Frage klar beantwortet: »Der Aufstieg der Literaturkritik an die führende Stelle in der demokratischen

---

1 Richard Rorty, *Kontingenz, Ironie und Solidarität,* übersetzt von Christa Krüger, Frankfurt a. M. 1989, S. 203, Anm. 4.
2 A. a. O., S. 207 f.

Hochkultur – die allmähliche, nur halbbewusste Übernahme der kulturellen Rolle, auf die vorher zuerst die Religion, danach die Naturwissenschaft und dann die Philosophie Anspruch erhoben hatten – ging mit dem Steigen des Anteils der Ironikerinnen im Vergleich zu den Metaphysikern unter den Intellektuellen einher.«[1]

Ist die Frage aber so zu beantworten? Als Jürgen Habermas zum Tode des Freundes in Stanford 2007 die Abschiedsrede hielt, ging er mit keinem Wort auf diese Frage ein. Warum sollte er auch? Er hatte ja buchstäblich das letzte Wort. Und das wird überall sehr gehört. Allerdings: vornehmlich und vor allem in Fällen der öffentlichen Moral und der Politik. Diese politische Rede des Philosophen aber würde das zu Eingang genannte Gesetz von Platons *Siebtem Brief* nicht überstehen. Bei unserer Frage nach der verlorengegangenen Macht der Philosophie spielte Nietzsche die zentrale Rolle. Habermas hat dessen Denken und Argumente mehrfach scharf hinterfragt und gemeint, Nietzsche außerhalb des relevanten Diskurses setzen zu können.[2] Das muss ein anderer Grund dafür sein, dass er zu Rorty als Leser Nietzsches nichts sagen zu müssen glaubte und Rorty mehr oder weniger in der Reihe systematischen Denkens ansprach. Damit wich der systematische Philosoph Habermas der Infragestellung der systematischen Philosophie durch Rorty aber aus, wenn auch aus einem Anlass, der Takt und Konsens empfahl, nicht Kritik und Dissens. Die Frage nach der Relevanz der systematischen Philosophie hat heute vom Fall der öffentlichen Verantwortlichkeit der Philosophie abzusehen, will sie nicht in die banale Semantik der Tagespolitik geraten. Was könnten systematische Philosophen bezüglich ihres systematischen Denkens aber sonst antworten?

Vielleicht träte bei dieser unbeantwortet gebliebenen Frage am Ende doch die amerikanische politische Philosophie in

1 A.a.O., S. 141.
2 Hierzu S. 100 dieses Buches.

die Schranken: vor allem John Rawls und auch Charles Taylor, und sicherlich auch einige ihrer Schüler. Rawls' A *Theory of Justice* (1971/75) und Taylors *The Ethics of Authenticity* (1991) könnten das zu Anfang aufgestellte Gesetz des *Siebten Briefs* Platons umstandslos aufheben. Denn was ist es anderes, was sie tun, als die aktuelle Politik und die einflussreiche Öffentlichkeit mit prinzipiellen Gedanken zu konfrontieren und dabei sogar gehört und verstanden zu werden? Das ist, so scheint es, etwas anderes, als wenn Karl Popper einen hochintelligenten Bundeskanzler die Prinzipien der *Offenen Gesellschaft* verstehen lässt. Poppers politische Kritik an Platons *Staat* war Kulturkritik, keine Philosophie. Taylors und vor allem Rawls' Werk hingegen ist von allerhöchster philosophisch-theoretischer Relevanz und gleichzeitig von enormer öffentlicher Bedeutung im amerikanischen geistigen Kosmos. Weil sie Amerikaner sind und deshalb die *Politeia* ernster nehmen als ihre frivolen kontinentaleuropäischen Kollegen, hat man ihrem Denken wohl doch das Attribut von Mächtigkeit zuzugestehen. Aber: Ist es wirklich Philosophie oder nicht doch eher »political science«? Und wirkt diese Mächtigkeit heute noch nach? Ich bin nicht berufen, diese Frage zu beantworten, nicht einmal, ob sie wirklich wichtig ist. Doch Taylors letztes Werk *A Secular Age* (2007) wirft selbst die Frage nach der schwindenden Bedeutung starker Kategorien auf. Das ist Kulturkritik im besten Sinne. Das galt auch schon für sein Werk *Ethics of Authenticity*, dessen Kulturkritik zivilisationskritische Bedenken fortsetzt, wie sie Nietzsche und Adorno formuliert haben. Damit sind wir abermals zu unserem skeptischen Beginn zurückgekommen.

Vor elf Jahren wurde einmal öffentlich die Frage gestellt: Wer ist Gott?[1] Von den eingeladenen protestantischen und katholischen Theologen gab eigentlich keiner eine klare Antwort. Der einzige, der die Frage ohne Wenn und Aber affirmativ beantwortete und über die konkrete Existenz Gottes

---

1 *Merkur,* Nr. 605/606. Sept./Okt. 1999.

Aussagen machte, war der katholische Philosoph Robert Spaemann. Es bleibt weiterem Nachdenken überlassen, ob der systematischen Philosophie das Schicksal Gottes widerfuhr.

Vernunft, Zeitlichkeit und Ästhetik

Aus Anlass von Jürgen Habermas'
»Der philosophische Diskurs der Moderne«

»Die Sinne haben schließlich die Herrschaft über die Erde erlangt. Was soll da noch die Vernunft? Vernunft! Vernunft! o du abstraktes Phantom von gestern«, so Louis Aragon in dem »Vorwort zu einer modernen Mythologie«, die seine 1926 erschienene Prosa *Le Paysan de Paris* entworfen hat. Ähnlich wie bei den beiden Vorläufern im modernen Mythologieprojekt, Friedrich Schlegel und Friedrich Nietzsche, ist jedes Wort verständlich. In der Sprache der Vernunft ist der Vernunft aufgekündigt. Aber unter welcher Bedingung? Kann ihr aufgekündigt werden, wenn wir die Aufkündigung Wort für Wort verstehen? Die »postmodernen« Erben des französischen Surrealismus, Blanchot, Barthes, Bataille, Foucault, Deleuze und Derrida, suchten deshalb eine Sprache des Unverständlichen, die unter der Metapher des »Rauschens«[1] Einzug hielt in den Diskurs der Geisteswissenschaften und der intellektuellen Salons. Während sie die Hermeneutik der Dichtung erneuerten, indem sie an die Stelle von sozusagen philosophischen Lektüren die genaue Wahrnehmung der poetischen Wörter setzten, verfielen sie andererseits qua Stil des »Rauschens« selbst in apokryphe Philosopheme über das Verschwinden des Subjekts und der Vernunft, eine Anzahl von Jüngern faszinierend, nicht zuletzt deshalb, weil dieses quasi mystische Rauschen, also eine gegen die »Vernunft« gesetzte Sprache, eine Welt hinter der Welt versprach, das heißt eine Utopie nach allen Utopien.

1 Der Begriff des »Rauschens der Sprache« (»le bruissement de la langue«) wurde von Roland Barthes in seinem gleichnamigen Essay 1975 geprägt, vorbereitet schon durch Theoreme der frühen Derrida und

Darüber gibt es inzwischen zahllose intelligente Einlassungen, doch keine davon hat Jürgen Habermas' 1985 erschienene Abrechnung mit der neostrukturalistischen Vernunftkritik, *Der philosophische Diskurs der Moderne*, in der Schärfe der Fragestellung erreicht. Wem es beim »Rauschen« der Sprache immer schon unwohl wurde und in wem anlässlich der apokryphen Begriffe der Verdacht einer neuen Metaphysik aufstieg, der atmet beim Wiederlesen des *Philosophischen Diskurses der Moderne* buchstäblich frische Luft. Heute ist die Aktualität des Textes noch evidenter als damals, gerade für den, der dessen Absicht nicht ganz folgen kann. Das »Rauschen«, das im Idiom der deutschen Nachfolger der französischen Erfinder seit den achtziger Jahren immer lauter wurde, mag den Sinn für Habermas' klassisch gewordene Gegenrede sogar produktiv machen: keine aufgeweichte Terminologie, Klarheit des Arguments, Scharfsinn der strategischen Anlage und elegante Coolness in der souveränen Darstellung dessen, was man zu widerlegen hat. Besonders aber auch die Distanz in Stil und Motiv zu allem, was man das Duckertum des deutschen Idealismus nennen könnte: also die Haltung jener ewigen Jünglinge aus dem Tübinger Stift, die nach einer Sottise Nietzsches in die Büsche gingen, um nach den synthetischen Urteilen a priori zu suchen.[1]

Das ist der nachwirkende Eindruck heute, und er ist paradox: Wer anders als die deutsche Identitätsphilosophie hätte dem im deutschen und europäischen Nachkriegsdenken herausragenden Text zur Grundlage gedient? Hegel und die idealistische Erklärung der Moderne, Schiller! Gewiss, der Reflexionstheoretiker, gewiss, die Begründung der subjektiven Aneignung der objektiven Idealität. Aber: Als man das damals las, die Modernität der frühromantischen Terminologie

Foucault über die begriffstranszendierende, entgrenzende Qualität literarischer Sprache.

1 Friedrich Nietzsche, *Jenseits von Gut und Böse*, in: ders., *Sämtliche Werke in 15 Bänden*, hrsg. von G. Colli und M. Montinari, München 1980, Bd. 5, S. 24 f.

im Auge, die allenfalls in ihrer aufklärerischen, idealistischen Variante generell begriffen wurde, da überfiel einen eine Abwehrgeste: Nein, nicht noch einmal Hegel, auch nicht den Hegel als Kritiker des Idealismus. Und eben auf keinen Fall Habermas, den Kritiker und Vollender Hegels: War nicht dessen innovatorische Idee von einer »absoluten Selbstbeziehung« als vermittelnder Prozess zwischen Substanz und Subjekt der Vorgriff auf die »kommunikative Vernunft«, der Begriff, der die im Idealismus gescheiterte Versöhnung der zerrissenen Moderne endlich herstellen würde? Es blieb das gleiche Projekt: Begründung der Moderne im Vernunftbegriff.

Obwohl hier nach wie vor der Ansatz für eine komplexe Auffassung verborgen lag, zwang der Habermassche Projektcharakter zur Entscheidung, nämlich eine Schneise durch das herkömmliche Gestrüpp geistesgeschichtlicher Hermeneutik zu schlagen, zwischen den zwei scheinbar nächsten Punkten von Vernunftverhinderern eine Gerade zu ziehen: zwischen den Punkten Nietzsche und Derrida, unter Einbeziehung von Heidegger und Adorno. Diese Achsenbildung hat aber ihr wirkungsvollstes, wenn auch nicht überzeugendstes Argument im Begriff der Zeitlichkeit, der neben der Vernunft zweiten zentralen Kategorie des *Diskurses:* So als ob es selbstevident sei, dass aus dem A Nietzsche notwendig das B Derrida folge. Es folgt aber nicht notwendigerweise, auch wenn sich die Dekonstruktion auf den ersten Theoretiker der Metapher berufen kann und eine intertextuelle Beziehung vorhanden ist. Damit ist aber nicht zu beweisen, dass Heidegger und Bataille sich mit guten Gründen zum »letzten Gefecht« unter »Nietzsches Banner« versammelt haben.

Bevor dieser Einwand begründet werden soll, ist aber der Erkenntnisgewinn von Habermas' Schrift herauszustellen. Erstens: Derridas antilogisches Denken bleibt selbst in Metaphysik, das heißt in Subjektphilosophie befangen, obwohl er den Metaphysikeinwand gegen Husserl wendet. Zweitens: Entgegen der dekonstruktiven Verschleifung der Grenze zwischen philosophisch-logischer und literarisch-rhetorischer Sprache ist der Gattungsunterschied zwischen beiden nicht einzuebnen. Hinter beiden Einsichten steht aber ein Apriori, das im Folgenden erhärtet werden soll. Das Apriori ist die Kategorie des »Ästhetischen«. Habermas' schlagendes Argument gegen die Theoretiker der Vernunftkritik lautete nämlich: Dort, wo das Ästhetische zur Substanzidee hypostasiert wird und nicht strikt auf seine Sphäre beschränkt bleibt, gerät es zur Ideologie oder Ontologie einer Gegenvernunft. Man kann das Argument auch umwenden: dann verliert es sein spezifisch Ästhetisches. Das ist eklatanter – und Habermas markiert diese Achillesferse – bei Heidegger als bei Derrida (Heideggers defizitäres Verständnis von Literatur, sei es Hölderlins Hymnik oder die klassische Moderne, zeigt das hinlänglich). Was heißt in diesem Argumentationszusammenhang aber das Ästhetische? Und wie lässt es sich vom bestimmungslos Mystischen trennen?

Die »Neue Mythologie« Friedrich Schlegels

Damit ist der erneute Blick auf Nietzsches sogenannten Ästhetizismus eröffnet, von dem Walter Benjamin sagte, er habe alle geschichtsphilosophischen Begriffe verloren und sei deshalb bezüglich der Tragödie defizitär.[1] Nun ist Habermas' Vorwurf weniger fundamentalistisch begründet, aber anlässlich seiner letztlich teleologischen Perspektive auf die ihm wie eine Reihe vorkommenden Vernunftzerstörer stellt sich die Frage, ob er nicht, wenn auch szientifisch gewendet, einen analogen Vorwurf erhebt und dabei das spezifisch ästhetische Argument Nietzsches verkennt, verkennen muss, weil es sich in einem Reizwort, nämlich einem »mythologischen« Thema,

---

1 Walter Benjamin, *Ursprung des deutschen Trauerspiels*, in: ders., *Gesammelte Schriften*, hrsg. von R. Tiedemann und H. Schweppenhäuser, Bd. I.1, Frankfurt a. M. 1974, S. 281 f.

entfaltet. Habermas weiß, woher das mythologische Thema stammt: aus der Frühromantik. Das ist nicht unverdächtig. Aber er weiß auch, dass es davon zwei Fassungen gibt, eine vernunftbehütete, *Das älteste Systemprogramm des deutschen Idealismus*, aus der Zusammenarbeit Hegels mit Schelling und Hölderlin entstanden, und die vernunftdistanzierende, die »Rede über die Mythologie« im *Gespräch über die Poesie*, Kernstück von Friedrich Schlegels entwickelter Ästhetik, einer Poetik der romantischen Poesie. An diesem Gegensatz zwischen *Systemprogramm* und »Rede« lässt sich exemplarisch zeigen, worum es geht: die Autonomie der ästhetischen Rede gegenüber der Vernunft.

Darum ging es dem *Systemprogramm* der beiden Idealisten Schelling und Hegel nicht. Es konnte ihnen in Folge ihres Programms um eine Versöhnung von Herz und Verstand, die die selbstkritische Spätaufklärung schon suchte, auch gar nicht gehen. Vielmehr dekretierten sie in nicht überbietbarer Orthodoxie das Gesetz von der Identität von Literatur und Philosophie: »Ich bin nun überzeugt, daß der höchste Akt der Vernunft, der, in dem sie alle Ideen umfaßt, ein ästhetischer Akt ist und daß *Wahrheit und Güte nur in der Schönheit* verschwistert sind.«[1] Und noch prophetischer, den Begriff der Mythologie einbringend: »Zuerst werde ich hier von einer Idee sprechen, die, soviel ich weiß, noch in keines Menschen Sinn gekommen ist – wir müssen eine neue Mythologie haben, diese Mythologie aber muß im Dienste der Ideen stehen, sie muß eine Mythologie der *Vernunft* werden.«[2]

Es geht hier nicht darum (mit Hegel und Habermas), den utopischen Charakter des *Systemprogramms* als schon damals obsolet zu erkennen. Utopisch war auch Friedrich Schlegels Gegenrede, und wir befinden uns in dieser Hinsicht auf ver-

---

1 G. W. F. Hegel, *Das älteste Systemprogramm des deutschen Idealismus*, in: ders., *Werke I*, hrsg. von E. Moldenhauer und K. M. Michel, Frankfurt a. M. 1986, S. 235.
2 A. a. O., S. 236.

jährtem Gelände der deutschen Geistesgeschichte, die Habermas für den Problembewussten inspirierend aktualisiert hat. Aber eben nur in Hinsicht auf den Diskurs der Vernunft, unter Ausschließung der »Mythologie« als ästhetischem Diskurs. Dabei hätte ihm Schlegel ein anderes Licht über den noch immer aktuellen Zusammenhang aufsetzen können. Der zentrale Passus der »Rede über die Mythologie« lautet: »Denn das ist der Anfang aller Poesie, den Gang und die Gesetze der vernünftig denkenden Vernunft aufzuheben und uns wieder in die schöne Verwirrung der Phantasie, in das ursprüngliche Chaos der menschlichen Natur zu versetzen, für das ich kein schöneres Symbol bis jetzt kenne, als das bunte Gewimmel der alten Götter.«[1]

Mit Blick auf Hegels und Schellings Funktionalisierung von Literatur und Kunst im Dienste der absoluten Idee wird mit einem Schlage Schlegels umstürzlerischer Gedanke deutlich: Trennung des Einen vom Anderen; aber eine solche Trennung, die das Getrennte, also die Kunst, nicht etwa mit einem Neuen und Anderen, sei es Gegenvernunft, archaischer Mythos oder parareligiöse Spiritualität, verbindet. Das ist entscheidend für den Charakter des Autonomieanspruchs! Schlegel hatte Schellings Idee von einer »höchsten Philosophie«, die wieder »Poesie« werde, in den *Athenäums*-Fragmenten mit Respekt erwähnt, aber dabei hinzugefügt, Schelling gebe seiner literarischen Kritik eine falsche »Tendenz«.[2] Damit war wohl schon zu diesem Zeitpunkt die zwei Jahre später von der »Rede über die Mythologie« kritisierte Identifizierung von Literatur und philosophischem Begriff gemeint. Nur um diese Identifizierung geht es. Hier ist jedes Wort auf die Goldwaage zu legen: Der Vernunft wird in der »Rede« als Prinzip ihres Geltungsbereiches, also der philosophischen

---

1 Friedrich Schlegel, *Gespräch über die Poesie*, in: ders., *Kritische Schriften*, hrsg. von Wolfdietrich Rasch, München 1970, S. 502.
2 Friedrich Schlegel, *Athenäums-Fragmente*, in: ders., *Kritische Schriften*, a. a. O., S. 62.

Rede, nicht abgesagt; sie gilt nur im Medium der Poesie als »aufgehoben«.

Allerdings: Offenbar ist die Vernunft nicht imstande, das zu sehen, was die Poesie sieht: »Was sonst das Bewußtsein ewig flieht, ist hier dennoch sinnlich geistig zu schauen und festgehalten, wie die Seele in dem umgebenden Leibe, durch den sie in unser Auge schimmert, zu unserem Ohre spricht.«[1] Es handelt sich also nicht um die Rückkehr zu den Ursprüngen, sondern um Gegenwart. Diese erste Station des Mythologiebegriffs – die zweite wird Nietzsche, die dritte Louis Aragon sein – zeigt, dass es nicht um eine Substitution des Denkens, sondern um eine theoretische Klärung des Kunst- und Literaturphänomens geht. Dem *Ältesten Systemprogramm des deutschen Idealismus* konnte das nicht gelingen.

Möglicherweise entstammt die von Schlegel kritisierte Funktionalisierung der Poesie einer einseitigen schellingschen Lektüre von Platons *Phaidros*: Was Schelling wohl übersah, war, dass Platon den phänomenologischen Sonderstatus der Schönheit (er spricht nicht von Kunst) gegenüber der »Gerechtigkeit« und »Besonnenheit« betont, indem er ihren »Schein« als etwas nur sie Auszeichnendes herausstellt. Inwieweit Schlegel sich von diesem in der Geschichte der Ästhetik weithin übersehenen Diktum Platons hat anregen lassen, steht dahin. Jedenfalls musste ihm die platonische Fassung des Scheins sofort einleuchten, allerdings nur ihm allein in seiner Generation.

Denn dass Friedrich Schlegel schon vor der Definition des Begriffs einer »Neuen Mythologie« auf eine Klärung des Problems der ästhetischen Autonomie aus war, zeigt eine wiederum innovatorische Sentenz der *Athenäums*-Fragmente: »Eine Philosophie der Poesie überhaupt aber würde mit der Selbständigkeit des Schönen beginnen, mit dem Satz, daß es vom Wahren und Sittlichen getrennt sei und getrennt sein

---

1 Friedrich Schlegel, *Gespräch über die Poesie*, a. a. O., S. 501.

solle, und daß es mit diesem gleiche Rechte habe«.[1] Während Habermas auch diesen Satz sehr wohl zur Kenntnis nimmt, aber nicht näher auf ihn eingeht, ist dessen Stellenwert in einem *ästhetischen* Diskurs der Moderne mit Blick abermals auf Schellings Auffassung davon zu markieren: nämlich als erster Schritt auf eine ästhetische Theorie hin, die sich von einer »Philosophie der Kunst« kategorial unterscheidet. Schelling sagte nämlich von einer solchen Philosophie: »Ich *construire* demnach in der Philosophie der Kunst zunächst nicht die Kunst *als* Kunst, als dieses Besondere, sondern ich construire das Universum in der Gestalt der Kunst.«[2]

Wogegen Schelling sich verwahrt, genau darauf ist Schlegel aus: auf einen ästhetischen Diskurs, der seine Begriffe von den divergierenden Gegenstandsbereichen selbst nimmt, der eben das Besondere gegen die »Identität aller Dinge«, wie sie Schelling denkt, stellt. Ein Missverständnis ist auszuschließen, nämlich dass Habermas, wie fast alle namhaften geschichtsphilosophisch inspirierten Geisteswissenschaftler, nicht zuletzt Peter Szondi, an dem Schellingschen Konzept einer »Philosophie der Kunst« weiterdenkt. Sosehr ihn als jungen Mann die Schellingsche Philosophie der »Freiheit« animiert, ja begeistert haben mochte, so eindeutig macht der *Philosophische Diskurs der Moderne* klar, woran diese Vordenker scheiterten. Aber – und das ist symptomatisch für ein Übersehen – die sich damals anbietende Alternative zum Idealismus nimmt der *Diskurs* nicht auf! Das ist umso erstaunlicher, als der *Diskurs* sehr deutlich macht, was ihn alles von den Fragestellungen des 19. und 20. Jahrhunderts zwischen Dilthey, Heidegger und Gadamer trennt. Zwar meint Habermas, dass Hölderlins Hymnik vom geschichtsphilosophischen Impuls der Identitätsphilosophie getragen werde, weshalb er das Wort vom »kommenden Gott« allein als mythenbildend im

1 Friedrich Schlegel, *Athenäums-Fragmente*, a. a. O., S. 55 f.
2 F. W. J. Schelling, *Philosophie der Kunst*, in: ders., *Ausgewählte Schriften*, Bd. 2 (1801–1803), Frankfurt a. M. 1985, S. 196.

Kontext späterer Mythologiekonstruktionen liest, nicht jedoch als Stilgeste des Erhabenen unter der modernen Bedingung. Aber wenn Habermas Heidegger am Kriterium des prinzipiellen Missverständnisses moderner Literatur erkennbar macht, also das Ästhetische gerade als selbständiges Argument benutzt, deutet sich im philosophischen Diskurs der ästhetische Diskurs der Moderne an.

Schlegel, so ist festzuhalten, spaltete das ästhetische Phänomen also von dem traditionellen Kontext des »Geistes« ab, ohne den Geist selbst zu desavouieren. Dabei kam ihm allerdings eine weitere Innovation zu Hilfe, die im Kontext von Habermas' Prozessverstehen besonders relevant ist: Schlegel trennte sich von der geschichtsphilosophischen Integration einzelner Zeitabschnitte im teleologisch-finalen Prozess der Menschheit (oder Vernunft), die den Aufsatz *Über das Studium der griechischen Poesie* noch weitgehend geprägt haben. Allerdings ist dort schon zu erkennen, inwiefern die absehbare Finalität ersetzt wird durch Kategorien des plötzlichen »Moments«, der günstigen »Katastrophe« (der politische Revolutionsbegriff wurde hier schon erweitert im Sinne einer »ästhetischen Revolution« und ihrer Varianten).[1] Entscheidend dabei war, dass Schlegel einerseits die Theorie der »Perfektibilität« als »reinen Satz der Vernunft« hinsichtlich der »unendlichen Vervollkommnung der Menschheit« nicht bestritt, andererseits ganz in Analogie zu seiner späteren Abspaltung der Poesie die Anwendung des teleologischen Prinzips auf die Geschichte in Frage stellte, es sei denn, man habe den Blick für den »eigentlichen Punkt«.[2] Der ergab sich aber eben nicht aus dessen objektiver Stellung im Geschichtsprozess, sondern aus einem divinatorischen Vermögen, das dem ästhetischen Impuls schon ähnlich ist. Der »eigentliche Punkt«

---

1 Hierzu K. H. Bohrer, *Friedrich Schlegels Rede über die Mythologie*, in: ders. (Hrsg.), *Mythos und Moderne. Begriff und Bild einer Rekonstruktion*, Frankfurt a. M. 1983, S. 64.

2 Friedrich Schlegel, *Über das Studium der Griechischen Poesie*, in: ders., *Kritische Schriften*, a. a. O., S. 156.

ist quasi ein Phänomen. Mit diesem Argument kritisierte Schlegel auch Condorcets klassisch-rationalistische Geschichtstheorie, die Vergangenheit sei ein stetiges Fortschreiten gewesen, wogegen Schlegel die Ungleichheit der Beschleunigungsphänomene setzte.

Nun könnte man Schlegels Emphatisierung des Moments mit Reinhart Kosellecks Verzeitlichungsdiagnose die »Sattelzeit« von 1800 betreffend erklären und die neue Metaphernkette der Momente noch immer als dem geschichtsphilosophischen Ansatz kompatibel ansehen, wie es Habermas wohl tut. Dagegen ist jedoch einzuwenden, dass es sich bei Schlegels Kategorien am Ende gar nicht mehr um historische beziehungsweise reflexionstheoretische, sondern um phänomenologische handelt. Das kennzeichnet die Differenz des *Studium*-Aufsatzes zu Schillers Essay *Über Naive und Sentimentalische Dichtung*. Habermas bezieht sich nur auf die Briefe *Über die Ästhetische Erziehung des Menschen* (1795) als die Grundschrift einer ästhetischen Moderne, die der Literatur eine sozialrevolutionäre Rolle zuschreibt, während er Schlegel einen Anteil nur lässt, insofern dieser an Schillers Reflexionskategorie anschließbar ist. Das aber ist er in zentraler Hinsicht gerade nicht! Und eben darin liegt seine ästhetiktheoretische Originalität schon zu diesem Zeitpunkt. Obwohl Schlegel in der »Vorrede« zum *Studium*-Aufsatz ausdrücklich Schillers geschichtsphilosophische Begründung der modernen Literatur qua Reflexionsargument als entscheidende Innovation vermerkt, tritt eine geschichtsphilosophische oder reflexionstheoretische Begründung zurück. Ganz im Gegenteil: In der »Vorrede« wird das Merkmal der sentimentalischen, die Differenz zwischen Gegenwart und Antike reflexiv aufhebenden Literatur im Interesse an der »Realität des Idealen« markiert, aber Schlegel kann nicht umhin hinzuzufügen, dass die ihn noch immer als Vorbild leitende »objektive Poesie« kein solches Interesse habe.[1] Man gewinnt den Eindruck, dass auch

1 A. a. O., S. 117.

ihm selbst an diesem Interesse weiterhin nicht gelegen ist, weil die ihm vorschwebende zukünftige Poesie sich qua objektivem Ausdruck, nicht qua Zeitreflexion auszeichnen soll. Was Schlegel an Dialektik der Zeit einbüßt, gewinnt er als Formbeschreibung, die er im *Gespräch über die Poesie* vollendet. Man kann es auch krass sagen: Die Begründung der modernen Poesie auf dem geschichtsphilosophischen Argument ist dem Phänomenologen Schlegel nicht ästhetiktheoretisch genug.

In der »Rede über die Mythologie« wird das ästhetische Phänomen dann als das »Besondere« kodifiziert. Zweifellos hatte dabei Kants *Kritik der Urteilskraft*, die dort vorgenommene Sonderstellung des Schönen jenseits der Vernunft, einen Einfluss. Während die jungen Idealisten die Vernunft wieder zurückbanden an »Schönheit« und »Gutheit« (nach Maßgabe ihrer kantkritischen Suche nach dem Absoluten), machte Schlegel mit dieser Dialektik endgültig Schluss, sofern sie ihn, im Unterschied zu seinem Freund Novalis, jemals wirklich interessiert hat, war doch Spinoza seine eigentliche philosophische Beziehungsfigur, der die Vorstellung von dem, was »Phantasie« bedeutet, ihm am stärksten ausgedrückt zu haben schien. Hier ist ein Widerspruch aufzuklären: Schlegel hatte ja die Notwendigkeit einer »Neuen Mythologie« mit einem Hinweis auf den Idealismus, das »große Phänomen des Zeitalters«, erklärt. Damit war aber keine inhaltliche Referenz gemeint, sondern eine modale: So wie der Idealismus »wie aus dem Nichts« entstanden sei, sich aus der »innersten Tiefe des Geistes« selbst herausgearbeitet habe, so werde auch die »Neue Mythologie« entstehen, eben als ein neues Phänomen des ausgezeichneten innovatorischen Zeitalters.[1]

Die »Neue Mythologie« ist eine Poetologie. Über die Vernunftdistanzierung hinaus zeigt sich die poetologische Charakteristik der »Neuen Mythologie« in der Konzentration auf

---

1 Friedrich Schlegel, *Gespräch über die Poesie*, in: ders., *Kritische Schriften*, a.a.O., S. 498.

die rhetorischen Eigenschaften Arabeske, Ironie, Witz, die im späteren Teil des *Gesprächs über die Poesie* erläutert sind. Als Paradigma für die Arabeske, als »wesentliche Form« der Poesie wird Diderots *Fatalist* genannt: Schlegels neuer Poetik ging es nicht um Moralen und Gegenmoralen, sondern um Form – die »künstlich geordnete Verwirrung«, die »reizende Symmetrie von Widersprüchen«,[1] wie sie Cervantes und Shakespeare erscheinen, gilt selbst schon als »indirekte Mythologie«.[2]

Damit wird unabweisbar, was die Perspektive der »Neuen Mythologie« von der Charakteristik des »Interessanten« und des »Häßlichen« des *Studium*-Aufsatzes unterscheidet: Nunmehr ist die Verbindung zu einer geschichtsphilosophischen Begründung endgültig zugunsten einer rein phänomenologischen aufgegeben. Die »Neue Mythologie« ist nicht zwingend, weil sie neu oder weil sie modern ist, sondern weil ihre formale Struktur ästhetisch besonders anzieht. Diese Anziehungskraft wird nicht in einer historischen, sondern anthropologischen Causa verankert.

Nietzsches ästhetische Mythologie

Der philosophische Diskurs der Moderne geht auf die signifikante Rolle Friedrich Schlegels nicht näher ein. Wohl deshalb nicht, weil zum einen die Reflexionsfigur der Moderne, die Habermas vor allem interessiert, in der Tat nicht angeboten wird, und zum anderen, weil die Ausblendung von Schlegels innovatorischer Ästhetik die These vom radikalen Vernunftbruch in Nietzsches Mythologiekonzept vereinfacht. Auf den ersten Blick liest sich Habermas' Charakteristik von Nietzsches dionysischem Augenblick als einem ästhetischen Phänomen wie eine klare Benennung der entscheidenden Defi-

1 A.a.O., S. 501.
2 Ebd.

nitionsmerkmale: seine Plötzlichkeit, sein Subjektverlust, seine Zeitlichkeitstranszendenz. Darin war Schlegels Mythologie-charakteristik vorausgegangen: Auch dort galten der »Gang und die Gesetze der vernünftig denkenden Vernunft« als aufgehoben. Damit war aber keineswegs dem Alltag der menschlichen Vernunft und der Lebenspraxis als Gesetz menschlicher Existenz abgesagt. Ganz im Gegenteil: Je mehr man um dieses Gesetz weiß, umso deutlicher wird die ästhetische Differenz.

In der »Neuen Mythologie« war nur – und das war in der Tat revolutionär – gesagt, dass der Alltag und seine Moralen im Modus des Ästhetischen keine Gültigkeit hätten. Insofern also ist an Nietzsches berühmter Charakteristik des dionysischen Augenblicks nichts Skandalöses über die Idee hinaus, dass der ästhetischen Erfahrung Elemente eignen, die sie prinzipiell von der moralischen und kognitiven Sphäre trennen. Wenn diese Behauptung Nietzsches allein schon für Habermas skandalös ist, dann besagt dies, dass und inwiefern ihm analog zu Hegels Romantikkritik die ästhetische Moderne im Gesamten, von Mallarmé bis Adorno, skandalös werden muss, ganz abgesehen von der Tatsache, dass die Rhetorik des Erhabenen des 18. Jahrhunderts schon praxisferne Bestimmungen des Schönen enthielt, die in Nietzsches Dionysosbegriff wiederkehren, nicht zuletzt der »Schrecken«.

Habermas sagt, Nietzsche »radikalisiere« die romantische Vorläuferschaft qua Erfahrung der zeitgenössischen symbolistischen Dichtung, indem nunmehr die »romantische Reinigung des ästhetischen Phänomens von allen theoretischen und moralischen Beimengungen« fortgesetzt werde. Was die romantische Beimengung bei Friedrich Schlegel betrifft – etwa der Ausblick der »Neuen Mythologie« auf eine neue Goldene Zeit –, gehört sie zu den Schwachpunkten, sozusagen zu den konventionellen, den Zeitgeist affirmierenden Attributen. Der romantische Messianismus ist keineswegs ein notwendiges Charakteristikum des ästhetischen Turns von Schlegels »Neuer Mythologie«. Wenn Nietzsche diesen Messianismus also nicht mehr braucht, dann ist das nur die konsequente Fortsetzung einer phänomenologischen Bestimmung ästhetischer Erfahrung als Intensitätserfahrung, die aber nicht unbestimmt bleibt.

Nun ist der dionysische Augenblick, Nietzsches neue Mythologie, von Friedrich Schlegel durch eine entscheidende Begründung unterschieden, die unmittelbar den modernekritischen Projektcharakter vorbereitet, auf den es Habermas vor allem abgesehen hat: Im emphatischen dionysischen Augenblick wird das negative Wissen vom menschlichen Leid kompensiert. Das ist die schopenhauersche Volte, die den Dionysos der *Tragödien*-Schrift, nicht den späteren Dionysos des *Willens zur Macht* bestimmt. Dieses Leid ist so groß, dass das Dasein nur als »ästhetisches Phänomen« gerechtfertigt ist. Alle Kunst, so wird es in der Phase der Abkehr von Richard Wagners Musik als radikalisiertes dionysisches Modell heißen, ist Konstruktion einer »Oberfläche« über einem nicht sichtbaren Abgrund dieses Leids. Das ist zweifellos noch eine metaphysische Causa des ästhetischen Konzepts, sie hat aber einen empirischen Kern. Er ist die Wahrnehmung der Kontingenz des Lebens, was von den »Wahrheits«-Philosophen nicht wahrgenommen worden ist, denen Nietzsches sardonische Erkenntniskritik gilt, auf die hier nicht eingegangen werden muss. Es genügt festzustellen, dass der nietzscheanische »Pessimismus«, der sich als Artistenmetaphysik ausgibt, erstens keine Weltanschauungslehre à la Schopenhauer, sondern eine idealismusskeptische Erfahrungslehre ist; und zweitens verzichtet die Dionysosmythologie nicht auf die Ausarbeitung strikt formal-ästhetischer Kategorien, hierin Schlegels Konzentration auf rein poetologische Begriffe strukturell ähnlich.

Was schon Benjamin in Folge seiner einseitigen geschichtsphilosophischen Kritik übersah und was Habermas aufgrund seines modernitätstheoretischen Ansatzes ebenso übersieht, ist die poetologische Klarsicht der nietzscheschen Tragödienbestimmung jenseits aristotelischer und hegelscher Ideen:

Sie befreit in der Tat die Tragödie von einer moralischen Bestimmung und spricht davon, dass in ihrem »Schrecken« selbst das »Tonicum« läge.[1] Wenn Habermas hierin schon den intellektuellen Skandal gesehen hätte – was ihm nicht unterstellt werden soll –, dann wäre ihm mit Nietzsches Worten zu antworten: Das »Tonicum« der Selbstreferenz des ästhetischen Schreckens nicht wahrzunehmen bringt nur die »Verlogenheit des Systematikers«, sprich dessen idealistische Voreingenommenheit, fertig.

Aber Habermas ist ja durchaus bereit, ästhetische Argumentation zu akzeptieren, solange sie nicht überspringt zur ideologischen Hypostasierung. Diese aber unterstellt er eben Nietzsches Mythologie im Ganzen, worauf mit dem Hinweis auf das romantisch-moderne Intensitätsprogramm ohne weltanschauliche Implikation zu antworten war. Es sind drei Charakteristika, die nach Nietzsche die dionysische Form der Tragödie über die erste Definition des Vernunftverlusts und der Zeittranszendenz hinaus kennzeichnen und belegen, inwiefern sein Dionysos keiner Ursprungsphilosophie entspringt, sondern ähnlich wie Schlegels »Neue Mythologie« einer Formbeobachtung.

Zum einen ist es die Transzendierung der subjektiven Expression zu einem objektiven Stil des lyrischen Gesangs,[2] aus dem nicht mehr bloß die individuelle Person, sondern der Effekt der Kunst spricht. Zum anderen das Verständnis des Tragödienhelden als »Maske« des Dionysos, so dass man aus der Stimme der Dramenfigur immer die Gottheit höre.[3] Schließlich die Betonung des Chors als eine die Essenz der Tragödie selbst hervorbringende Rede, in Abkehr von August Wilhelm Schlegels Identifikation des Chores als idealischem Zu-

---

1 Friedrich Nietzsche, *Nachgelassene Fragmente. Frühjahr 1888*, in: ders., *Sämtliche Werke*, a. a. O., Bd. 13, S. 410.
2 Friedrich Nietzsche, *Die Geburt der Tragödie aus dem Geist der Musik*, in: ders., *Sämtliche Werke*, a. a. O., Bd. 1, S. 43.
3 A. a. O., S. 71.

schauer.[1] Nimmt man zu diesen formalen Bestimmungen die nachdrückliche Erklärung hinzu, dass die Tragödie nicht in ihrer Handlung, sondern auf ihrem Pathos beruhe,[2] dann ist die poetologische, nicht irgendwelche philosophische Identifikation evident. Der gemeinsame Nenner dieser Charakteristika ist, dass der psychologische Ausdruck eines dramatischen Charakters überboten wird durch den Ausdruck des tragischen Scheins, das heißt im Verständnis Nietzsches durch den Urschmerz im Abglanz eines ästhetischen Effekts, dem Erscheinungsschrecken. Daraus lässt sich kein Strick drehen, an dem man einen Subjektvergessenen hängen könnte. Sollte Nietzsches spätere Kritik am Vernunftsubjekt von seiner frühen Lektüre der griechischen Tragödie beeinflusst worden sein, dann hätte die den besten Grund gehabt.

Die Erkenntnis, dass in der Wirkung des lyrischen Gesangs, der Maske des Dionysos, des Chors und des Pathos die die Tragödie auszeichnende Phänomenalität zum Ausdruck komme, war der entscheidende Schritt über den von Hegel geschichtsphilosophisch begründeten Moralismus der Tragödienfigur (Antigone) hinaus. Auch wenn das vom humanistischen Bildungsbürgertum nicht begriffen worden ist und noch immer nicht begriffen wird.

Die Bewandtnis des formal-ästhetischen Impetus, durchaus auch als Erziehung des »idealistisch« verdorbenen deutschen Publikums der achtziger Jahre des 19. Jahrhunderts gedacht, erhärtet sich gerade dann, wenn die Rückbindung der wagnerschen Oper an das Tragödienkonzept aufgegeben ist, die Polemik gegen den Idealismus aber als Bedingung installiert, wie das in der Schrift von 1888 *Der Fall Wagner* geschieht. Nunmehr, nach der Selbstkritik des ursprünglichen Tragödienprojekts, erscheinen die dionysischen Eigenschaften des Kunstwerks in ihrer von metaphysischen Resten endgültig befreiten Essenz umso deutlicher, als sich die Kategorien der ur-

1 A. a. O., S. 54.
2 A. a. O., S. 85.

sprünglichen Dionysosdefinition der Tragödienschrift erhalten haben: Schrecken und Plötzlichkeit. Die »Oberflächen«-Ästhetik, die ja in den genannten Formbestimmungen der Tragödie als Maske und des Dionysos schon vorgebildet war, ist nunmehr in aller Klarheit als strikt ästhetisches Argument erkennbar. Dass es sich auch gegen die Idealismen Wagners richtet, gilt allein der ausdrucksrelevanten Entstellungsqualität dieser Idealismen, sei es als Versöhnungsideologie, sei es als geschichtsphilosophischer Hegelianismus. Man kann das auch die Kritik eines neuartigen intellektuellen Kitsches nennen, der seitdem die deutsche Kunstszene überhaupt heimsucht, eben infolge der philosophischen Ambitionen.

Insofern läuft Nietzsches Identifikation des kalten Dionysos der *Wagner*-Schrift, den man vom heißen Dionysos der *Tragödien*-Schrift unterscheiden könnte, auf ein gegen die Weltanschauungsästhetik nicht nur Wagners, sondern der ganzen Epoche gerichtetes Symbol hinaus. Den historischen Spätzeitcharakter im Blick hat Nietzsche der Oberflächen- und Maskenästhetik (»Alles, was tief ist, liebt die Maske«,[1] »O diese Griechen!... tapfer bei der Oberfläche« ... zu bleiben[2]) relativ früh eine avantgardekritische Volte abgewonnen: Oberflächenästhetik hieß dann, nunmehr gegen eine formlose und stillose Ausdrucks- und Authentizitätskunst gerichtet, die Erneuerung des Prinzips der Maske. Es ist die Forderung nach einer allegorisch-symbolischen Kunst, in der Lokalfarbe und Zeitcharakter »abgedämpft« werden sollten. Das nennt Nietzsche »mythisch« machen.[3] Damit ist abermals erwiesen, inwiefern der Begriff »mythisch« einem ästhetischen Ausdrucksphänomen gilt, nicht der Rekonstruktion von Ursprüngen. Wenn Nietzsche also in der *Tragödien*-Schrift die Forderung

1 Friedrich Nietzsche, *Jenseits von Gut und Böse*, in: ders., *Sämtliche Werke*, a. a. O., Bd. 5, S. 57.

2 Friedrich Nietzsche, *Die Fröhliche Wissenschaft*, in: ders., *Sämtliche Werke*, a. a. O., Bd. 3, S. 352.

3 Friedrich Nietzsche, *Menschliches, Allzumenschliches I*, in: ders., *Sämtliche Werke*, a. a. O., Bd. 2, S. 184.

nach einem neuen Mythos erhebt, dann ist es die Forderung nach dem »ästhetischen Zuhörer«, der wie ein Kind die Wunder der Bühne zu erfahren imstande ist.

Das ist ein weiteres Argument dafür, dass es sich um eine Ästhetik der Mythologie handelt: Selbst wenn Nietzsches ursprüngliche Tendenz auf eine Rekonstruktion des Archaischen ausgewesen wäre, zeigt der Text diesbezüglich nur Referenzen an anthropologische Argumente, die an die Verankerung der ästhetisch-dionysischen Erfahrung in der Lust am Dasein erinnern. Die Konzentration von Nietzsches Text liegt, das wird infolge der kulturkritischen Thematisierung leicht übersehen, vornehmlich auf einer Darstellung der am dionysischen Augenblick beteiligten Elemente. Diese sind objektiv nicht an die Voraussetzung gebunden, dass die sokratische Aufklärung, der »Geist der Wissenschaft«, zugunsten eines Mythos revidiert werde, auch wenn das ursprüngliche Argument eben so lautet. Die Elemente, die den dionysischen Augenblick herstellen, blieben nämlich auch dann erhalten, nachdem Nietzsche sich von Richard Wagner als Erfüller des Tragödienprojekts distanziert hatte, nach Nietzsches »szientifischer« Wende Ende der siebziger Jahre. In dem Zusammengehen von »szientifischen« und »mythologischen« Attributen trifft sich Nietzsche abermals mit Friedrich Schlegel, der die Möglichkeit, wieder eine »antike« Tragödie zu schreiben, im *Gespräch über die Poesie* mit dem neuen »Geist der Physik« verbindet.

Die Polemik gegen die sokratische Aufklärung muss von diesem Apriori angemessen perspektiviert werden: Wenn in Sokrates der Optimist, der Intellektuelle im Namen einer tragischen Kunstauffassung gekennzeichnet werden soll, dann steht diese Argumentation parallel zu der Polemik gegen »die Revolution in der Kunst«: In beiden Fällen spricht sich die Ästhetik als Stilprinzip gegen den »Realismus« aus. Die Vorstellung, Nietzsche wolle die sokratische Aufklärung als historische Epoche rückgängig machen, übersieht das eigentliche Argument. Dieses ist auf der Ebene des kalten Dionysos zudem dann szientifisch geworden, wo der Kunst als Religionsersatz, dem Künstler als Metaphysiker misstraut wird im Namen einer intellektuellen Kontrolle.

Während Hegel gerade die Metaphysik zum Kriterium der Kunst gemacht hat und sie daran scheitern lässt, verwirft Nietzsche alle »metaphysischen Voraussetzungen«, insofern sie an einem festen »Charakter« des Menschen und einem »Wesen« der Welt festhalten. Dagegen stellt er den einzelnen Menschen als »nichts Festes und Beharrendes« dar. Ebenso zerschlägt er die metaphysische Voraussetzung der Welt als »bloße Erscheinung«: Metaphysik ist kein länger aufrechtzuerhaltendes Modell für den Künstler. Aber anstatt aus einer problematisch gewordenen Relation von Kunst und Philosophie die negative Konsequenz Hegels zu ziehen, zieht Nietzsche in *Menschliches, Allzumenschliches* einen entgegengesetzten Schluss: Die Kunst habe »durch Jahrtausende hindurch gelehrt, mit Interesse und Lust auf das Leben in jeder Gestalt zu sehen und unsere Empfindung so weit zu bringen, dass wir endlich rufen: ›wie es auch sei, das Leben, es ist gut.‹ Diese Lehre der Kunst, Lust am Dasein zu haben und das Menschenleben wie ein Stück Natur, ohne zu heftige Mitbewegung, als Gegenstand gesetzmässiger Entwicklung anzusehen, – diese Lehre ist in uns hineingewachsen, sie kommt jetzt als allgewaltiges Bedürfniss des Erkennens wieder an's Licht. Man könnte die Kunst aufgeben, würde damit aber nicht die von ihr gelernte Fähigkeit einbüssen: ebenso wie man die Religion aufgegeben hat, nicht aber die durch sie erworbenen Gemüths-Steigerungen und Erhebungen.«[1]

Alle verbliebenen Skrupel Nietzsches, ob nicht die Kunst eine Zumutung für den modernen Intellekt darstelle, sind in dem Satz zusammengefasst: »*Auf Gethsemane.* – Das Schmerzlichste, was der Denker zu den Künstlern sagen kann, lautet

---

1 Friedrich Nietzsche, *Menschliches, Allzumenschliches I*, in: ders., *Sämtliche Werke*, a. a. O., Bd. 2, S. 185.

so: ›könnt ihr denn nicht eine Stunde *mit mir wachen?*‹«[1] Hier kommen zwei Zuschreibungen zusammen: Einerseits wird der Mangel des wachen Bewusstseins als eine immer stärker hervortretende Eigenschaft des modernen Künstlers gesehen, andererseits wird die Kapazität zum Wachsein als Qualität des Denkers erkannt. Das bedeutet auch, dass sich die Idee von einem Bewusstseinsschmerz des Denkers einstellt. Schmerzlich ist nicht nur die Erkenntnis, dass die, die wach sein sollten, schlafen. Nietzsches Gedanke ist, dass das Wachen an sich schmerzlich sei. Die Schmerzmetapher durchzieht Nietzsches Notizen über das Problem Denker versus Künstler. In Nietzsches Optik, dass die aktuelle Kunst von metaphysischer Gewissheit lebe, die obsolet geworden ist, heißt es in einem anderen Aphorismus: »*Das Jenseits in der Kunst.* – Nicht ohne tiefen Schmerz gesteht man sich ein, dass die Künstler aller Zeiten in ihrem höchsten Aufschwunge gerade jene Vorstellungen zu einer himmlischen Verklärung hinaufgetragen haben, welche wir jetzt als falsch erkennen: sie sind die Verherrlicher der religiösen und philosophischen Irrthümer der Menschheit, und sie hätten diess nicht sein können ohne den Glauben an die absolute Wahrheit derselben.«[2]

Nietzsche empfindet also den Künstler als Widersacher alles dessen, für das seine eigene neue »Schule des Verdachts« steht: »Der Künstler hat in Hinsicht auf das Erkennen der Wahrheiten eine schwächere Moralität, als der Denker; er will sich die glänzenden, tiefsinnigen Deutungen des Lebens durchaus nicht nehmen lassen«.[3] Die Frage, die Nietzsche im »Versuch einer Selbstkritik« der *Tragödien*-Schrift stellte: »wie müsste eine Musik beschaffen sein, welche nicht mehr romantischen Ursprungs wäre, gleich der deutschen, – sondern

1 Friedrich Nietzsche, *Menschliches, Allzumenschliches II*, in: ders., *Sämtliche Werke*, a. a. O., Bd. 2, S. 392.
2 Friedrich Nietzsche, *Menschliches, Allzumenschliches I*, in: ders., *Sämtliche Werke*, a. a. O., Bd. 2, S. 180.
3 Friedrich Nietzsche, *Menschliches, Allzumenschliches I*, a. a. O., S. 142.

dionysischen?«[1] – diese Frage stellen auch die kunstkritischen Aphorismen von *Menschliches, Allzumenschliches*: Kunst unter der Bedingung einer neuen Kälte, die für Nietzsche eine alte Kälte ist: das »An-sich-halten des Gefühls«.

Der neue literarisch-ästhetische Charakter von Nietzsches Denken seit *Menschliches, Allzumenschliches* spricht sich ganz offen aus, wenn er den Denkschmerz mit dem Vers Byrons »Sorrow is knowledge« belegt und seine deutsche Übersetzung »Gram ist Erkenntnis« zum Motto eines Aphorismus über die Geisteshaltung desjenigen macht, der die Flucht zu den religiösen und metaphysischen Gewissheiten ablehnt, weil es »sein *intellectuales Gewissen* heillos« beschmutzen würde.[2] Ähnlich wie sich Foucault später vom Wahnsinnsbegriff als dem Anderen distanziert, so distanziert sich Nietzsche vom Archaisch-Dionysischen, um dieses ganz in seinen poetologischen Elementen zu fassen.

Zeitlichkeit und Ästhetik

Wenn Habermas Nietzsches ästhetischer Mythologie vorhält, mit ihr verzichte die Kritik der Moderne erstmalig auf ihren »emanzipatorischen Gehalt«, dann ist das ernst zu nehmen, aber auch zu fragen, was denn »emanzipatorisch« hier heißen kann. Es kann nicht den Vorwurf meinen, dass Nietzsches Tragödien- und Oberflächenästhetik keine Inhalte der idealistischen Utopien mehr enthält. Deren Nachwirkung hat außerdem die Ausbildung einer modernen Prosa in Deutschland im Vergleich zu Frankreichs »Realismus« verzögert und gehört sozusagen zur Geschichte der »verspäteten Nation«. Was aber ist es dann? Es geht dem *Diskurs* um die Vernunft. Sie

1 Friedrich Nietzsche, *Die Geburt der Tragödie*, in: ders., *Sämtliche Werke*, a. a. O., Bd. 1, S. 20.
2 Friedrich Nietzsche, *Menschliches, Allzumenschliches I*, in: ders., *Sämtliche Werke*, a. a. O., Bd. 2, S. 108 f.

war im Programm der »Neuen Mythologie« und dem Programm des *Tragödien*-Dionysos durchgestrichen. Habermas' Absicht, das Vernunftmoment aber dem Eigensinn der avantgardistischen Kunst zuzueignen (im Unterschied zu Nietzsche und der Romantik), muss entgegengehalten werden, dass dem Vernunftbegriff auch in der letzten Mythologiestation, in Aragons Begründung einer »mythologie moderne«, ebenfalls emphatisch abgesagt wird. Nietzsches Vernunftkritik steht also nicht als ein illegitimer Bruch da, sondern ist unmittelbar integrierbar in die romantisch-moderne Mythologie als Poetologie (im Falle Aragons handelt es sich um eine Bild- und Metapherntheorie).

Vermutlich übersieht der *Diskurs* diesen Tatbestand, weil er neben dem Vernunftbegriff von der Kategorie einer sinnstiftenden Zeitlichkeit orthodox geleitet wird. Das bedeutet zunächst, dass die Abwesenheit der Vernunftrede als prozessuales Geschehen im 19. Jahrhundert eingeklagt werden soll und der Zeitpunkt Nietzsches sozusagen als die zeitliche Einbruchstelle, die weitere Einbrüche gezeitigt hat. Das impliziert, dass die Modernität des Künstlers, seine buchstäblich progressive Qualität, an seinem eigenen Zeitlichkeitsbewusstsein überprüft wird. Hierfür dient sozusagen als ein Apriori Baudelaires berühmt gewordene Definition der Moderne in *Der Maler des modernen Lebens*. Habermas widmet ihr kein Kapitel, aber stellt sie an den Anfang seiner Überlegungen. Baudelaires Definition lautet: »Die Modernität ist das Vergängliche, das Flüchtige, das Zufällige, die eine Hälfte der Kunst, deren andere Hälfte das Ewige und Unwandelbare ist. Für jeden Maler der Vergangenheit hat es eine Moderne gegeben; auf den meisten der schönen Bildnisse, die sich aus früheren Zeiten erhalten haben, tragen die Dargestellten die Kleidung ihrer Zeit.«[1] Habermas versteht Baudelaires Charakteristik

1 Charles Baudelaire, *Der Maler des modernen Lebens*, in: ders., *Sämtliche Werke / Briefe in acht Bänden*, hrsg. von Friedhelm Kemp und Claude Pichois, in Zusammenarbeit mit Wolfgang Dorst, München 1989, Bd. 5, S. 226.

der zeitgenössischen Kunst kategorisch über den Begriff historische Erfahrung, die in der Permanenz einer »sich selbst verzehrenden Aktualität« liege, die sich als »Schnittpunkt von Zeit und Ewigkeit« konstituiere. Alles ist bei dieser Akzentuierung angelegt auf die Dialektik zweier oppositioneller Zeitvorstellungen.

Ist das aber wirklich die Pointe, auf die Baudelaires »geschichtliche Theorie des Schönen«[1] in Differenz zu einer Theorie des »absoluten Schönen« hinauswill? Es geht bei ihr doch offenbar um eine Epiphanie des Schönen unter den Bedingungen einer aktuellen Reduktion. Es geht um die Rettung der »geheimnisvollen Schönheit«[2] im zeitgenössischen Gewande. Um sie allein geht es – wie die ganze Ästhetik Baudelaires zeigt. Dass sie gerade im Modus des Relativen, nicht mehr Absoluten auftritt, gibt ihr die Schärfe. Die zeitgenössische Erscheinungsform, Epoche, Mode etc. ist deutlich als Funktion eines »Ewigen« markiert, wenn es als das relative Element gegenüber dem Ewigen erkannt ist. Nietzsche hat die »Mode«, den Zeit-Ausdruck, unter der Bedingung des Mythischmachens ja gerade ausgeschlossen. Aber Baudelaires Betonung des temporalen Modus bedeutet keinen prinzipiellen Widerspruch dazu. Sein temporales Motiv bleibt der kontemplativen Konzentration auf das Schöne nur funktional wesentlich und ist letztlich (wie bei Schlegel und Nietzsche) anthropologisch, nicht zeitdiagnostisch begründet. Bei Baudelaires Charakteristik der modernen Kunst handelt es sich um eine phänomenologische, nicht gegenwartstheoretische Äußerung. Und wenn man trotzdem die zeitdialektische Logik nicht aufgeben wollte, dann müsste Baudelaires triviale Benutzung des Begriffs Gegenwart endgültig davon abhalten: Gegenwart, so Baudelaire, gab es in jeder Kunstepoche als das Zeitkostümhafte, als Relativ-Moderne. Damit ist dem Begriff Moderne jedenfalls die Emphatik genommen, die der

1 A. a. O., S. 215.
2 A. a. O., S. 226.

Hinweis auf den reinen Zeitindikator für sich in Anspruch nimmt.

Man findet den kunst-, nicht zeitemphatischen Impuls von Baudelaires Modernitätsgedanken in allen seinen wesentlichen Äußerungen. Am schlagendsten, wenn in *Vom Wesen des Lachens* der Gedanke von einem »absolut Komischen« entwickelt wird, das sich durch eine Selbstbezüglichkeit äußert, die im scharfen Kontrast zum »signifikativen Komischen« steht, das immer eine soziale oder moralische Referenz hat.[1] Modern hieran ist für Baudelaire, dass in einem solchen selbstreferentiellen Ausdrucksphänomen – das Beispiel liefert der groteske Auftritt einer englischen Schauspielertruppe – die Idee der französischen Klassik erledigt wird. Nicht weil die »Zeit« sie erledigt hat, sondern ein ihre Ausdrucksqualitäten überbietender neuer Ausdruck. Seine Ausdrucksqualität kann strukturell verglichen werden mit dem Romantischen oder Surrealistischen, Phantastischen, das uns gefangennimmt: ohne sagen zu können, was die Ursache ist, und ohne dass dafür eine »mystische« Qualität herhalten müsste.

Wenn also Baudelaires Modernität sich nicht zeittheoretisch oder geschichtsphilosophisch, sondern phänomenologisch-ausdruckstheoretisch begründen ließe – es wiederholt sich die schlegelsche Opposition –, dann böten sich für Nietzsches Oberflächensünde zumindest mildernde Umstände an. Gewiss, in der den Stillstand empfehlenden Stilmetapher (»Der große Stil entsteht, wenn das Schöne den Sieg über das Ungeheure davonträgt«) ist der Gedanke von der »Ewigen Wiederkehr«, die Absage an die geschichtsphilosophische Bewegung der Zeit enthalten, der melancholische Satz der Dionysosästhetik in *Der Fall Wagner*: »sahen wir das Meer je *glätter*?« Aber hierin war Baudelaire, der Erfinder der Moderne, ebenfalls vorausgegangen, wenn er im *Herbstgesang* die gleiche Glätte des Meeres als Metapher sowohl des metaphysi-

---

1 Charles Baudelaire, *Vom Wesen des Lachens*, in: ders., *Sämtliche Werke / Briefe*, a. a. O., Bd. 1, S. 296 f.

schen Nichts als auch des alles menschliche Gefühl transzendierenden Erhabenen setzt, allerdings wie im Falle Nietzsches immer zurückgebunden an das Medium des Gefühls. Und was ist mit Kierkegaard, dem zentralen Denker des ästhetisch Bösen? Als solcher nimmt der *Diskurs* ihn nicht wahr.

Damit stellt sich hinsichtlich des Modernitätsbegriffs, der den *Philosophischen Diskurs der Moderne* kennzeichnet, eine Frage: Wenn denn nicht Zeit und Vernunft, sondern Ausdruck das Kriterium der Moderne wäre, sollte dann die radikale Romantik Friedrich Schlegels nicht in ein stärkeres Recht eingesetzt und Nietzsche nicht aus der Verwahrung entlassen werden? Das eigentliche Ziel des *Diskurses*, die Dekonstruktion der Bataille, Foucault, Derrida, würde das nicht behindern. Im Gegenteil, deren Hypostasierung der von Schlegel, Nietzsche und Baudelaire erfundenen ästhetischen Mythologie zu einer quasi mystischen oder anarchistischen neuen Erlösungsidee würde noch klarer erkennbar werden. Vor allem das überholte kulturkritische Versprechen, etwas angeblich noch im Verborgenen Liegendes zum Vorschein zu bringen, das schon Heidegger, wie der *Diskurs* durchsichtig zeigt, gegeben hat. Hier müsste eine Klarstellung darüber möglich sein, wo und wie und warum sich ästhetische Grenzerfahrung von einer mystisch bestimmungslosen unterscheidet. Das würde der springende Punkt: zu sehen, dass sowohl Schlegels als auch Nietzsches und Baudelaires theoretische Fassung des referenzlos Ästhetischen nicht auf Mystik hinauslief. Dann wäre der Diskursbegriff auch nicht mehr finalistisch gefasst, sondern okkasionalistisch: Er würde entlastet von seinem deduktiven Ansatz, die Vernunft sei das a priori Gegebene, das in seinem Lauf durch die Moderne nur gesetzwidrig unterlaufen worden sei.

Eine solche Korrektur müsste allerdings den philosophischen Charakter des *Diskurses* verändern. Eine ästhetische Ergänzung hülfe aber, das philosophische Defizit der zeitgenössischen Vernunftkritik jenseits des Selbstwiderspruchs stärker zu materialisieren. Was immer die Bataille und Foucault, de

Man nicht zu vergessen, an innovatorischer Wahrnehmung des ästhetischen Ausdrucks geleistet haben – ein neuer »Diskurs der ästhetischen Moderne« hätte nicht mit ihnen zu beginnen, sondern mit Habermas' Schrift, deren intellektuelle Fulminanz heute noch stärker wirkt als damals. Wenn sie überhaupt seither konterkariert worden ist, dann durch Richard Rortys Schrift *Kontingenz, Ironie und Solidarität*. Sein intrikater Kernsatz, neues Denken zeige sich nicht darin, dass Argumente widerlegt, sondern sprachlich überboten würden, klang damals rettend, zumal Rorty die Relevanz der Schlegelschen Romantik als Dekonstruktion der idealistischen Idee betonte. Aber er übersah den strikt ästhetiktheoretischen Charakter dabei.

Im Kontext des hier Ausgeführten ist die Achillesferse von Rortys Schrift offensichtlich: Mit seiner Sentenz wird gerade die ästhetische Differenz zwischen poetischer und philosophischer Rede zugeschüttet. Es ist nicht die geringste der Einsichten, zu denen einen *Der philosophische Diskurs der Moderne* zwingt, diese Grenze als Conditio sine qua non gezogen zu haben. Es fehlt nur noch, die Konsequenz dieser Grenze zu erkennen, die seit John Keats' Poetik eigentlich evident ist: die veränderte Stellung des Subjekts im poetischen Satz, nicht sein Verschwinden im generellen Diskurs.

Agonales Denken

Über Kurt Flasch

Die beiden großen philosophiegeschichtlichen Werke Kurt Flaschs setzen charakteristischerweise an die Stelle von Philosophie den Begriff »Denken«: *Augustin. Einführung in sein Denken* (1980) und *Das philosophische Denken im Mittelalter* (1986). Das ist nicht selbstverständlich! Durchweg alle relevanten Philosophiegeschichten und Übersichten verwenden den Begriff »Philosophie« im Sinne von »Systemangebot«. Mit Flaschs Abweichung von dieser terminologisch eingeübten Praxis ist implizit angedeutet, dass es nicht um die Darstellung von Systemen geht, sondern um die Beobachtung von Denkprozessen, und das bedeutet als Konsequenz auch: Das Denken Augustins und das Denken im Mittelalter sollen nicht als eine in sich notwendige quasi geistesteleologische Entwicklung betrachtet werden, sondern als ein kontingentes Ereignis.

Mit der Kategorie »Ereignis« bin ich der Spezifik von Flaschs eigenem Denken einen Schritt näher gekommen: Denn seine Ansicht, das Denken der Philosophie sei nicht deduktiv aus einem ersten Prinzip ableitbar, sondern entstehe überraschend aus jeweils unvorhersehbaren historischen Anstößen, hat notwendigerweise zur Folge, dass jede philosophische Station des Mittelalters bei ihm mit dem Introitus »Die geschichtliche Situation« beginnt. Man könnte das für selbstverständlich halten, aber es stellt doch eine sehr dezidierte Abweichung von der Kontinuitätsannahme des philosophischen Begriffs dar: Es ist der Zeitpunkt und die Zeit selbst, die für Kurt Flasch beim philosophischen Denken den Ausschlag geben, durchaus im Sinne des von ihm ansonsten eher distanziert gesehenen Hegel, nämlich seine »Zeit in Gedanken zu erfassen«. Zwei Titel verweisen besonders auf eine für Flasch charakteristische Perspektivierung, die sich aus der Betonung von Diskontinuitäten ergibt, nämlich das Agonale zwischen den Denkern: *Kampfplätze der Philosophie. Große Kontroversen von Augustin bis Voltaire* (2008) und *Die geistige Mobilmachung. Die deutschen Intellektuellen und der Erste Weltkrieg* (2000).

Ich brauche nicht zu erklären, warum die Idee der Philosophie als eines Kampfplatzes so sympathisch ist. Denn wo es um den höchsten Einsatz geht, kann man auch verlieren. Und so ist der erste Blick darauf, wie die einstige Zentralfigur der mittelalterlichen Philosophie, Thomas von Aquin, in Flaschs philosophiegeschichtlicher Darstellung von 1980 erscheint, sofort ein Eye-Opener: Man begreift Thomas als Intellektuellen, der mit anderen Intellektuellen konkurriert. Denn im Unterschied zu früheren Philosophiegeschichten – etwa von Johannes Hirschberger, dessen Assistent der junge Flasch gewesen ist – gibt Flasch der *Summa theologica* keinen großen Raum.

Stattdessen sucht er Thomas' Gedanken dort auf, wo dieser der sinnlichen Erkenntnis ein größeres Gewicht einräumt: Originalität also, nicht Systemgedanke! Und ganz bestimmt nicht die These von einer Art »christlichem Humanismus«. Thomas, so Flasch, hat den Gedanken von der Kraft des reinen Denkens entwertet, indem er zwischen Substanz und »Daseinsakt« unterschied und das alles im Dienste einer philosophischen Verteidigung der christlichen Religion, indem Thomas die aristotelische Wissenschaftslehre kritisch auf die Theologie anwandte. Das setzte die Kenntnis der Kritik von Averroes an dem anderen großen arabischen Denker Avicenna voraus, nämlich die Frage nach der Unterscheidbarkeit von Substanz und Akzidenz. Welch ein lebhafter Schauplatz der Argumente! Und Flaschs Darstellung dessen liest sich wie ein Drama.

Indem Flasch die Geschichte der Philosophie beziehungsweise der Theologie als intellektuelle Entscheidungssituation begreift, die so oder so entschieden werden kann, ergibt sich notwendig der Blick auf etwas Neues: auf den dezisionistischen Charakter des Denkens und auf seinen argumentativen

Modus. Dabei fallen in Flaschs Darstellung das Kriterium der Originalität des Denkens und das Kriterium des Epochalen der geschichtlichen Situation zusammen: Ob Abaelards Häretik, ob die Herausforderung der christlichen Theologie durch die arabische Aristoteles-Rezeption, ob Meister Eckharts Destabilisierung der Metaphysik, ob Ockhams »Messer«, ob Petrarcas Ruf nach der wahren Philosophie und schließlich Machiavellis Realismus – allen diesen Namen gehört Flaschs besondere theoretische Neugier und Sympathie nicht einfach deshalb, weil Flasch mit ihrem Denken übereinstimmte, sondern weil die Kühnheit ihres Denkens den Denker fesselt.

Flasch romantisiert seine Helden nicht als Outsider im Sinne des modernen Existentialismus. Er präsentiert sie in aller Kühle und Fremdartigkeit. Auch das ist nicht selbstverständlich, sondern ein Zeichen von Flaschs enormem intellektuellen Takt: Takt gegenüber eben jener Fremdheit, die fasziniert, ohne dass man sie in unsere aktuellen Denkkategorien zerrt, was Beeinflussung keineswegs ausschließt. Diese Denker haben allerdings mit Flasch etwas Entscheidendes gemeinsam: Sie synthetisieren nicht, sie bringen das vorhandene System nicht noch mehr zur Harmonie, sondern sie sprengen es. Flaschs Beschreibungen solcher Sprengvorgänge sind die Höhepunkte seiner Bücher. Es lohnt sich, genau hinzuschauen, wie er Abaelard, Averroes, Eckhart, Wilhelm von Ockham, Petrarca und Machiavelli als agonale Denkimpulse charakterisiert. Im Unterschied zur gängigen Terminologisierung ihres Denkens sind sie zunächst für Flasch alle »Intellektuelle«.

Abaelard wird einerseits als einer der »bedeutendsten Denker des Mittelalters« vorgeführt – aber eben mit den charakteristischen Strichen von Flaschs Zeichnung: »Er suchte den Streit«, aber seine intellektuelle Beweglichkeit war eingebettet in die Diskurse seiner Epoche. Abaelard wird vorgestellt als der Entdecker einer »unüberspringbaren Subjektivität«, einer Individualität, die als Legende von »Abaelard und Heloïse« dem Bildungsbürgertum seit Anfang des 19. Jahrhunderts zu anheimelnd wird. Aber das genau ist nicht Flaschs Interesse, sondern der theoretische Begründungsakt von Abaelards Individualitätsidee: sein Zweifel an der Realität des Allgemeinen zugunsten der »einzig realen Individuen«.

Ich habe noch nie den berühmten Universalienstreit zwischen Realisten und Nominalisten so anschaulich aus einer historischen Entscheidungssituation heraus dargestellt gelesen. Dabei ist es wiederum typisch, wie Flasch Abaelards Plädoyer für den Individualismus getrennt hält von dem, was man psychologischen Nominalismus nennt.

Eine ähnliche Demonstrationsfigur für den Sprung innerhalb des »Argumentationsstandards«, ein für Flaschs Terminologie charakteristischer Begriff, ist des Oxforder Philosophieprofessors Wilhelm von Ockhams Häresie, der, um dem Prozess der Kurie gegen ihn 1328 zu entgehen, nach München floh und eine neue Wirklichkeitskonzeption und individuelle Freiheitserfahrung formuliert hat. Das Originelle an seinem Denken war, dass er den Versuch, Theologie als Philosophie auszugeben, als unhaltbar zurückwies und dagegen die volontaristische These stellte, Glauben heiße zuzustimmen, ohne Evidenz zu haben, nämlich aufgrund des »Befehls des Willens«.

Ich glaube, die besondere Sympathie Flaschs für Ockhams Einfall liegt in dessen Misstrauen gegenüber der Ansicht, wo es theoretische Wörter gebe, gebe es auch die entsprechenden Realien. Das ist eine sehr aktuelle Problematik. Oder besser: Diese hat sich mit Hilfe des deutschen Idealismus, der ja auch das Denken gegenüber der Realität überschätzte, bis heute in Varianten in Deutschland erhalten. Und Flasch ist, trotz seiner Sympathie für die platonische Tradition, eben ein Erbe des Realismus: ein praktizierender Realist, das heißt ein skeptischer Beobachter von intellektuellen Positionen. Aber er ist es aufgrund semantischer Hellhörigkeit – nicht als ein Verfechter irgendeiner Realismustheorie. Klar jedenfalls wird hier, wenn man es nicht vorher schon wusste: Metaphysikkritik aus sprachanalytischem Instinkt ist das mindeste, was man über Flaschs eigene Position sagen kann und sagen darf.

Daher auch sein so lebhaftes Interesse für die beiden italienischen Gestalten, die unmittelbar in die Neuzeit führen: Petrarca und Machiavelli. Nichts könnte für Flasch gerufener kommen als Petrarcas Satz »Vor allem liebe ich die Philosophie, nicht allerdings die geschwätzige, schulmäßige, windige, sondern die wahre«. Wer war der größte Realist, nicht geschwätzig, nicht windig, unter den Denkern nach Petrarca? Zweifellos Machiavelli, der nicht umsonst, ähnlich wie Hobbes, den moralistischen Nachkriegsphilosophien in Deutschland Anathema war, unverstanden blieb nämlich seine konkrete Analyse der Welt.

Indem Machiavelli spätmittelalterliche Vorstellungen fernhielt von seiner Erfahrung des neuen Jahrhunderts, indem er nämlich die Machtlosigkeit der Moral zur Verbesserung des menschlichen Lebens zum Ausgangspunkt seiner Macht- und Staatstheorie nahm, drang er umso tiefer ein in die nicht mehr von spirituellen Instanzen geprägte Wirklichkeit, die sich nicht mehr theologisieren ließ: Es ist die phrasenlose historisch-politische Analyse der Gegenwart, der Flasch in Machiavellis Werk applaudiert. In diesem Sinne auch der provokative Abschluss von Flaschs *Das philosophische Denken im Mittelalter:* seine kompromisslose Kritik an der zentralen Identifikationsfigur des deutschen protestantischen und akademischen Geistes, nämlich an Martin Luther als Intellektuellem. Dieser habe das Argumentationsniveau seiner intellektuellen Gesprächspartner nicht erreicht. Eine solche Abrechnung mit Luther als einem letztlich reaktionären, intellektuell anspruchslosen Geist muss viele akademische Kollegen – und nicht bloß sie – provozieren. So etwas konnte man bisher in dieser Schärfe und mit aktuellen Implikationen nur bei Nietzsche lesen.

Nichts zeichnet den Intellektuellen Flasch so sehr aus wie die Verweigerung gegenüber einer die Widersprüche auflösenden Harmonisierung, einer Pazifizierung des Geistes. Solche Harmonisierung hat meist zwei Varianten: Entweder wird das Denken eines Philosophen in die Bahnen generell akzeptierbarer Diskurse gelenkt, seien es teleologische, idealistische oder geschichtsphilosophische, oder solches Denken wird aktualisiert nach den Grundsätzen eines hermeneutischen »Verstehens«, das unser sentimentalisches Bedürfnis nach mentaler Wiederkehr des Eigenen befriedigt. Es gibt in der deutschen akademischen Tradition wenig Sinn für den Skandal des nicht im System Unterzubringenden. Man kann den Mangel für solch einen Sinn Frömmelei oder mit Nietzsche die »Verlogenheit des Systematikers« nennen.

Beispielhaft hierfür ist einerseits die Sinnhuberei traditioneller Hermeneutik, etwa die Identifizierung der Poesie mit möglichst philosophisch ausgewiesenen Motiven, siehe die Hölderlin- oder Rilkeforschung. Oder aber der besondere Fall der altphilologischen Tragödieninterpretation im Namen geschichtsphilosophischer oder zeitgenössischer Soziologie beziehungsweise Psychologie. In beiden Fällen läuft es auf harmonisierende Welterklärung hinaus.

Nun gibt es unter den Flaschschen Inszenierungen verschiedener Denkdramen zwei Figuren, die schon deshalb herausragen, weil ihnen jeweils ein Werk gewidmet ist, Meister Eckhart und Augustin von Hippo: der Erfinder der deutschen Mystik aus arabischen Motiven und der platonische Präzeptor der christlichen Theologie über Luther hinaus bis zu Karl Barth. Ich habe mich gefragt, warum Flasch dem frühmittelalterlichen Vater der christlichen Theologie oder dem definitiven Erfinder der abendländischen Religion eine solche Konzentration gewidmet hat. Aber das erklärt sich sogleich: Auch Augustin war der Repräsentant einer historischen und geistesgeschichtlichen Umbruchzeit am Ende des 4. Jahrhunderts nach Christus zwischen dem letzten Aufflackern noblen Heidentums in Gestalt Julian Apostatas und den Goten- und Vandalenstürmen. Aber Augustins Erscheinung darin war von viel größerer Konsequenz als die Erscheinungen der intellektuellen Elite des Hoch- und Spätmittelalters. Sie war eine welthistorische.

Das Bild dieser Epoche und dieses welthistorischen Mannes zu entwerfen, war gewissermaßen das Meisterwerk des Künstlers Flasch nach seinen brillanten kleineren Porträts. Zum anderen fällt Augustin aus der Reihe des Häretikertyps besonders heraus, weil er ja nicht einfach einmal gegen eine herrschende Konvention aufstand, sondern weil in ihm drei Positionen miteinander wechselten beziehungsweise aufeinanderstießen: der Manichäer, der neuplatonische Intellektuelle und der institutionengeleitete katholische Theologe und Kirchenpolitiker. Vom Wechsel seiner autobiographisch berühmt gewordenen hedonistisch-sündigen Jugend in Karthago zur Ikone spirituell geleiteter Abstinenz und dem Sinnlichkeitsverbot in Italien ganz zu schweigen. Diese Polarität in einem Geist ist es, was Flasch faszinierte.

Von den *Confessiones,* die neben *De civitate Dei* das sind, was der Gebildete von Augustin weiß, macht Flasch charakteristischerweise kein großes Aufheben. Er ist ganz auf die intellektuelle Bewegung Augustins konzentriert. Das zeigt sich besonders an zwei Themen: dem Kommentar von Augustins Zeitanalyse sowie dem Kommentar von Augustins »Gnaden«-Lehre. Im großen Augustin-Buch hat Flasch eine selbstbewusste Überprüfung der scharfsinnigen Zeitanalyse Augustins verfasst, und man sollte dazu wissen, dass Augustins Demonstration des Zeitflusses als einer Abfolge einander in ihrer jeweiligen Präsenz auslöschender Zeitpunkte zu einem zentralen Thema der modernen Literatur von Goethe über Leopardi bis zu Baudelaire werden wird: Es ist das Thema des je schon verlorenen und verschwundenen Augenblicks, das im Werk der genannten Dichter zum Leitmotiv einer Rhetorik existentieller Trauer wird. Flasch macht nun klar, dass es in Augustins Text kein Wort gibt zum Verhältnis von subjektivem Zeitbewusstsein und objektiver Zeit.

Ich habe das Thema der Augustinischen Zeitanalyse sowie seiner modernen Deutung und Flaschs Reaktion deshalb erwähnt, weil der Zeittext zu den am meisten kommentierten Texten Augustins überhaupt gehört. Natürlich mit der Tendenz, ihm etwas für unser Heute zu entlocken. Flasch stellt sich dem in den Weg, indem er konstatiert, dass Augustin nicht um metaphysischer oder theologischer Thesen willen blind gegenüber dem Phänomen von Zeiterfahrung sei. Aber Flasch besteht auf der großen Differenz: unsere Zeitlichkeitsimmanenz und Augustins Ewigkeitspathos. Wie Flasch den einzelnen Augustinischen Denkschritten unser Zeitbewusstsein betreffend folgt, ist selbst ein eindrucksvoller Beitrag zur modernen Zeitphänomenologie.

Der andere Text Augustins, an dem sich Flaschs spezifische geistige Affinität zeigt, ist für den modernen Leser der skandalöseste: nämlich die »Gnaden«-Lehre. Zeigt sich am Beispiel der Zeitdiagnostik vor allem Flaschs eigene analytische Leidenschaft, so am Beispiel der »Gnaden«-Lehre seine von Bildern bewegte Einbildungskraft. Und gleichzeitig eine fast stoische Wahrnehmungsfähigkeit von, wie der aktuelle Akademiker sagen würde, »nicht anschlussfähigen« Denkmotiven. Flasch nennt sein Buch über Augustins »Gnaden«-Lehre *Logik des Schreckens* (1990). Ohne auf Augustins berühmt-berüchtigten Text *De diversis quaestionibus ad Simplicianum* von 397 hier näher einzugehen, ist nur eines zu wissen: In ihm wird via einer neuen Lektüre der alttestamentarischen Geschichte vom armen Esau und glücklichen Jakob sowie Paulus' Römerbrief von Augustin gnadenlos deklariert, dass Gott den Menschen als solchen nicht liebe, nur wenigen die Gnade der Erlösung vom Höllenfeuer gewähre, und dies ohne jede Begründung, ohne Rechtfertigung, etwa im guten Werk der also Ausgewählten. Es gibt, so scheint es, keine Gerechtigkeit Gottes. Er ist der Vollstrecker nicht vermittelbarer Willensentschlüsse gegen alle unsere humanitären Vorstellungen.

Entgegen den kompromisslerischen Erklärungen unter Augustins Auslegern beharrt Flasch auf dieser Brutalität, ja dem quasi nihilistischen Angebot des Textes. Er spricht vom »metaphysischen Grauen«, das dieser vermittle. Er besteht gegen die Ideenhistoriker, die den Skandal der »Gnaden«-Lehre umgehen wollen, auf dem »Schauder der Vormoderne« in Augustins archaisierender Theorie. Er beschreibt sie mit Worten, die den Sadismus der göttlichen Auserwählung herausstellen. Die Zumutung, dass der Mensch niederknie, um seine blutige Hinrichtung betend zu erwarten, erinnert, wenn auch ironisch, an die perverse Ästhetik des Schreckens, wie sie in Lautréamonts *Gesängen des Maldoror* (1870) vorgeführt wird. Auch dort erscheint ein furchtbares Gottwesen und sein menschliches Opfer. Man könnte auch an Goyas kannibalistisches Ungeheuer denken. Aber Augustin ist – auch wenn er einer frühhistorischen Dekadenzzeit entstammt und zweifellos eine starke emotionelle und imaginative Begabung besaß – kein moderner ästhetizistischer Dichter und Künstler, sondern ein frühmittelalterlicher Theologe, Philosoph und Kirchenvater.

Wenn Flasch Augustins skandalöse Auffassung von der göttlichen Gnade nicht unserem Freiheitsbedürfnis und unserer Empfindsamkeit vermittelt, sondern sie einerseits auf ihre Widersprüche überprüft, vor allem die Vernachlässigung des Menschen durch Augustins Gott, sie andererseits radikal historisch präsentiert, dann kommt darin eine paradoxe Geisteshaltung zum Vorschein, die Flasch selbst als Affinität zum »Reiz der Nichtmoderne« zu erkennen gibt, die ich mit Blick auf das eigentlich Moderne von Flaschs Denken zu verstehen suche.

Dabei will ich auf seine poetische Autobiographie mit dem Titel *Über die Brücke. Mainzer Kindheit 1930-1949* zu sprechen kommen, die mich, selbst Rheinländer und Messdiener, ungemein gefesselt hat in ihrer mit epochenfotografischen Dokumenten ausgestatteten Anschaulichkeit. Nicht zuletzt das sprechende Gesicht der Kasteller Großmutter, deren Lächeln sich dem Witz des Enkels offenbar mitgeteilt hat, der schon als Messdiener über verschiedene Argumentationsmöglichkeiten des Menschen ins Sinnieren verfiel, ja in scholastischer Manier aus der Tatsache verschiedener Heiligenkörper im

Himmel auf dessen Raumdimension schloss, die von der zeitgenössischen Theologie gerade verneint wurde. Ich will mich auf das politische Motiv in diesen Erinnerungen beschränken.

Offenbar wird, wie sehr der junge Flasch sowohl den politischen Terror des Regimes wie auch das trostlose Verhalten so vieler in diesem Regime wahrnahm, hierin unterstützt vom Vater im Schoß einer altmodischen, großen, rheinisch-katholischen Familie und unterstützt von einigen großartigen Lehrern. Vor allem aber schon das jugendliche Wissen um die Kontinuitäten zwischen Drittem Reich und Bundesrepublikmentalität, nicht bloß in ihrer politischen Kriminalität, sondern in ihrer sozialpsychologischen Spießigkeit.

Das sei gesagt, um Kurt Flaschs aktuelle, freimütige, unverkniffene Intellektualität als Gelehrter noch näher zu fokussieren: Denn sie war nicht darauf aus, geistige Phänomene in Ausrichtung auf eine wie auch immer geartete Korrektheit zu bringen. Der Zusammenhang ergibt sich aus der Tatsache, dass die Mehrheit der sich politisch artikulierenden Intelligenz der Flaschschen Generation aus einem nationalsozialistischen, zumindest nationalistischen Milieu kam. Ihre Tendenz zum teleologisch harmonisierenden Vorgehen, ihre häufig konformistische Denkweise, nicht zu reden von einem nichts mehr kostenden antifaschistischen Gestus, lassen sich auch als Reaktion auf diese Herkunft erklären. Umgekehrt wird Kurt Flaschs souveräner Denkstil, vormoderne Denkformen in ihrer authentischen Motivation zu erfassen, auch erklärbar daraus, dass er zu keiner Kompensation der angedeuteten Art gezwungen war.

Das zeigt sich in Flaschs Umgang mit der autoritären Seite Augustins. Ebenso aufschlussreich ist, wie Flasch die meist akademischen Wortführer beim Ausbruch des Ersten Weltkriegs und ihre fundamentalistische Begründung des Krieges gegen die beiden westeuropäischen Nationen beschreibt. Gemeinhin werden die Texte und Reden, die Flasch nennt – von Rudolf Eucken, Ernst Troeltsch, Friedrich Meinecke und nicht zuletzt Max Scheler – als die »Ideen von 1914« unter quasi präfaschistischen Verdacht gestellt, wobei man natürlich noch aggressivere Wortmeldungen, etwa von Ernst Jünger oder dem jungen Thomas Mann, hinzufügen könnte, ganz abgesehen von den definitiv rechtsradikalen Autoren der »Konservativen Revolution«, deren Motive unmittelbar in der nationalsozialistischen Ideologie aufgingen.

Flasch, der sich abgesehen von den beiden Intellektuellen Borchardt und Hugo Ball nur auf die genannten Weltkriegsprofessoren konzentriert, verweigert sich der ideologiekritischen Perspektive einer zensierenden Einordnung in eine angeblich notwendige negative Entwicklung zum Faschismus. Er nennt diese Professorenautoren »Intellektuelle«, so wie er seine mittelalterlichen Philosophen »Intellektuelle« nannte. Er spricht von einer »geistigen Mobilmachung«, zwar kritisch, aber nicht in polemischer Absicht. Er versteht diese den Krieg begründende Mobilmachung nicht von der Zukunft, sondern von ihrer geistigen Vergangenheit beziehungsweise ihrer unmittelbaren Gegenwart her. Hierin steht Flaschs methodische Originalität und philosophische Intellektualität im Kreis der westdeutschen Nachkriegshistorie, sieht man von Reinhart Koselleck ab, singulär da: Er erinnert an eine heute nicht mehr vermittelbare vergangene Gegenwart, etwa die eines Georg Simmel, der im November 1914 vor Straßburger Studenten das Erlebnis der »Mobilmachung« als eine »Offenbarung der Philosophie des Lebens« charakterisierte.

Lebensphilosophie also. Flasch verurteilt sie aber nicht politisch, sondern begreift sie in ihren theoretischen Impulsen. Am sprechendsten wird dieser neue Blick auf die abgestrafte deutsche Generation von 1914 am Beispiel der Kriegsbücher Max Schelers. Schelers phänomenologische Bestimmung des Krieges unter einer »Wert«-Kategorie, nämlich der der »Macht«, wird von Flasch ohne moralisierende Beigabe kritisch theoretisch benannt. Dabei ahnt man, dass auch er, wie Scheler, von Nietzsches Moralgenealogie angeregt ist.

Diese Objektivität ist umso beeindruckender, als Schelers Denkfehler scharf aufgedeckt sind.

Flaschs Kritik an Schelers anti-utilitaristischer Kriegsethik lautet anders, als sie heute dem Mainstream der universitären Intelligenz selbstverständlich wäre. Und das, so vermute ich, entspringt nicht bloß Flaschs strengem unparteiischen Forscherblick allein, sondern umgekehrt einer Anteilnahme: der Anteilnahme jedenfalls an Schelers dynamischem Prinzip, dem Prinzip des Wagnisses. Das ist ja genau das, was auch die Agonalität des Denkens ausmacht, weshalb Flasch die großen Kontroversen der Philosophiegeschichte als »Kampfplätze« bezeichnet hat. Die epochengerechte Einschätzung der philosophischen Motivation dieser Geister lässt Flasch ihre reaktionäre Kulturkritik, auch innerhalb der evangelischen Religionsphilosophie, nicht übersehen. Sein wirklich intellektueller Respekt und seine Sympathie gelten ohnehin dem das italienische Paradigma suchenden Rudolf Borchardt und dem anarchistischen Dadaisten Hugo Ball.

Es gibt keine diskursive Letztbegründbarkeit, Denken heißt immer Entscheiden, heißt zu wissen, was auf dem Spiel steht. Dieses Apriori, das bei Flaschs Darstellung seiner wagemutig kreativen Gedankenhelden immer wieder hervorsticht, ist formuliert in einer Sprache ohne terminologischen Jargon. Das ist nicht einfach nur die Eigentümlichkeit eines brillanten Stils: Darin äußert sich vielmehr gerade die Selbstüberprüfung des Denkens in seiner semantischen Evidenz.

Kritik am Ende der Kulturkritik?

Der Begriff »rettende« Kritik ist bekanntlich von Jürgen Habermas als alternative Kategorie zum Begriff »bewusstmachende« Kritik gewählt worden. Und zwar als negative Charakteristik des emphatisch-konservativen Versuchs Walter Benjamins, die Erfahrung des auratischen Scheins der Kunst noch einmal mittels einer geschichtsphilosophisch-messianischen Denkfigur zu bewahren. Wenn ich auf diese Debatte aus dem Jahre 1972 zurückkomme, dann deshalb, weil die theoretische Implikation dieser beiden Kritikbegriffe vielleicht weiterhilft bei der Frage, was es denn heute auf sich hat mit der Kritik der Kunst beziehungsweise der Gesellschaft. Es geht also nicht um das Faktum der aktuellen Krise der Kunst- und Literaturkritik sowie der literaturwissenschaftlichen Hermeneutik, sondern um die Gründe der Krise des Kritikbegriffs überhaupt.[1]

Denn die Habermassche Begriffsalternative beruhte natürlich auf eben dem Apriori, dass Kritik seit der Kulturkritik der Aufklärung vor allem Gesellschaftskritik zu sein habe, das heißt dem Bewusstsein einer Krise antwortet, die sich seitdem mehrfach wiederholte. Die aktuelle Problematik ist aufgrund dieser Vorgeschichte von *Kritik und Krise* (Reinhart Koselleck) also ideengeschichtlich besonders komplex. Kommen wir aber zur Essenz der Frage, dann lautet sie: Ist Kunstkritik als Darstellung des ästhetischen Scheins im Sinne Benjamins noch möglich, auch wenn man dessen geschichtsphilosophische Voraussetzung nicht mehr teilen kann?

---

1 Vgl. hierzu Rahel Jaeggi/Tilo Wesche (Hrsg.), *Was ist Kritik?* Frankfurt a. M. 2009, S. 7–20. Der dort veranschlagte Kritik-Begriff konzentriert sich auf Philosophische Kritik und Sozial- und Ideologiekritik, Kritikformen, die im Folgenden als nicht mehr relevant für die ästhetische Kritik übergangen werden.

Krise der Kulturkritik

Das theoretische Dilemma von Kritik als Kulturkritik und ihrem jüngeren Bruder Ideologiekritik lag darin, dass sie orientiert war entweder an einem geschichtsphilosophischen Stellenwert oder an einem analytischen Wirklichkeitskriterium. In beiden Fällen war die Kategorie der »Wahrheit« vorausgesetzt, als deren Agent Kunst und Literatur in Anspruch genommen wurden. Nun zeigt sich aber, dass diese Wahrheitsbezogenheit, geschichtsphilosophisch oder wirklichkeitsanalytisch, schon von ihren wichtigsten Theoretikern unterlaufen wurde, indem sie das Wahrheitskriterium durch ein Ausdruckskriterium ersetzten. Zu beobachten, wie das jeweils im Falle Friedrich Schlegels, Nietzsches, Baudelaires und Adornos, den historisch entscheidenden Stationen, sich vollzieht, wird zu einem Begriff von Kritik führen, der die Kategorie des Kritischen selbst hinterfragt.

Das Beispiel Friedrich Schlegels, des ursprünglichen Inspirators für Walter Benjamins Kritikbegriff, zeigt vor allem strukturell die Notwendigkeit einer Verabschiedung des kulturkritischen Arguments, den langsamen Verwandlungsprozess von gesellschaftlicher zur ästhetischen Utopie beziehungsweise zur Utopie Kunstwerk. Das ist ein für unsere Frage entscheidender Vorgang: Es war ja Friedrich Schlegel, der den Begriff der Kritik im emphatischen Sinne ursprünglich an die Diagnose der Epoche und ihren geschichtsphilosophischen Sinn gebunden hatte (wobei Kants *Kritik der ästhetischen Urteilskraft* als Begründungsurkunde allerdings schon die subjekttheoretische Wendung vorbereitete).

Außerdem war die Schlegelsche Zeit- und Epochendiagnostik schon von dezisionistischen Kategorien geprägt, die – ohne selbst schon ästhetisch zu sein – dennoch den geschichtsphilosophisch-teleologischen Perspektivismus durchbrachen. Trotzdem: Kritik, davon ging Schlegel aus, war dem Bewusstsein des Zeitalters geschuldet, war Ausdruck eben dieses Bewusstseins selbst. Die für den Kritikbegriff der Moderne relevant werdende Zeitdiagnose blieb sogar dem eigentlichen ästhetischen Diskurs Schlegels erhalten, sei es, dass er den Begriff einer »Neuen Mythologie« im Verständnis des Fichteschen Idealismus als eine Zeitenwende oder die romantische Ironie als ein eschatologisches Ereignis verstand.

Aber je mehr Schlegel den Prüfstein – eben das Phänomen des Ästhetischen – dabei bedachte, umso deutlicher musste er es als Phänomen aus dem Kontext von Geschichtsphilosophie und Wahrheitsbegriff lösen. Man kann die latente Entscheidung der Debatte zugunsten eines neuen Kritikbegriffs schon in den *Athenäums-Fragmenten* erkennen, nämlich Schlegels Abtrennung der ästhetischen Erfahrung vom Vernunftbegriff, wie er sie in der *Rede über die Mythologie* vornimmt. Wie weit dabei die Kantsche Bestimmung der Urteilskraft als Einbildungskraft statt des Verstands hineinspielte, bleibe dahingestellt. Als Projekt einer neuen Ästhetik war es innovatorisch für ein Jahrhundert, was im Blick auf die idealistische Fassung der »Neuen Mythologie« in Schellings und Hegels *Ältestem System-Programm* unübersehbar wird, wo das Ästhetische bei aller neu ihm eingeräumten Dignität noch immer als ein »höchster Akt der Vernunft« verstanden bleibt, weshalb die vorherrschende akademische Kunstphilosophie immer nur die Schellingsche Fassung von einer Identität des Schönen und des Wahren zitierte.

Auch Walter Benjamin blieb in seiner Abhandlung zur *Kunstkritik in der deutschen Romantik* der ursprünglich idealistischen Intention Friedrich Schlegels verhaftet, nämlich Kunst als »Impuls der strebenden Geistigkeit« und ihre Kritik als eine Methode, das »Menschheitsideal aufrechtzuerhalten«,[1] anzusehen. Gleichzeitig aber übersah er nicht die Aporie des Schlegelschen Widerspruchs zwischen einerseits Geist und andererseits der Erscheinung eines anderen denn Geist, was

---

1 Walter Benjamin, *Der Begriff der Kunstkritik in der deutschen Romantik*, in: ders., *Gesammelte Schriften*, Bd. I.1, hrsg. von R. Tiedemann und H. Schweppenhäuser, Frankfurt a. M. 1974, S. 45.

er in Schlegels Rede vom »Mystizismus des Ausdrucks«[1] angemessen fasste. Diese revolutionäre Wendung vom Mystizismus des Ausdrucks für den Kritikbegriff ist auch dort anwesend, wo Schlegel Kritik als »Bewusstseinssteigerung des Werks« versteht. Obwohl dahinter noch immer die Auffassung der Kunst als sich selbst reflektierender Geist steht, obwohl also der Schlegelsche Kritikbegriff nie Abschied nahm von dem Apriori des »Absoluten« oder »Unendlichen«, hat er die Idee der Kritik als Theorie einer selbstreferentiellen Form etabliert, die weit über die Ideenreferenz hinausschoss.

Die im 19. und 20. Jahrhundert folgenden Auffassungen von Kunst und ihrer Kritik lassen sich als Variationen der Schlegelschen Aporie zwischen Idee und Ausdruck lesen. Im Blick auf Nietzsche, Baudelaire und Adorno scheint mir von Belang, inwiefern an diesen drei Schaltstellen der Konflikt zwischen Wahrheit und Ausdruck zugunsten von Letzterem entschieden wurde. Und dabei deutet sich auch an, dass der Begriff der Moderne, der sich an die Stelle von Wahrheit und Geschichte als scheinbar unverzichtbares neues Kriterium von Kritik und Kulturkritik festgesetzt hat, ebenfalls labil wird.

Im Falle Nietzsches handelt es sich um eine Kritik an der aufklärerischen Kulturkritik. Zweifellos ist diese Kritik selbst wiederum Kulturkritik in einem paradigmatischen Ausmaß und in komplexer Dichte. Aber schon in der Tragödienschrift zeigt sich die Dekonstruktion der kulturkritischen Kriterien von Wahrheit und Geschichte, in denen nicht die Handlung als Träger eines sittlichen Prozesses, sondern ausschließlich das Pathos, der Ausdruck dieses Pathos, für die Tragödie als entscheidend genannt werden. Solchen ästhetischen Auflösungen der traditionell kritischen Basis der Kunst – Hegel hatte sie noch einmal erinnert – folgte Nietzsches spätere dionysische Ästhetik: In polemischem Bezug auf die Wahrheits-

1 A. a. O., S. 48.

und Geschichtskriterien der literarischen Moderne von Naturalismus und dem Vorläufer des Expressionismus emphatisierte er die schiere Oberflächenerscheinung der Kunst im Sinne eines mythischen Symbolismus. Kunst hatte keine Message zu transportieren, sondern hintergründige Effekte der Intensität.

Im Falle Baudelaires zeigte sich Ähnliches: Nehmen wir das scheinbar beweiskräftigste Element für eine kritische Theorie der Literatur, seine berühmte Definition der Moderne,[1] dann enthüllt sich, dass dem modernen Faktor, dem Flüchtig-Aktuellen, die Idee eines ewig unwandelbaren Schönen entgegengesetzt ist. Es geht bei dieser Definition also nicht um eine geschichtsphilosophische Verortung, sondern um eine neue Ausdruckstheorie! Sie fand ihre theoretische Ausarbeitung in *De l'essence du rire*, Baudelaires Begründung eines nichtreferentiellen absoluten Komischen, das er auch das ästhetisch Böse nannte. Diese am Beispiel einer englischen Groteske veranschaulichte Vorstellung vom Kunstphänomen als schierem Phänomen ohne Causa verabschiedete expressis verbis den auf Vernunft und Moral begründeten französischen Diskurs zugunsten einer Erscheinungslehre. Wie bei Nietzsche lässt sich nichts gewinnen für einen Begriff, in dem Moderne und Kritik synonym werden.

Im Falle von Adornos Kunstkritik nun scheint das Wahrheitskriterium zurückkommen zu wollen. Schon der Terminus »Kritische Theorie« verweist auf eine Vorstellung von Kunstkritik, die in der Aufdeckung des »Verblendungszusammenhangs« die Leistung der Kunst sieht, eine analytische Auffassung von Kritik folgernd, die Habermas (durchaus zu Recht) bei Benjamin nicht erkennt. Aber Adorno wäre nicht der Dialektiker, der er ist, hätte er nicht die Unverblümt-

---

1 Charles Baudelaire, *Der Maler des modernen Lebens*, in: ders., *Sämtliche Werke / Briefe in acht Bänden*, hrsg. von Friedhelm Kemp und Claude Pichois, in Zusammenarbeit mit Wolfgang Drost, München 1989, Bd. 5, S. 215 f. und S. 226.

heit der kulturkritischen Funktion von Literaturkritik am Ende konterkariert durch die Kategorie der plötzlichen Erscheinung.[1] Zwar hat er Nietzsches Kategorie der »Oberfläche« und der »Maske« und die daraus folgende Polemik gegen die moderne Kunstpraxis als Irrtum einer »ästhetischen Reaktion« zurückgewiesen,[2] aber das kann nicht darüber hinwegtäuschen, dass seine postum veröffentlichte *Ästhetische Theorie* nicht darum herumkommt, immer wieder den Augenblick des »Erscheinens« des Kunstwerks zu markieren, sei es als veränderte »Epiphanie«,[3] sei es als Ereignis von »Intensität«.[4]

Sosehr Adorno diese Kategorien geschichtstheoretisch vermitteln will – die in sie eingegangene Erinnerung an den mythischen Schrecken werde im Kunstwerk aufgeklärt –, sosehr entbehrt seine Sophistik der Beweiskraft. Nicht weil es ihm an der Kraft des Beweises ermangelte, sondern weil es nur dogmatisch möglich ist, diesen Beweis zu führen. Die Einsicht, dass »in manchen seiner Momente das Kunstwerk sich intensiviert, schürzt, entlädt«,[5] dass es »in erheblichem Maß als sein eigener Zweck« wirke,[6] dass es »nur um solcher Intensität willen«[7] existiere, diese unmittelbar an Nietzsches Augenblickskonzeption anschließende Einsicht kann Adorno nur phraseologisch zurückbinden an die kritische Funktion. Wenn Adorno beim literaturkritischen Urteil von der Einsicht in den Momentanismus abweicht – etwa in seiner kulturkritischen Erklärung von Becketts *Warten auf Godot* –, gerät er ins absehbare Identifizieren.

1 Th. W. Adorno, *Ästhetische Theorie*, hrsg. von Gretel Adorno und Ralf Tiedemann, Frankfurt a. M. 1970/74, S. 122 ff.
2 A. a. O., S. 303.
3 A. a. O., S. 125.
4 A. a. O., S. 279.
5 Ebd.
6 Ebd.
7 Ebd.

Literatur nicht als Kritik,
sondern als Affirmation gesehen

Der Grund, warum es zu diesem Theorietheater kam – sein Held ist der plötzlich auftretende Ausdruck, der sich gegen die Hegemonie von Kulturkriterien wendet –, dieser Grund liegt offensichtlich darin, dass man die Literatur selbst als ein Verfahren von Kritik verstand, sozusagen als eine Empörung gegen den Schöpfungsbericht, in dem es heißt, Gott habe gesehen, dass die Welt gut war. Gewiss, es ist eine Binsenweisheit, dass sich in Kunst und Literatur, nicht zuletzt im gesellschaftsanalytischen Roman des 19. Jahrhunderts, ein immer sich wiederholender Verdacht gegen die Gutheit dieser Welt darstellt. Bei dieser zunächst plausiblen Identifikation von Literatur und Kritik darf jedoch nicht das eigentlich Entscheidende übersehen werden: Die Darstellung der Welt, wie negativ kritisch auch immer, läuft in ihrem Verfahren auf eine Akkumulation von einer in der Sprache verfassten Gegenständlichkeit hinaus, die die Rede von einer neuen Hässlichkeit der Kunst, von einer Kritik, die ihre Schönheit ersetze oder immer schon ersetzt habe, Lügen straft. Denn in dieser Akkumulation von Wörtern zeigt sich eine produktive Evokation der Dinge, wie sie Walter Benjamin sprachphilosophisch dachte. Man kann das auch Erscheinung einer »Aura« nennen, an der Ideologiekritik keine Nahrung mehr findet und die nur mittels einer radikalen Hermeneutik erfassbar wird.

Und solche Hermeneutik fragt ohne Skrupel nach der Aura, nach den durch Sprache erzeugten Dingen. Der Sachverhalt, dass es die Aura ist, nicht die kritischen Motive der älteren und neueren Literatur, die eine avancierte Kritik interessieren, sei im Blick auf Aspekte der modernen Literatur kurz erläutert: erstens die prinzipielle Schönheitsreferenz der klassischen Moderne, zweitens die Ekphrasis antiker und zeitgenössischer Prosa.

Erstens: Eingedenk der faschistischen Feier neoklassizistischer Schönheit, gegen die man die Tradition der »nicht mehr schönen Künste« und eine »Theorie des Hässlichen« als Indikator der Kunstmoderne aufrief, ist zu konstatieren, dass in Wahrheit die klassische Moderne zwischen Baudelaire, Virginia Woolf, Proust, Musil und Breton im Zeichen des Pathos eines neuen Schönheitsbegriffs steht. Nennen wir diese Schönheit genauer, dann heißt sie abermals Erscheinung von Intensität. Eine Basisschrift der klassischen Moderne, André Bretons Roman *Nadja* (1928), endet mit der Definition des surrealistischen Schönheitsbegriffs: »La beauté sera convulsive ou ne sera pas.«[1] Sie habe keine Intentionalität, sie sei nicht statisch wie die klassische Schönheit, nicht dynamisch wie die romantische Schönheit, sie sei nichts anderes als der Akt des Erscheinens selbst, der im Roman *Nadja* in Variationen vorgeführt wird. Was emphatisch als Schönheit deklariert wird, ist das Ereignis selbst.

Demgegenüber mag Rilkes Satz über Orpheus »Rühmen, das ists! Ein zum Rühmen Bestellter, / ging er hervor wie das Erz aus des Steins / Schweigen«[2] wie kunstreligiöse Affirmation klingen. Dennoch belegt dieser Satz die prinzipielle Affinität der modernen Kunst seit den zwanziger Jahren zur Dichtung als Rühmen durchaus im Sinne der ersten pythischen Ode Pindars. Ezra Pound, Stefan George und T. S. Eliot sind nur die elitären frühen Kandidaten für diese Affinität. Inwiefern hier ein Strukturgesetz der modernen Dichtung, nicht bloß einer Stilrichtung, sichtbar wird, zeigte sich schon bei Baudelaires für den modernen Hässlichkeitsdiskurs immer zitiertem Gedicht *Une Charogne:* Zwar wird der körperliche Verfall der Geliebten im an Obszönität nicht zu überbietenden Bild eines in der Sonne verfaulenden Kadavers einer Hündin evoziert. Abgesehen davon, dass diese Evokation des Hässlichen selbst als frenetisches Ereignis über den kritischen Kom-

---

1 André Breton, *Nadja*, Paris 1928, S. 215.
2 R. M. Rilke, *Die Sonette an Orpheus*, in: ders., *Sämtliche Werke*, Bd. I, Frankfurt a. M. 1955, S. 735.

mentar hinaus zur Darstellung von »Aura« wird, steht am Ende des Gedichts die Feier von Dichtung als Schönheit.

Sagen wir es so: Prousts Glück eines »Augenblicks« der Kindheit, James Joyce' »Epiphanien«, Musils »anderer Zustand«, Virginia Woolfs »Moments of Being«, Kafkas Parabeln mögen das utopische Motiv einer Restitution von Verlorengegangenem, also ein kulturkritisch-utopisches Element, wieder aufbewahren. Ausschlaggebend aber ist etwas anderes dabei: die transpsychologische Erfassung intensiver Phänomenalität. Die Evokation einer Gegenwelt, der Kindheit, bleibt blind gegenüber Gewissheiten. Selbst wenn sich darin die Distanzierung von der Banalität des zeitgenössischen Lebens verbergen würde, zählt poetisch allein die Evokation der Dinge selbst.

Zweitens: Und die sozialpsychologische Prosa des 19. und 20. Jahrhunderts? Abgesehen davon, dass sie mehrheitlich, sei es als Ideenroman oder als soziale Erzählung, nicht zum ersten Rang der modernen Literatur gehört, ist nicht zu übersehen, dass gerade der große realistische und naturalistische Roman in der Akkumulation von Realität eine irreale, imaginative Force beweist, bei der die metaphorische Erscheinung die narrative Bedeutung überblendet. Selbst beim ironischen oder gar satirischen Roman ist das, was ästhetisch zählt, nicht die vordergründige Kritik, sondern die hintergründige performative Macht der verdeckten Ironie oder des exzessiv Satirischen. Selbst bei der Narration großstädtischer Bewegungsvorgänge transzendiert das erzählte Detail mitunter zur symbolistischen Ausstrahlung.

Man kann das sowohl bei Flauberts Schilderung des Hafens in *L'Éducation sentimentale* als auch in Zolas Darstellung des Pariser Marktes in *Le ventre de Paris* erkennen. Innerhalb der aktuellen zeitgenössischen Prosa ist es vor allem Claude Simon, dessen Methode der Ekphrasis und des Tableaus für die Priorität der Erscheinung vor der Bedeutung, also die Aufhebung einer erkennbaren kritischen Identifikation, zeugt. Dabei impliziert die Bedeutungsvermeidung zugunsten der Darstellung von Erscheinungen zweifellos einen Reflexionsmodus der Skepsis: dass nämlich den Erscheinungen eine Bedeutung zukommen könne, die man nicht benennen kann durch traditionelle, etwa teleologisch gemünzte Nominierungen.

Die beispielhafte Signifikanz der Ekphrasis, also der metaphorischen Sprachkette, in Claude Simons Romanen ist umso auffälliger, als das Thema sich besonders der Bedeutungszuweisung anbietet: der Zweite Weltkrieg und alle französischen Kriege seit Napoleon. Obwohl der Autor Simon sein Bewusstsein von den politischen, militärischen und sozialpsychologischen Implikationen dieser Kriege, vornehmlich aber der katastrophischen Niederlage der französischen Armee im Mai 1940, zu erkennen gibt, konzentriert sich der Erzähler auf die schiere Deskription: Die Kette der Wörter stellt Bilder, keine begriffenen und gedeuteten Realitätsausschnitte her. Wenn es so etwas gibt wie ein regulatives, Perspektive gebendes Prinzip, dann wiederum im Sinne eines enigmatischen Bildes: der mythischen Figur oder der spektakulären Erscheinung.

Zweifellos ist die hier verfolgte radikale Bedeutungsvermeidung einem spezifischen Personalstil geschuldet, der allerdings einer sich als universal gültig verstehenden Poetik der Jetztzeit entspringt. Man wird deshalb – bei ganz anderen stilistischen Bedingungen – ein ähnliches Verhältnis von Erscheinung und Bedeutung nicht zuletzt im amerikanischen und europäischen Realismus des 20. Jahrhunderts finden, nicht nur bei Sartre, Hemingway und Faulkner, sondern ebenso bei Thomas Pynchon oder Don DeLillo. Aus dem Tatbestand, dass es daneben seit jeher eine sozialkritische Literatur von hohem Rang gibt, lässt sich kein Argument dagegen gewinnen. Im Gegenteil: Er bestätigt die ästhetische Regel, die sich auch an der ganz aktuellen Literatur- und Kunstproduktion zu bewähren hätte.

Meine Schlussfolgerung aus dem Befund, die ursprüngliche Frage beantwortend: Kritik hat sich ausschließlich auf die Frage nach der Aura zu konzentrieren – eine Aura freilich ohne die geschichtsphilosophische Implikation Benjamins. Das schließt ideologiekritisch-kulturkritische Interessen aus, aber auch ein avantgardistisches Formkriterium.[1] Der Einwand gegen die »rettende« Kritik, die Habermas Benjamin kritisch zuschrieb, fußte jedoch auf der ideologiekritischen Voraussetzung, dass die Aura tatsächlich nur noch mittels einer quasi mystischen, das heißt historisch obsoleten Operation gerettet werden könnte.

Inwiefern sie immer schon gerettet war, ließ sich an der hier vorgeführten Struktur ästhetischer Phänomene zeigen: daran, dass ihr Erscheinungscharakter (sprich komplexe Semantik) ihre Bedeutung (sprich soziale oder moralische Identifikation) immer überbietet. Kritik, die dem entspräche, wäre weder eine »rettende« noch eine »bewusstmachende«. Man könnte sie in Rücksicht auf Friedrich Schlegels die Ästhetik revolutionierende Terminologie »analytisch-divinatorisch« nennen, also nicht nach externen, sondern nur nach internen Kriterien urteilend. Dass einzelne Autoren der Aura, nicht zuletzt die Dichter der emphatischen Moderne, in der Radikalisierung ihres autonomen Kunstverständnisses selbst wiederum eine Kritik an der zeitgenössischen Kultur betrieben, setzt kein externes Kriterium im Sinne von Wahrheit oder Geschichte frei. Dann wird Literatur selbst eben zur Gegenmacht im Sinne von Roland Barthes. Ohne eine solche Literatur allerdings gibt es keine auratische Kritik. Friedrich Schlegel behält das letzte Wort: Schlechte Literatur ist nicht kritisierbar.

---

1 Der von Ralf Konersmann in seinem Buch *Kulturkritik* (2008) angebotene revidierte, das heißt schwach gemachte, Begriff von Kulturkritik als »Rhetorik des Unbehagens« vertrüge sich durchaus mit einer »auratischen« Kritik.

»Deutscher Geist« als Sekte

Ulrich Raulffs Stefan-George-Kreis

Es erübrigt sich, über Ulrich Raulffs zu Recht gepriesenes Buch *Kreis ohne Meister* zu Stefan Georges Nachwirkung im kulturellen Milieu der ersten und zweiten Nachkriegszeit etwas Referatähnliches hinzuzufügen.[1] Dieses breite und tief angelegte kulturhistorische Panorama einer partiell zur Elite gehörenden Gruppe von George-Jüngern der ersten, zweiten und dritten Generation reizt vielmehr, nach dem intellektuellen Rang dieser sehr unterschiedlichen Personen zu fragen – im Vergleich zu anderen deutschen und europäischen intellektuellen Gruppen. Raulff zeigt uns eine Reihe von faszinierenden Fundstücken aus einer Epoche, die uns fast schon als archaische Vergangenheit anblickt. Wie wertvoll sind diese Stücke?

Auratische Gruppenbildungen, partiell mit ähnlich hierarchischer Struktur, hat es zur gleichen Zeit sowohl in Frankreich, in England und in Italien gegeben. Die Surrealisten unter dem strengen Regime André Bretons, die Bloomsbury-Gruppe um Virginia Woolf und John Maynard Keynes als Schlüsselfiguren mit ähnlich kulturkritischer Anmaßung, die Futuristen schließlich, die größere Wirkung auf den frühen Faschismus ausübten als die deutschen Georgeaner je auf das Dritte Reich. Der Kultursoziologe wird auch künstlerische Avantgarden des 19. und späten 18. Jahrhunderts als Vergleich heranziehen wollen, seien es nun die englischen Präraffaeliten oder die deutschen Frühromantiker aus Jena. Denn allen genannten Formierungen waren zwei kombinierte Charakteristika eigen, die Raulff auch für das Nachwirken von

---

1 Ulrich Raulff, *Kreis ohne Meister. Stefan Georges Nachleben,* München 2009.

Stefan George ausmacht: die Kombination von ästhetischem Rigorismus und kulturrevolutionärem Pathos.

Zunächst ist ein Paradox zu erkennen: Von der Trias der deutschsprachigen klassischen Moderne Stefan George, Hugo von Hofmannsthal und Rainer Maria Rilke ist Georges literarische Reputation heute zweifellos die geringste. Raulff selbst veranschlagt das Jahr 1968, ja eigentlich schon das Jahr 1945 als Ende der kulturellen Präsenz und fragt, gerade um die Paradoxie der Nachwirkung hervorzuheben, wie viele George-Gedichte denn überlebt hätten: zehn oder drei? Wie auch immer, es ist unbestreitbar so, dass keiner von Georges größeren Zyklen mit eindrücklich symbolisch wirkenden Namen wie *Der Siebente Ring* oder *Das neue Reich* sich messen könnte mit Rilkes *Dueneser Elegien* und den *Sonetten an Orpheus*.

Und selbst Georges berühmtestes Gedicht *Komm in den totgesagten park* sagt heute im Vergleich mit Hofmannsthals Lyrik mehr über die Stimmung des poetischen Jugendstils aus, als dass es noch unmittelbaren Ausdruck besäße. Daran ändert auch nichts das Wissen, dass Stefan Georges vom Symbolismus inspirierte Sprache innovatorisch gewirkt hat. Ebenso wird heute außerhalb von Fachkreisen die Georgesche Poetik nicht mehr wahrgenommen, wogegen Hofmannsthals literaturanalytische Texte eine ansteigende Reputation und Nachfrage nicht zuletzt bei jungen Intellektuellen genießen.

Umso erstaunlicher und eben auch fragwürdig ist die Geschichte von Georges Nachwirkung, die Raulffs Buch vor uns mit stupendem Detailreichtum und verblüffenden, unterirdisch wirkenden Querverbindungen ausbreitet. Für meine Frage sind vor allem zwei Aspekte relevant: erstens der über fünf Jahrzehnte sich spannende reformpädagogische Impuls des George-Kreises und seiner von Raulff ausgemachten Nachfahren; zweitens das Problem von Paradigma und Invention bezüglich der griechischen Faszination, die sich von Kurt Hildebrandts und Edith Landmanns Schriften bis zu Georg Pichts Platon-Archiv hinzieht.

Man kann sich wohl schnell darüber verständigen, dass

eine Reihe bekannter Namen der ersten Generation mit ihren seinerzeit gewaltig Eindruck machenden Texten gegenüber den wirklich Rang besitzenden Künstlern und Denkern ihrer eigenen Epoche kein Match abgeben. Da wird man den zwar parteiischen, aber doch kriterienstarken Urteilen der Ernst Bloch, Rudolf Borchardt, Walter Benjamin und Franz Blei zustimmen müssen. Ernst Kantorowicz und Max Kommerell, deren Werk bis heute Achtung auslöst, standen bezeichnenderweise bald auf eigenen Füßen jenseits des Kreises. Was sind Ernst Bertrams, Karl Wolfskehls oder selbst Friedrich Gundolfs Bücher gegenüber denen von Max Weber oder Georg Simmel, gegenüber Walter Benjamin, Rudolf Borchardt, Bertolt Brecht, Hermann Broch, Alfred Döblin oder Robert Musil?

Beginnen wir mit unserem ersten Aspekt, dem reformpädagogischen Impuls. Dieser war der ganzen Epoche von Ellen Key, der Autorin von *Das Jahrhundert des Kindes* (1899), eigen. Reformpädagogik hieß Reform von der kulturellen Wurzel her, ja Revolution der Gesellschaft. Wenn Raulffs Buch hierauf eine positive Antwort indirekt anbietet, dann ist es der Umstand, dass nach seiner Darstellung das Ethos des Attentäters Claus Schenk Graf von Stauffenberg unmittelbar verknüpft ist mit der Georgeschen Idee von einer kulturrevolutionären Veränderung der deutschen Gesellschaft im Namen eines »geheimen Deutschland«.

Zunächst: Der Erziehungsgedanke und der Erbegedanke bezüglich des »griechischen Paradigmas« hingen eng zusammen. Wenn George seine strenge Disziplin als pädagogisches Ritual erfand, dann war das schon die Pflanzstätte alles Weiteren: Erziehung zu Höherem als das, was der Alltag der neuen Angestelltengesellschaft bot. Die einschlägigen Titel der Bücher und Essays von Kommerell, Gundolf und Wolters sagen alles: *Der Dichter als Führer in der deutschen Klassik, Gefolgschaft und Jüngertum, Herrschaft und Dienst.*

Hier trafen zwei Motive zusammen: der uranfängliche Topos von Christus und seinen Jüngern beziehungsweise von

Sokrates und seinen jungen Zuhörern einerseits und die aus dem Ersten Weltkrieg kommende Auratisierung des seine Leute anführenden jungen Offiziers – *Einem jungen Führer im ersten Weltkrieg* heißt ein Gedicht Georges. Hinter beiden Motiven wird die Idee einer neoaristokratischen, autoritären Gesellschaftsordnung deutlich, deren politische Realisierung völlig im Dunkeln bleibt. Ihre manifeste Referenz sind, abgesehen von Georges eigenen Zyklen zur deutschen Königs- und Kaisergeschichte, historische Hagiographien, deren berühmteste bis heute Kantorowicz' *Kaiser Friedrich der Zweite* ist. Diese Unbestimmtheit allein aber muss schon als intellektuelles Defizit gelten: Sie belegt eine Laschheit des Denkens gerade bei den akademischen Mitgliedern des Kreises, die umso mehr auffällt, vergleicht man sie mit Max Webers Diagnostik des charismatischen Politikers.

Natürlich ergab sich dies auch aus Georges absoluter Distanz zur Realpolitik der zwanziger Jahre; stattdessen die erträumte Gleichung von »Dichter und Herrscher«. Raulff nennt das »poetische oder metaphorische Politik«, und man kann hinzufügen, dass eine solche schon in der frühromantischen Terminologie bei Novalis wie auch bei Friedrich Schlegel auftaucht. In beiden Fällen, dem Georgeschen und dem romantischen, wird jedenfalls ein strukturelles Merkmal des deutschen Zivilisationsdiskurses dargestellt. Eine solche Metaphorisierung wird erklärlich auch aus der Abwesenheit einer institutionenbewussten politischen Tradition aus Parlamentarismus, Parteien, Presse und außenpolitischer Machtsphäre (Preußendeutschland hat eine solche Macht nie erzwingen können).

Es ist deshalb kein Zufall, dass der Erziehungsgedanke, spezifischer: der Gedanke einer reformpädagogischen Zukunft nur im Deutschland der zwanziger Jahre an Boden gewinnen konnte. Die Utopie der Jugendbewegung realisierte sich im Schülerstaat, der wie Stefan Georges politischer Staat ebenfalls als ein »Gegenstaat zu allen Mächten dieser Welt« verstanden werden kann. Hier ist anzumerken, dass George keine Sympathie für die prominenten Reformpädagogen Gustav Wyneken, Kurt Hahn oder Paul Reiner empfand. Wie Raulff klarmacht, war es eine einseitige Angelegenheit: George wurde zum Dichter der Reformpädagogen, ihm selbst aber blieben sie herzlich fremd.

Hierzu gehören auch die von Georgeanern entwickelten unterschiedlichen Gründungsphantasien von isolierten Inseln im Strom der Zeit, auf die Raulff nachdrücklich eingeht, wobei Robert Boehringers Schrift *Über das Leben von Gedichten* als Katechismus einer spirituell geleiteten Gemeinschaft gelten kann. Es ist ein Katechismus, der bei einer kritischen Überprüfung alle Elemente sektiererischen Denkens enthalten würde, gleichzeitig aber doch die Attraktivität auf den »Geist«-Suchenden und »Geist«-Gläubigen bildungsbürgerlicher Herkunft plausibel werden lässt.[1]

Denn wenn man das Phantasma der radikalen kulturellen Alternative, das die präraffaelitische Bruderschaft und den Kreis der Jenaer Romantiker antrieb, als solches akzeptiert, dann hat man seine esoterischen Züge zunächst einmal ernst zu nehmen. Sektiererisch im negativen Sinne einer idiosynkratischen fixen Idee würde der Gemeinschaftsdiskurs des George-Kreises erst dann, wenn das »Kryptische« auf die schiere Regression, auf eine Stationierung des Puerilen hinausliefe: Es ist ein Unterschied, ob man die eigene Kindheit erträumt oder die der Menschheit. Das kann hier nicht entschieden werden. Aber das wäre genau die Frage, die man an die diversen Aufzeichnungen des Reformgedankens als Gemeinschaftspädagogik zu richten hätte. Und da ergäben sich sehr unterschiedliche Antworten.

Es gehört nicht zum geringsten Lesereiz von Raulffs Buch, dass er den Reformtypus nicht nur in der Epoche nach dem Ersten Weltkrieg, sondern auch nach dem Zweiten Weltkrieg

---

1 Zur Fetischisierung kultureller Bilder vgl. Georg Bollenbeck, *Bildung und Kultur. Glanz und Elend eines deutschen Deutungsmusters*, Frankfurt a. M. 1996.

beschreibt. Denn da treten die uns Älteren alle noch bekannten Figuren der deutschen Bildungspolitik seit den fünfziger Jahren entgegen, die Picht, Hentig, Becker, Weizsäcker und Liegle. Besonders in der höchst ambivalent wirkenden Persönlichkeit eines Hellmut Becker, dem sogenannten Bildungs-Becker, Sohn des berühmten preußischen Kultusministers der Weimarer Republik, der seinerseits eigenhändig einen Klub von Ordinarien aus dem Freundeskreis Georges geschaffen hatte. In seinem Sohn Hellmut Becker, Anwalt deutscher Landerziehungsheime und Freund der Weizsäcker-Familie, vermischten sich die in Raulffs Erzählung schon namhaft gemachten Einflüsse faschistischer und spiritualistischer Prägung, die in der Figur des bedeutenden nationalsozialistischen Verwaltungs- und Staatsrechtslehrers Ernst Rudolf Huber (dessen Assistent der junge Becker gewesen war) verschmolzen.

Der Champion dieses letzten Kapitels von Raulffs Buch ist aber Georg Picht und das von ihm neugegründete Landerziehungsheim und humanistische Gymnasium Birklehof, bei dem der Zusammenhang von George-Kreis und Patriziern des deutschen Geisteslebens – Ernst Robert Curtius, Hermann Heimpel, Carl Friedrich von Weizsäcker – evident wird. Raulffs Darstellung der zusammenprallenden Elemente ist hier besonders aufschlussreich, weil die partiell unlösbare Mischung von genuiner Originalität und intellektueller Brillanz einerseits und spiritualistisch-esoterischer Obsession, ja Obskuranz andererseits mit Händen zu greifen ist. Vor allem aber, weil sich auch ein Leitmotiv von Raulffs Erziehungsroman, nämlich die »platonische« Idee, in Pichts Bildungsidee wiederholt.

Damit komme ich zum zweiten Aspekt, dem wichtigeren: Die platonische Idee ist ein Bestandteil der deutschen Griechenhypostasierung, wie sie seit Winckelmanns klassizistischer Deskription des Apollon von Belvedere und Hölderlins späten Hymnen etabliert worden war und, wie die Landerziehungsidee, nicht ihresgleichen in den anderen das Altertum entdeckenden westeuropäischen Ländern hatte. Raulff stellt zunächst vor allem zwei Repräsentanten des unmittelbaren und größeren George-Kreises vor, die mir erst durch seine ausführlichen Erläuterungen ein Begriff geworden sind: Kurt Hildebrandt und Edith Landmann. Dass Stefan George selbst den Kult Platons als Lehrer und imaginativen Staatengründer förderte, aber auch die Hölderlinsche Griechenphantasie verinnerlichte, steht am Anfang. George hat, wie Raulff berichtet, die Fahnenabzüge von Hildebrandts Platon-Buch kurz vor seinem Tode noch durchgesehen, was Hildebrandts wichtige Stellung im Kreis immerhin belegt, obwohl er nicht zu den auserwählten Jüngern gehörte.

Hildebrandts Werk mit dem Titel *Platon. Der Kampf des Geistes um die Macht* ist keine ideengeschichtliche Erfassung von Platons Staatsdenken, geschweige eine philosophische Analyse der Argumentation. Und Hildebrandts Buch und alle weiteren Äußerungen dazu entdeckten (im Unterschied zu Nietzsches neuer Strukturierung der Tragödie) keine neue Struktur des platonischen Denkens. Vielmehr affirmieren sie spiritualistisch anempfundene Gehalte wie »geistiger Eros«. Es geht nicht um Erkenntnis von Denken, sondern um ein Getragensein von einem »Mythos«. Allein die von Raulff zitierten Textstellen und Begriffe von Hildebrandts Werk genügen, um das sofort zu erkennen. Analog zu Bertrams phantasievollem Nietzsche-Buch (das Thomas Manns Nietzsche-Auffassung anregte) handelt es sich bei Hildebrandt um eine willkürliche Identifikation platonischer Motive mit aktuellen parareligiösen oder politischen Inspirationen zwischen Ideen von »Herrschaft« und »geistigem Reich«. Hildebrandts Platon-Mythos ist also etwas anderes als Norbert von Hellingraths Wiederentdeckung der die griechischen Götter anrufenden Hymnen Hölderlins, eine Entdeckung, die – wie Georges Übersetzungen (Baudelaire, Dante) – zu den großen geistigen Leistungen des George-Kreises gehört.

Auch die Philosophin Edith Landmann, die in Raulffs Buch einen besonderen Platz einnimmt, wird man unter dem ästhetischen Siegel von dem Verdacht auf gräzisierenden Obskurantismus freisprechen müssen. Aber es meldet sich bei ihr nachdrücklich eine Geisteshaltung der Griechennachfolge, die zwar nicht auf eine buchstäbliche Geheimlehre hinausläuft, jedoch die vielleicht berühmteste Form von Moderneverweigerung im deutschen Diskurs des frühen 20. Jahrhunderts darstellt. Anders ausgedrückt: Wenn relevante intellektuelle Diskurse zwischen der Spannung von Paradigma und Invention verlaufen, so muss man von Landmanns »Griechin sucht Griechen«-Lehre sagen, dass sie eine konsequente Verabsolutierung des einen Pols, eben des Paradigmas, liefert: »Wiederholung des griechischen Wunders auf deutschem Boden«. Daraus ergibt sich eine extreme Form von Spannungsverlust, wie er durchweg im Falle des bildungsbürgerlichen Zitats des großen Vorbilds auftritt. Es bedarf also gar nicht des ideologiekritischen Arguments, wie es die englische Germanistin E. M. Butler in ihrem Mitte der dreißiger Jahre erschienenen Buch *The Tyranny of Greece over Germany* ausgesprochen hatte, in dem sie in der klassizistischen Idealisierung der griechischen Kultur schon Affinitäten zur präfaschistischen Idolisierung im deutschen Neuhumanismus entdeckte.

Es ist eine Hypostasierung von »Geist«, von »Dichtung«, von »Staat«, nicht zuletzt von deutschem Geist und deutscher Dichtung, die die jüdische Emigrantin Edith Landmann als ein Kolonialprojekt im Namen eines »geheimen Deutschland« betreibt. Und diese Hypostasierung stellt als solche den epigonalen Akt schlechthin dar. Ernst Kantorowicz hat die Hypostasierung später aus seinem Exil in Berkeley noch einmal angemessen benannt, Raulff zitiert die einschlägigen Sätze. Es zeigt sich daran, dass die platonische Idee der Georgeaner nichts mit Aby Warburgs Forschungsprogramm »Nachleben der Antike« zu tun hatte: Bei Warburg ging es um handfeste kunsthistorische Forschung.

Die wohl bemerkenswerteste, weil nachträglich erscheinende Wiederkehr des Platonismus ereignete sich in der Pädagogik von Georg Picht, der von 1946 bis 1955 das von Salem schon in den dreißiger Jahren sich abtrennende Landschulheim Birklehof im Schwarzwald leitete, wobei der »Hellas-Code« Georges, das heißt das homoerotisch eingefärbte kulturelle Vorbild, keine Rolle mehr spielte, sondern ausschließlich die Disziplin des sokratisch-platonischen Dialogs sowie einige platonische Schlüsselbegriffe, vor allem aus der *Politeia*. Raulffs biographisch-detaillierte, partiell auf Zeitzeugen gestützte Beschreibung des »Griechen« Picht zeigt noch einmal die Romantisierung des platonischen Ideals, abermals nach einem verlorenen Krieg und einem verlorenen nationalen Selbstbild.

Der von dem Altphilologen und Georgeaner Josef Liegle im lateinischen Privatunterricht unterwiesene junge Georg Picht kommt aus einem Stefan George verehrenden Vaterhaus, die Mutter ist eine Schwester des berühmten Romanisten Ernst Robert Curtius. Das ganze geistesaristokratische Milieu an der Hand von Raulffs Schilderung ein halbes Jahrhundert später zu durchstreifen heißt den Gotha der deutschen akademischen und zum Teil auch gesellschaftlichen Oberschicht nach dem Zweiten Weltkrieg psychologisch hautnah kennenzulernen, von Ernst Rudolf Huber, Hermann Heimpel, Carl Friedrich von Weizsäcker, Hartmut von Hentig bis Hellmut Becker. Sie stehen der Geisterinsel der amerikanischen George-Emigration der Erich von Kahler, Ernst Kantorowicz und Ernst Morwitz denkbar fern, ganz abgesehen davon, dass einige von ihnen im Dritten Reich ihre akademischen Karrieren besorgten, ja vom Regime profitierten, nicht zuletzt die an der Straßburger »Reichsuniversität« Versammelten: Ihr Auftreten hatte offenbar eine fast unschuldig zu nennende elitäre Arroganz, die sich einbildete, über den Zeitläuften zu stehen. Es ist zum Erstaunen, wie diese viertel, halb und ganz dem Regime Zugetanen (an die »Reichsuniversität« wurden nur Zuverlässige berufen) nach Ende der Nazizeit sehr bald ihre Stimme wiederfanden und sie silberzüngig einsetzten. Hellmut Beckers Erscheinung war hierfür besonders charakteristisch. Der Blick zurück zeigt hinter den Georgeanern auch eine bildungsprotestantische akademische Elite, deren frömmelnder Ernst sich mit vielerlei Ernst arrangieren konnte. Dass solche Repräsentanten aus Wissenschaft und Bildungspolitik indirekt zum George-Netzwerk gehörten, sozusagen in sich noch einmal ein »geheimes Deutschland« ausbildend, trennt den George-Kreis als Phänomen von anderen westeuropäischen Gruppen vergleichbarer Art, bei denen Witz oder anarchische Provokation ein wesentliches Element waren.

Der Individualist und Privatgelehrte Georg Picht unterscheidet sich erheblich von diesen Kreisen durch seine hochintellektuelle Originalität und seine Ferne zum Regime. Seine Platon-Beziehung hatte mit der Georgeschen nichts zu tun, der sein Onkel Curtius und sein Vater Werner Picht anhingen. Offenbar nicht zum Nachteil der Schule: Die von Picht und seiner Frau, der Pianistin Edith Picht-Axenfeld, ausgehende Aura aus Geist und Kunst wurde im Schulalltag vielfach ironisch gebrochen. Dass aus dem Kreis der Schüler und Schülerinnen zwar fähige Juristen, Bankiers, Unternehmer hervorgegangen sind, aber keine namhaften Intellektuellen, und dass es ausgerechnet Georg Picht war, der mit seiner Warnung vor der »Bildungskatastrophe« die egalitäre Entwicklung der deutschen Universität beschleunigte – das ist beides ein nachträglicher ironischer Reflex auf das von Anfang an zum Scheitern verurteilte Paradigma, das zu lange währen wollte.

Wie kann man am Ende die in Raulffs Buch versammelten Geister charakterisieren? Paradigmasüchtige ohne Invention? Als Kriterium der Beurteilung kommt einem Robert Musils Charakteristik seines inspirierten Personenkreises im *Mann ohne Eigenschaften* in den Sinn: Ob nun Diotimas »hohe« Seele oder die Nietzsche-Obsessionen Clarissens, die Fähigkeit Walters, »heftig zu erleben«, oder Arnheims Verbindung von »Seele und Wirtschaft«, nicht zu vergessen die europäisch-austriakischen Phantasien des Grafen Leinsdorf – was wir hier präsentiert bekommen als Gesellschaftskomödie, ist eine Diagnostik der spirituellen Obsessionen von interessanten, aber wenig originellen Menschen vor dem Ersten Weltkrieg.

Verstanden von einem Schriftsteller des allerersten Ranges, der selbst eine tiefe, wenn auch reflektierte Affinität zum ästhetischen Elitismus, zum Irrationalen und zur das Gegebene transzendierenden Utopie unterhielt. Wenn man die Elle von Musils Kritik an die näheren und entfernteren Figuren des von Raulff versammelten George-Kreises anlegte, dann fände unsere Vermutung Nahrung: Sowohl die Boehringer und Morwitz, also der das Hohe suchende Industrieberater und der die Begeisterung brauchende Jurist, aber auch die dilettantischen eigentlich künstlerischen Naturen Thormaehlen und Wolfskehl, ganz zu schweigen vom die Lehre schmiedenden Kern der Bertram und Hildebrandt – alle diese Geister und ihre Nachfolger in Wissenschaft, Gesellschaft und Politik bis in die fünfziger, sechziger und siebziger Jahre spiegeln nicht nur Musils Romanfiguren wider, sondern werden durch Musils Analytik von deren Phantasmen ebenfalls kulturtheoretisch kommentiert. Jedenfalls passen die Silhouetten verschiedener Figuren aus Musils k. u. k. Geisterreich exakt auf einige der von Raulff Versammelten.

Deshalb wäre Raulffs Identifikation der vom Paradigma Getriebenen zu ergänzen: Ihre »Erinnerungen« sind die von Aposteln nur in einem subjektiven, nicht objektiven Verständnis des Worts. Ulrich Raulffs Fundstücke aus dem deutschen Geisterreich sind Prolegomena zu einer Kulturtheorie des »Deutschen Geistes« als Sekte. Aber eine solche Theorie könnte nicht mehr den biographischen Takt des Autors und die Aura seiner Fundstücke haben.

Sechs Szenen Achtundsechzig

Erste Szene

Manchmal schien es, die Blätter der Bäume hätten eine andere Farbe angenommen und die Luft röche anders. Oder entsprang dieser Eindruck der enormen Perplexion über die Veränderungen der letzten zwei, drei Jahre, in denen er sich wie ein Reisender durch eine ihm exotische Zone vorgekommen war? Und nun das, der Satz, der zum ersten Mal ihn selbst betraf, praktisch, heraustretend aus der Unmasse von theoretischen Sätzen, die er gehört und nur halb verstanden hatte: »Eigentlich müssen wir dich umlegen, später, sorry.«

Das war der letzte Satz eines Gesprächs, das ich im Frühjahr 1970 mit einem engen Freund geführt hatte, einem gleichaltrigen Hamburger Schriftsteller, dessen erste literarische Texte sofort das Interesse renommierter Zeitschriften und der Gruppe 47 gefunden hatten. Es war zu diesem Treffen nach langer Pause gekommen, und der Anlass war der gerade in der gelben Hanser-Reihe erschienene Traktat über den französischen Surrealismus, in dem die Gefahr der Politik für die literarische Phantasie dargestellt wurde. Nach Ansicht des Freundes, der in einem neuen, arroganten Tonfall sprach, waren die in dem Buch geäußerten Gedanken »extrem konterrevolutionär«.

Ganz ahnungslos war ich nicht. Dem Satz an der Binnenalster war eine Rezension vorausgegangen, die mich schon aus der observierenden Ruhe, aber auch der faszinierten Anteilnahme plötzlich herausgerissen hatte: Die Quintessenz des Totalverrisses war meine Stigmatisierung als spätbürgerliches Subjekt im Sinne von Max Stirners *Der Einzige und sein Eigentum.* Das konnte mir keineswegs gleichgültig sein, denn es war eine radikale Zurückweisung eines Annäherungsversuchs. Der politkommissarische Stil, die absolute Nichtbeachtung der immerhin geleisteten Analysen schockierte vor allem deshalb so sehr, weil mir aufzudämmern begann, dass mein Interesse für die »Neue Linke« auf dem Sand falscher Wahrnehmungen beruhte: Die Empathie des liberalen antiautoritären Subjektivisten, der für den Konservativismus keine Sympathie empfand, hatte nicht die Spur einer Chance, von diesen Leuten akzeptiert zu werden – und wollte es nun auch nicht mehr! Die extreme Reaktion des Freundes und des Journalisten erklärte sich wohl auch daraus, dass zu diesem Zeitpunkt der Surrealismus nicht auf der Tagesordnung der linken Intelligenz stand: Adorno hatte ihm als dezisionistischer Bewegung prinzipiell abgesagt, Enzensberger war diesem Verdikt gefolgt. Mit beider Surrealismus-Polemik hatte sich das Buch kritisch auseinandergesetzt. Erst während der siebziger Jahre setzte dann eine positive, ja enthusiastische Wahrnehmung des Surrealismus durch linksintellektuelle Literaturwissenschaftler ein.

Eine Vorahnung, dass sich in dem Freund ein verachtenswerter Typus herauszubilden begann, kam während eines Abendessens drei Jahre zuvor im Hause des sehr geschätzten Suhrkamp-Lektors Günther Busch auf. Das war kurz vor der allerersten Suhrkamp-Krise: Walter Boehlich, der Cheflektor, verließ im Streit über die letzte Entscheidungsgewalt das Haus; Hans Magnus Enzensberger, der Zauberer der neuen Semantik, löste das *Kursbuch* aus dem Verlag heraus – zu diesem Zeitpunkt hatte es eine unerhörte Auflage und war zum Zentralorgan der linken Hochschulintelligenz geworden, mit hervorstechenden jüngeren Begabungen wie Hans Christoph Buch oder Peter Schneider. Die politische Atmosphäre Frankfurts – die Universität Adornos und Habermas', die *Frankfurter Allgemeine* von Karl Korn und Jürgen Tern und der Suhrkamp Verlag des dynamischen Siegfried Unseld – flirtete schon 1967, und seit Ostern 1968 war dicke Luft.

An jener Abendtafel im Hause Busch saß ein junger Soziologe, dessen Sprachduktus zwei Charakteristika verband: Hass beziehungsweise Verachtung gegenüber allem, was nicht der marxistischen Gesellschaftsanalyse entsprach, und absolute Sicherheit, dass diese Analyse den finalen Höhepunkt der Erkenntnis setzte. Das war nicht die Sprache Enzensbergers. Es war die Lingua »Nineteen Eighty-Four«. Was der Fanatiker im Einzelnen von sich gab, ließ sich wie eine Lauge abwischen. Er lächelte, sprach mit hoher dünner Stimme. Wenn es im konventionellen Roman heißt, jemand »kräuselte« die Lippen vor Überlegenheit, so dieser. Er konnte vor lauter Selbst- und Fremdwissen kaum zuhören. Jedes Wort schien falsch, jeder Satz eine Lüge. Trotz der eigenen Unwissenheit in marxistischer Theorie war das Urteil sicher: Man sah sich einem nachgelieferten Paradigma zu George Orwells utopischem Roman gegenüber, dem für Liberale politisch prägenden Buch neben der *Sonnenfinsternis* von Arthur Koestler. Es war zu diesem Zeitpunkt allerdings noch nicht klar, dass Koestlers und Orwells Einsichten in die Perversion totalitärer Idealismen längst auf dem Index dieses Typus standen.

Die Ankündigung des Freundes, es helfe alles nichts, Ideen wie die in dem Surrealismus-Buch geäußerten zögen eigentlich die Liquidierung nach sich, kam also nicht aus völlig heiterem Himmel. Außerdem: Das alles war natürlich ungemein lächerlich. Aber wie er glaubten Tausende, Zehntausende an eine bevorstehende Revolution der Gesellschaft und ihrer Institutionen. Ich habe den Hamburger Schriftsteller nicht mehr wiedergesehen und nichts mehr von ihm gelesen – er soll im Gewerkschaftshaus geheiratet haben, was den Eindruck bestätigte, dass da etwas nicht bloß politisch Fatales, sondern zivilisatorisch Abstoßendes sich vorbereitete: eine Fortsetzung der deutschen Obsession mit Reinheitsvorstellungen.

Zweite Szene

Aber war das alles? Nein, es war nur ein Element in einem sehr viel widersprüchlicheren, zum Teil attraktiven Gemenge. 1970 war wahrscheinlich der Zeitpunkt, als sich die Universitätsfanatiker der richtigen Lehre von den kulturrevolutionären Radikalen zu trennen begannen. Achtundsechzig war nicht ein Jahr, sondern ein Jahrzehnt. Wann hatte es angefangen? 1964, nach der Ermordung Kennedys? Etwa zu dieser Zeit muss es gewesen sein, dass die Schrift *Student und Politik* einen aus fachidiotischer Konzentration reißen konnte. Es war nicht nur der Inhalt, der sich festsetzte, sondern ein ungehörter Tonfall. Bis dahin hatte eine schöngeistig-historistische Atmosphäre den Studenten der Literatur, der Geschichte oder Philosophie umfangen, in Göttingen etwas puritanisch, in Heidelberg etwas erotisch.

Den Widerschein einer ganz anderen Welt konnte man schon in Helmuth Plessners Göttinger Oberseminar Mitte der fünfziger Jahre haben: Da trat regelmäßig ein Frankfurter Abgesandter aus Adornos Seminar auf und trug vor, was Adorno gerade dachte. Adorno war jemand, den der eigene Literaturprofessor aus der Sekundärliste gestrichen hatte: das sei keine Wissenschaft. Der Abgesandte, Jahre später Lektor bei S. Fischer, nahm den Neuling beiseite und fragte ihn, wo er denn wohne: in einem Haus am Nikolausberger Weg? Im Wald? Da wohne man nicht, sondern am besten direkt gegenüber dem Bahnhof, möglichst in einem Hochhaus. Nur dort entwickele sich das angemessene, nicht notwendigerweise falsche Bewusstsein. Jahre später galt diese Regel für Frankfurter Linksintellektuelle mit dem richtigen Bewusstsein, bevor sie in Altbauwohnungen mit Zimmerpalmen überwechselten.

Zur Frugalität des Wohnungsstils der akademischen Achtundsechziger gehörte damals die Verachtung des elaborierten bürgerlichen Abendessens – vor weißen Regalwänden mit den Titeln der edition suhrkamp nahm man Salzstangen und

Rotwein in rauhen Mengen zu sich. Für den Novizen in Politik- und Gesellschaftstheorie waren diese kargen Gastmähler immer belehrend, immer informativ. Die Information ergab sich aus Anlässen in Politik und Zeitungen. Und dabei bildete sich eine weitere mentale Verhaltensweise heraus, die zu dem bleibenden Vermächtnis von Achtundsechzig geworden ist: die Empörung. Dabei hatte man zwischen zwei Formen zu unterscheiden: die kalte, mit konkreter Analyse ausgestattete Empörung; und die warme, emotionell ausufernde Empörung. Anlass war – und das verband beide Flügel der Außerparlamentarischen Opposition, bevor die eigentliche Studentenrevolte einsetzte – entweder ein Satz von Franz Josef Strauß oder ein Satz aus der *FAZ*. Man hat inzwischen vergessen, zu welch auratischer Provokation diese Zeitung auf dem Höhepunkt ihrer altrömischen Selbstgewissheit à la »Mögen sie uns hassen, wenn sie uns nur fürchten« imstande war. Die Empörung geriet dann oft außer sich: Als hätten sich verfolgte Urchristen in einer Katakombe getroffen, so umgab sie ein Glanz von antifaschistischer Opferbereitschaft.

Wem Empörungsgesten zuwider sind, da sie sich nicht mit der Haltung des Stolzes vertragen, vor allem wenn Empörung in Gestalt wehklagender Beschwerde gegen »Unterdrückung« auftritt, dem wurde diese absehbare Litanei bald zu viel. Aber es gab eine Empörung, die uns Dreißigjährigen an den Zwanzigjährigen imponierte: die gegenüber der Polizei. Was sich nach der Erschießung des Studenten Ohnesorg im Berliner Sommer von 1967 und dann in Frankfurt an Polizeigewalt abgespielt hat, war ein Beleg für alle Behauptungen, in dem neuen Staat säßen noch immer alte Nazis an hohen Stellen, nicht zuletzt in Justiz und Polizei, von Industrie und Wirtschaft ganz abgesehen. Und so hatte denn auch der Hannoversche Studentenkongress unmittelbar nach der Erschießung Ohnesorgs in der Erinnerung ein politisches Pathos und eine rhetorische Brillanz, die der Empörung einen historisch relevanten Ausdruck verliehen.

Damals sah ich zum ersten Mal einen öffentlichen Auftritt

von Jürgen Habermas, dessen zu Kultschriften der Neuen Linken avancierte Texte, namentlich *Strukturwandel der Öffentlichkeit*, ich nicht gelesen hatte. Die Szene seines Wortwechsels mit Rudi Dutschke über die Angemessenheit formaler Spielregeln der parlamentarisch-mittelbaren Demokratie im Widerstreit mit unmittelbarer Regelverletzung erschien als großer Augenblick einer neuen, selbstbewusster gewordenen deutschen Gesellschaft, und daran zurückdenkend erscheint mir diese Szene noch immer so symbolisch: Das war Achtundsechzig at its best. Es kam eine intellektuelle Lebendigkeit, eine sprachliche Virtuosität zum Vorschein, wie sie es vorher nicht gegeben hatte. Diese Agitatoren mochten zwar auch Gläubige sein wie der furchtbare Gast am Tische jenes Frankfurter Abends. Zweifellos hatten Dutschke und Krahl lutherische Unbedingtheit in ihren Reden. Sie waren Überzeugungstäter, aber von großer Intelligenz. Als Kommissare einer gelungenen Revolution würde man ihnen nicht gerne wiederbegegnen, wenngleich ihnen eine gewisse Großmütigkeit zu attestieren war, die unsereinen wohl in Ruhe gelassen hätte. Vor allem: Ihr existentieller Ernst unterschied sie vom Gesinnungsmief so vieler akademischer Achtundsechziger, die bald, nicht selten namenlos bleibend, die Lehrstühle besetzten und deren Schüler sie heute noch immer besetzt halten.

Als Habermas und Dutschke aufeinanderprallten, war in nuce alles über Achtundsechzig gesagt: Es war das polemische Rencontre von revolutionärer Gewaltbereitschaft und von Kulturkritik. Beide Positionen wurden unter den Achtundsechzigern selbst ausgetragen. Habermas' berühmt gewordene Qualifizierung von Dutschkes Radikalismus als eine Art »linker Faschismus«, die Habermas später relativierte, blieb an den Linksradikalen kleben. Aber es war noch etwas anderes: Über Nacht wurde in Deutschland öffentlich intellektuell Fraktur gesprochen. Der Student zeigte gegenüber dem Ordinarius keine Erbötigkeit mehr, und der Ordinarius nahm den Studenten als ebenbürtig ernst. Mit dieser schönen

Brutalität ging allerdings auch die Humboldtsche Universität zu Bruch. Wer noch bei jemandem Assistent gewesen war, der seinerseits ein Schüler von Max Kommerell war, kam aus dem Staunen nicht heraus – Kommerell war der letzte Lieblingsjünger Stefan Georges gewesen! Wer heute die intellektuelle und wissenschaftliche Zweitklassigkeit so vieler grauer Mäuse unter den universitätspolitisch Machtausübenden erblickt, der wünscht sich die auf Begabung beruhende Autorität jener alten Ordinarienuniversität zurück.

Dritte Szene

Die Regenbogenfarben der edition suhrkamp, das Knallgelb der Reihe Hanser, das Grau-Sachliche bei Luchterhand und schließlich »das neue buch« mit dem roten Rahmen bei Rowohlt: Wer vor den Regalen der besseren Buchläden die Titel durchmusterte, dem musste etwas bänglich eine neue Welt aufgehen. Es war zunächst schon eine Revolution in der Erscheinung des Buches. Sie kündigte die Revolution im Innern an. Das waren also die Schriften, die die Studentenrevolutionäre von Berlin und Frankfurt, aber bald auch von Heidelberg, Marburg und Tübingen gelesen hatten. Man konnte auch sagen: die Irrlehren, die zwei Generationen von jungen Akademikern prägen würden. Aber das sah man damals nicht, auch der »spätbürgerliche« Zweifler nicht. Es waren die Juwelen der deutschen und europäischen Sozialphilosophie, vom Nationalsozialismus verboten und in der folgenden kleinbürgerlichen Spießigkeit vergessen. Nicht nur die kanonischen Titel, also *Geschichte und Klassenbewußtsein* von Georg Lukács, Ernst Blochs *Geist der Utopie*, Sigmund Freuds *Jenseits des Lustprinzips* und *Das Unbehagen in der Kultur.*
      In die Augen sprangen die für die Debatte wichtigen Texte: Herbert Marcuses *Der eindimensionale Mensch, Triebstruktur und Gesellschaft*, der Essay über *Repressive Toleranz*: Sprengsätze, die schon bei der Berliner Debatte über revolutionäre

Gewalt gezündet hatten. Ihre Botschaft, nicht zuletzt über die Ausbeutung der Dritten Welt, hat ihre Suggestion heute im Nachfolgemilieu ja wieder bekommen. Man muss sich klarmachen, dass es nur wenige im Strom der Außerparlamentarischen Opposition oder antiautoritären Bewegung gab, die diese zum Teil begrifflich und argumentativ äußerst anspruchsvollen Bücher gelesen hatten. Schon Adornos Stil, vor allem aber seine erkenntnistheoretisch-dialektischen Voraussetzungen hatten eine Epoche vorher inmitten der ontologischen Semantiken von Emil Staiger, Wolfgang Kayser oder Bruno Snell, ganz zu schweigen von Martin Heidegger, den gefährlichen Glanz der Subversion verbreitet. Adornos Sprache mochte preziös-narzisstisch sein, was sie sagte, war zutiefst irritierend: nämlich dass wir das, was wir sehen, nicht für bare Münze nehmen können, dass wir es immer in Beziehung zum Entwicklungsmoment setzen müssen. Und vor allem: dass man etwas über das Ende dieser Entwicklung wissen müsse.

Neben diesen Titanen waren auch die ersten Titel von jüngeren Intellektuellen und Universitätsleuten zu entdecken. Gewiss, es gab da schon einiges, jedenfalls bei Hanser, was dem eigenen Phantasieprojekt entgegenkam. Aber die stringente Linie war neomarxistisch. Fast alles, was gut und teuer in den Geisteswissenschaften war, gab sich so, sozusagen über Nacht. Die besten neuen Literaturwissenschaftler, die man wahrnahm, schrieben neomarxistisch, methodisch immer dialektisch, inhaltlich immer teleologisch. Allerdings, das war ein Trostpflaster, waren manche nur deshalb so gut, weil sie ästhetische Fragen, die Adorno am Ende sogar noch emphatisiert hatte, ebenfalls stellten, wenn auch unter materialistischen Bedingungen, wie sie wohl heute noch mit Stolz sagen würden. Als aber Wolfgang Fritz Haugs *Kritik der Warenästhetik* 1971 erschien und en masse verkauft wurde, da sah ich melancholisch meine ästhetiktheoretischen Felle für immer davonschwimmen.

Adorno hatte inzwischen gegenüber Marcuse ausgespielt.

Nur Analyse und keine Aktion! Auszubaden hatte diese Konfrontation innerhalb der Neuen Linken ihr eigentliches Idol, der ziemlich junge Frankfurter Professor Habermas. Er war der einzige liberale Linksintellektuelle, dem man um 1968 von Seiten des SDS-Lagers noch mit Respekt begegnete, zumal er streckenweise trotz der Attacken gegen Dutschke durchaus eine ähnliche Sprache sprach und mit der Einschätzung einiger gesellschaftspolitischer Phänomene mit den Rebellen übereinstimmte: Das gesellschaftliche System des staatlich geregelten Kapitalismus beruhe auf einer schwachen Legitimationsgrundlage, die Gesellschaft sei entpolitisiert worden. Sie wieder zu politisieren, das eben sei die eigentliche Aufgabe. Nun beschwor er, ein Jahr nach der Debatte mit Dutschke, seine ehemaligen Schüler Jürgen Krahl und Oskar Negt, es bei der spielerisch-ironischen Provokation zu belassen. Aber der Graben war zu breit: Für Habermas gab es objektiv gesehen keine revolutionäre Lage, keine Bestätigung der marxistischen Krisentheorie. Das war das Aus seines Dialogs mit der »Revolution«.

Das war aber auch der Offenbarungseid des charismatischen Achtundsechzigers: nichts an der Gesellschaft zu diesem Zeitpunkt revolutionär zu ändern, sie aber radikal in Frage zu stellen. Ein bisschen war das »to have the cake and eat it« – einerseits Zweifel gegenüber der Legitimität des »staatlich geregelten Kapitalismus«, andererseits die Entpolitisierung der Öffentlichkeit als Argument dafür, dass man nicht umstürzlerisch vorgehen könne. Zuerst sollten also breite Bevölkerungsschichten wieder politisiert werden! Das hieß an einer idealistischen Tradition festhalten: Schon Friedrich Schiller hatte angesichts des Chaos der Französischen Revolution die Veränderung der Menschen gefordert, bevor diese die Gesellschaft verändern könnten.

Gesellschaftskritik als Kulturkritik war seit Mitte der sechziger Jahre im Schwange: Als Heinrich Böll 1967 den Büchner-Preis bekam, bestückte er seine Dankesrede mit Referenzen an den *Hessischen Landboten*, eine Rede, deren moralische

Reinheit rührte, deren politische Naivität überraschte. Böll hielt Büchners Sätze von 1833 für aktuell triftig: »Das Gesetz ist das Eigentum einer unbedeutenden Klasse von Vornehmen und Gelehrten, die sich durch ihr eigenes Machwerk die Herrschaft zuspricht.« Und: »Wenn in unserer Zeit etwas helfen soll, so ist es die Gewalt.« Wahrscheinlich kamen diese Büchner-Zitate der Stimmung beim antiautoritären Bildungsmilieu entgegen, das sich ebenso wenig wie Böll den Anstrengungen des Begriffs unterzog.

Wer sich als Zuschauer solcher Debatten wünschte, durch Habermas sei die Revolution als ein Wahngespenst in den Köpfen der Linksintellektuellen benannt, konnte im Augenblick dieser Entdeckung wie beim Höhepunkt eines Dramas die Katharsis herbeischweben sehen. Gegenüber einer aktuellen Tendenz, Achtundsechzig herabzuwürdigen, erinnert man sich vor allem an einen sozusagen zivilisatorischen Gewinn: das Ernstnehmen theoretischer Spekulationen, die Versatilität in kontroversen Disputen, die ganze Fauna der Vorstellungskraft. Das gegen die dröge Pragmatik der Bescheidwisser des Alltags gesetzt, war auch für den Phantasiekandidaten nicht etwa bloß verführerisch, sondern geradezu erlösend. Das theoretisch spekulative Argument als solches hatte plötzlich hohen Kurswert bekommen. Denn rein politisch betrachtet, war die Debatte zwischen Habermas und dem Frankfurter SDS inhaltlich schon im Herbst 1967 vorweggenommen worden, als Rudolf Augstein während eines Diskussionsforums nicht nach der Legitimität des westdeutschen Staates, sondern die Berliner Studentenführer nach der Legitimität ihres revolutionären Anspruchs fragte. Das war die No-Nonsense-Frage der praktischen liberalen Politik. Was am Nonsense der Theorie, das heißt jeder geisteswissenschaftlichen Spekulation – und die nichtpositivistische Soziologie gehörte eben dazu – so attraktiv war, war dasselbe, was den dafür Begabten an der Begriffsbildung der mittelalterlichen Theologie fesselt. Theoriebildungen sind immer auch »Träume«, ja sie zeigen in ihrer Tendenz zu Analogiebildung und Identifikation mit Symbolen sogar Elemente der schizophrenen Obsession.

Na und? Das könnte man heute noch immer sagen im ironischen Bewusstsein von der Konstruktionsbedingung jedes theoretischen Einfalls. Damals es für bare Münze nehmend, hatte man auch als nichtgläubiger Phantasieproduzent die Genugtuung, dass die Pragmatiker des Alltags durch das Prinzip des theoretischen Einfalls plötzlich das Fürchten gelehrt wurde.

Das war zweifellos nicht dialektisch, sondern »surrealistisch« gedacht. Nun ist der Name jenes Denkers zu nennen, der vor all den genannten politischen Theoretikern zur eigentlichen Achtundsechzig-Ikone wurde: Walter Benjamin. Suhrkamp hatte seit 1966 seine geheimnisvoll klingenden Schriften veröffentlicht, die sehr bald gemeindebildend wurden. Nicht so sehr unter den knallharten Praktikern der Revolution, sondern im Milieu der bildungsbürgerlichen Kulturkritik. Die avancierten Zirkel unter ihnen erklärten die sich materialistisch gebende Schrift *Das Kunstwerk im Zeitalter seiner technischen Reproduzierbarkeit* zum Grundbuch jeder zukünftigen Ästhetik. Für die revolutionäre Lagebestimmung wichtiger aber wurden die *Geschichtsphilosophischen Thesen* und der Essay *Der Sürrealismus.* Dort war die Bedingung der objektiven Gegebenheit der Revolution zugunsten der dezisionistisch-subjektiven Entscheidung aufgegeben. Der teleologischen Idee des sozialistischen Fortschrittsbegriffs wurde die quasi theologische Kategorie des messianischen Augenblicks entgegengesetzt: »Das Bewußtsein, das Kontinuum der Geschichte aufzusprengen, ist den revolutionären Klassen im Augenblick ihrer Aktion eigentümlich.«

Welch Manna war dieser Satz für diejenigen, die nach einer neuen Begründung für ihre Deutungskompetenz der politischen Situation suchten und sie im Benjaminschen Terminus des »Augenblicks einer Gefahr« fanden. Über das Für und Wider Benjamins, nicht zuletzt der ihn beflügelnden französischen Surrealisten André Breton und Louis Aragon, vergin-

gen Abende der Diskussion. Habermas, der an einem dieser
Abende seine robuste Skepsis gegenüber dem für ihn irgendwie wirren Zeug äußerte, hat sie dann in dem Aufsatz *Bewußt-
machende oder rettende Kritik* öffentlich gemacht.

Vierte Szene

Damit enttäuschte er bitter die Gemeinde. Wie sah diese aus?
Sie hatte unterschiedliche Gesichter. Jedenfalls ist eine Ge-
meinsamkeit erinnerbar: ihre Exzentrik im Auftreten. Vor allem von bekannten Figuren der kulturellen Szene. Wenn Literaten von damals beträchtlicher Medienwirkung wie Bazon
Brock und Peter Hamm im Sommer 1968 einem beflissen zu-
hörenden, sozusagen linksfrommen Auditorium im gemeinsam inszenierten Auftritt die marxistische Zukunft oder keine erklärten, dann gab es nur ihren eigenen todernsten, zu allem entschlossenen Gesichtsausdruck und das ihrem Mund
stakkatoartig entfleuchende unerbittliche Gesetz kommen-
der Ereignisse. Dieser gottseidank von Selbstironie befreite
Ausdruck war Wissen, was not tut, hatte zugleich einen etwas
dandyistischen Willen zur Macht. Eitel ob ihres guten Äuße-
ren, entwickelten sie ihre Rhetorik mit dem Willen zur Provokation: »Épater le bourgeois!« war ihr Motto. Sie wollten ihre
Zuhörerschaft einem Erziehungsprozess unterwerfen und
stellten sich als Engel der Apokalypse dar. Es war zum Brül-
len komisch. Aber das empfand von den Zuhörern kaum jemand.

Das lag natürlich auch daran, dass die beiden Propheten einer notwendigen Kulturrevolution wirklich begabte Vertreter
ihres Milieus waren. Sie hatten, der eine wie der andere, originelle kulturkritische Texte veröffentlicht. Bazon Brock war
auf den grandiosen Einfall gekommen, bunte Bleche im Stil
von Verkehrsschildern herzustellen, auf denen nicht der Ver-
kehr, sondern das Leben im Allgemeinen geregelt wurde. Auf
einem der Bleche stand zu lesen, dass der Tod eine verdamm-

te Scheiße sei. Der Betrachter sollte sich sagen: In der Tat, auch das sollten wir ändern! Auch Peter Hamm hatte der utopischen Sehnsucht mächtig Wort gegeben, indem er in einer in der gelben Hanser-Reihe herausgegebenen *Kritik der Literaturkritik* dieser ihr herkömmliches, an literarischen Kriterien orientiertes Wort von oben herab verbat. Nun standen die beiden charakteristischen Propheten einer neuen Zeit im Saal, und ihre Erscheinung war in die Grenzenlosigkeit der Scharlatanerie explodiert.

Oder man nenne es die Verantwortungslosigkeit des zur Agitation begabten Literaten. Den Vogel dabei hatte schon längst Hans Magnus Enzensberger abgeschossen. Wie ein gekonnter Barmixer die gefragten Cocktails, so mischte er im *Kursbuch* die neuen »materialistischen« Essenzen. Enzensberger, wie gesagt, kein Liebhaber des Surrealismus, sah sich in anderer Ahnenreihe. Als er auf dem Höhepunkt der Pariser Mai-Revolte den im Saal des Hessischen Rundfunks Versammelten – man konnte es später im Radio verfolgen – zurief: »Schafft französische Zustände!«, da war ihm eine ungemein wirksame doppelte Anspielung gelungen: Einmal bezog sich die Aufforderung zur Revolte auf das aktuelle Pariser Vorbild. Zum anderen bezog sich das Wort selbst auf den berühmten Titel von Heinrich Heines Bericht über das Nachspiel der Revolution von 1830. Wer das hörte und nicht ganz und gar im Widerlager der konservativen Verängstigung stand, konnte nur laut nachsagen: Ja, schafft sie endlich, die französischen Zustände! Enzensberger hatte das Codewort ausgegeben.

Es wurde ihm allerdings zur gleichen Zeit entzogen. Habermas, der den seit Jahren einflussreichsten linken Schriftsteller wohl nie leiden konnte, erklärte ihn coram publico zum »zugereisten Harlekin am Hof der Scheinrevolutionäre«, seine Philippika mit folgenden Sätzen abschließend: »Der, weil er so lange unglaubwürdige Metaphern aus dem Sprachgebrauch der zwanziger Jahre für folgenlose Poeme entnehmen mußte, nun flugs zum Dichter der Revolution sich aufschwingt – aber immer noch in der Attitüde des Unverantwortlichen, der sich um die praktischen Folgen seiner auslösenden Reize nicht kümmert.«

Wie reagierte unsereiner darauf? Negativ! Nicht nur deswegen, weil die Habermassche Charakteristik nur eine Seite an Enzensbergers zweifellos opportunistisch-ironischem Temperament erfasste. Hätte dieser sich als Heine-Nachfolger gesehen, wäre das eitel, aber vollkommen gerechtfertigt gewesen: Enzensbergers Kaliber ließ schon damals in seiner lakonisch scharfsinnigen Leichtigkeit die Linie von Heine über Brecht zu ihm selbst ziehen. Was an Habermas' Attacke aber eigentlich schmerzte, war die Absage an die revolutionäre Phantasie überhaupt. Wieso durfte man sie nicht nähren, auch wenn man nicht genau wusste, worauf es hinauslaufen würde?

Was Habermas andeutete, sollte ein Jahr später, 1969, der knallharte Marxist Hans G. Helms in einer Totalabrechnung mit der linken Kulturrevolution auf den Punkt bringen. Das im Luchterhand Verlag erschienene Buch hieß *Fetisch Revolution. Marxismus und Bundesrepublik* und war die höhnischste Abrechnung eines westdeutschen orthodox-marxistischen Intellektuellen mit denen, die er wegwerfend »Linksradikale und Antiautoritäre« nannte. Hier wiederholte sich ein uralter Konflikt innerhalb der marxistischen Linken, wodurch natürlich auch der neue Anspruch, die Aktualität des Marxismus, belegt werden sollte. Es war die gleiche Polemik wie gegen das Surrealismus-Buch: anarchistisch, subjektivistisch. Drei Vorwürfe geben wieder, wie nunmehr der Riss zwischen den Achtundsechzigern selbst verlief: Bei den radikalen Antiautoritären handele es sich um die Ersetzung des objektiven Geschichtsprozesses durch subjektiven Dezisionismus; um eine elitäre Ideologie romantischer Individuen; um die strategisch verheerende Unklarheit über den Gegner – anstatt die bürgerliche Klasse zu attackieren, attackierten die Linksradikalen den Staat.

Soweit die Erinnerung nicht fehlt, las ich die Attacke mit Genugtuung. Denn sie nährte die zu diesem Zeitpunkt noch immer still gehegte Hoffnung, am revolutionären Denken irgendwie teilzuhaben, auch ohne, wie einige der nächsten Freunde, an die Notwendigkeit und Möglichkeit einer radikalen Gesellschaftsumwälzung zu glauben. Auf jeden Fall wurde einem das Unakzeptierbare der marxistischen Orthodoxie bewusst, die, nachdem sie in der Bundesrepublik aus dem öffentlichen Diskurs verschwand, an den Universitäten als Denkinhalt und kultureller Stil vielerorts bis heute verkappt überlebt hat. Dabei war die Charakteristik einer elitären linken Minderheit, die die Mehrheit verachtete, en gros nicht falsch. Aber unsereiner hatte mit Helms' proletarischer Solidarität ohnehin nichts am Hut. Das Wichtigste an seinem für den bürgerlichen Intellektuellen extrem unsympathischen Buch war die Einsicht, dass alles, was seit etwa 1966 an revolutionären Ereignissen abgelaufen war, ausschließlich auf die literarisch-journalistischen und geisteswissenschaftlichen Milieus beschränkt war und daher auch die charakteristischen Defizite dieses Milieus aufwies: seine Eitelkeit und Arroganz, seinen Opportunismus und schließlich auch seine Orthodoxie. Helms gehörte natürlich selbst in spezifischer Weise zu Achtundsechzig, und viele der sogenannten Linksradikalen lebten unter der gleichen Überzeugungsglocke, in die kein Wind von außen mehr eindrang.

Man konnte nicht genau sagen, zu welchem Typ der unheimliche Gast jenes Abendessens bei Busch gehörte: zu dem orthodoxen oder dem radikalen? Beide trafen sich in vielen psychologischen Merkmalen. Fanatismus war das grundlegende. Was Helms eindeutig erkannt hatte, war, dass die Mehrheit der Achtundsechziger – nicht zuletzt Habermas und Enzensberger – keine revolutionäre Politik machte, sondern Kulturkritik. Nicht von ungefähr waren die Marxschen Pariser Manuskripte und ihr Entfremdungsbegriff, nicht aber die eigentliche Hardcore-Ware, die im *Kapital* vorgelegte Analyse von Kapital und Arbeit, die Lieblingslektüre der kulturkritischen Mehrheit von Achtundsechzig.

Fünfte Szene

Deshalb der Sensualismus, der neue Hedonismus und die Befreiung der Sinne. Es waren ja nicht nur die gesellschaftstheoretischen Klassiker im Schwange, sondern die Texte einer psychoanalytischen Befreiung zur neuen Sinnlichkeit: Wilhelm Reich und ähnliche Autoren. Das konnte man sozusagen privat regeln, ohne Ahnung von Politik und ihrer Theorie zu haben. Wer nicht die Tage und Nächte der psychologischen und buchstäblichen Maskeraden- und Identitätswechsel gekannt hat, weiß nicht, was das Leben aufregend macht, um das bekannte Wort Talleyrands zu variieren. Achtundsechzig begann mit den Partynächten von 1964. Wahrscheinlich am frühesten in Hamburg. Hier war die kulturrevolutionäre Stimmung objektiv am stärksten vorbereitet, auch wenn es in München, wie Edgar Reitz' Film *Heimat* unvergesslich erinnert, schon um 1962 eine einschlägige Gefühlsszenerie gegeben hat, und die Filmkritik der *Süddeutschen Zeitung*, orientiert an der Nouvelle vague, sich so gab wie manche, die Roth-Händle rauchten.

Die Beatles, deren Songs für so politisch gehalten wurden, dass die Zeitschrift *konkret* sie ins Deutsche übersetzen ließ, hatten in Hamburg ihre Karriere begonnen. Ihre Melodien prägten die ausschweifenden Literatenfeste, wenn deren beherrschende Akteure noch altmodisch auf Frauenraub ausgingen. Der süßliche Song *Michelle* war das Erinnerungszeichen, die Institution Ehe reihenweise aufzukündigen. Das hatte noch nichts mit den späteren Praktiken der Kommune I zu tun, die in der sexuellen Promiskuität eine Waffe im Kampf gegen die bürgerliche Gesellschaft sah. Es war durchaus noch die traditionelle Bohemeerotik, voll von eingebildeter Leidenschaft und Abenteuer mit den schönen, meist verheirateten Frauen. Wer dafür gemacht war, hatte Affären, die oft auf diesen Partys begannen.

Was Hamburg besonders auszeichnete, war, dass hier die amerikanische Popmalerei zuerst en gros rezipiert wurde. Die trotz des Chefredakteurs Hans Zehrer noch immer in vielem liberale *Welt* hatte in New York eine Kulturkorrespondentin, die zwar nichts von Kunstkritik verstand, aber gute Beziehungen zu Andy Warhols Factory unterhielt. Was dort heute zu sehen war, wurde als schiere Themenangabe am nächsten Tag unreflektiert nach Hamburg verfrachtet, mit unkommentiert bleibenden Fotoansichten. Die ungeheure Provokation, die damals von einzelnen Motiven Warhols ausging, etwa den berühmten Suppendosen und den Kartonpyramiden, kam durch den Mangel an Erklärung ungebremst beim Leser an. Das ereignete sich zu einem Zeitpunkt, als das eigentliche Intelligenzfeuilleton, das der *FAZ*, Karl Korns Auseinandersetzung mit der klassischen Moderne anhing. In Hamburg nannten lustige Vögel das gegenüber der amerikanischen Popprovokation plötzlich altfränkisch wirkende *FAZ*-Feuilleton deshalb »Deutsch ist die Saar«, wobei ein unterschwelliger politischer Affront beabsichtigt war, da sich Korn gerade zu diesem Zeitpunkt mit dem Vorwurf antisemitischer Texte während seiner jungen Journalistenzeit der dreißiger Jahre auseinanderzusetzen hatte.

Die *Zeit* verstärkte den Hamburger Vorsprung. Was der unverschämte und brillante Filmkritiker Uwe Nettelbeck sich an medialen Informationsveränderungen ausdachte, ging wahrscheinlich der Chefredaktion von Beginn an auf die Nerven, wurde aber von cineastischen Kennern geliebt: nur noch die rubrikhaft aufgelistete Summierung zu favorisierender Filmtitel oder die Aneinanderreihung von LP-Titeln, ohne weitere Erläuterung. Auch einige Hamburger Galerien und der kunstakademische Betrieb waren dabei: Zum Zeitpunkt der frühen sechziger Jahre wirkte der junge Bazon Brock, Mitvollstrecker der deutschen Variante von Fluxus, an der Hamburger Kunstakademie. Was man von Kunstschülerinnen hörte, war ein Vorspiel zu Antonionis Epochenfilm *Blow Up*: Brock und seine Studentinnen lieferten sich, aller Kleider ledig, lustige Plumeau- und Federkissenschlachten ohne alle Anzüglichkeit: das verhinderte der pädagogische Eros des jungen

Meisters. In Hamburg schrieb auch Hubert Fichte seinen Poproman *Die Palette*. Er fiel damit aus den bisherigen avantgardistischen Schreibpraktiken heraus. Der Titel war der Name einer realexistierenden, mit Untergrundaura versehenen Bar, in der man jede Sorte wirklicher oder sich als solche ausgebender Außenseiter fand, die zum neuen Insider mutiert waren.

Wahrscheinlich war es überhaupt die Nähe zur angloamerikanischen Szene, nicht zuletzt zur Londoner, die sich selbst zum »Swinging London« erklärte. Es waren nicht bloß die Kaskaden der neuen Mode von Carnaby Street und King's Road. Wer Mitte der sechziger Jahre nach London kam, erkannte die alte Empire-Zentrale nicht mehr wieder: Fünfundzwanzig Jahre nach dem Verlust Indiens, zehn Jahre nach dem Suez-Fiasko erblickte man die Stadt in einem anderen Licht: Das Rot der Telefonhäuschen und der Busse war zum Rot einer Farbenexplosion geworden, in dem die regennassen erhabenen Fassaden selbst des viktorianisch gestimmten Regierungsviertels zwischen White Hall und St. James einen anderen Ausdruck angenommen hatten. Symbol dieser Veränderung war das Musical *Hair*. Obwohl amerikanischer Import, drückte sich in ihm auch die englische Form von revoltierender Veränderung aus, die sich von dem, was sich in Deutschland abspielte, prinzipiell unterschied. Es blieb auf eine ästhetische und psychologische Erfahrungsinnovation beschränkt, die im ästhetischen England des 16. und 18. Jahrhunderts ohnehin Vorläufer hatte. Es gab bei allen antikapitalistischen und antiimperialistischen Motiven keine wirkliche Systemkritik, zumal eine entscheidende Motivation der auf Gewalt setzenden deutschen Achtundsechziger fehlte: der Nationalsozialismus der Elterngeneration.

An einem Abend nach dem Besuch des Musicals *Hair* trat mir der Autor des zum Kultbuch avancierten Lyrikbands *Früher begann der Tag mit einer Schußwunde* in Chelsea sozusagen als Inkorporation von *Hair* leibhaftig entgegen. Er hatte schon in Frankfurt mit Ernst erklärt, er ginge jetzt nach London, um Hippie zu werden, was bedeutete: sein Leben zu ändern. Nun stand er, langhaarig in einer schimmernden Bluse, bekettet, blaurasiert, in der Tür und tadelte die Begeisterung über das amerikanische Musical: es sei zu harmlos. Und mit einer großen Gebärde wies er ins Innere der schummrig beleuchteten Wohnung: Hier sei *Hair*! Drei Fernseher warfen gleichzeitig relativ geräuschlos irgendwelche Bilder in den Raum. An der zentralen Wand hing ein schöngerahmtes Bild oder eine Fotografie, die ausschließlich die Pubes einer ansonsten nicht erkennbaren Frau abbildete. Ohne Ironie, mit dem gleichen Ernst der ersten Wiedersehensminute erklärte er: »Das ist ...«, und nannte den Namen seiner Freundin.

Was bedeutete das? Es sollte etwas bedeuten, was dem Nicht-utopiker notwendigerweise entging. Jedenfalls war es nicht nur eine mit sexuellen Allusionen spielende Provokation, wie man sie noch heute in der Berliner Paris Bar, langjähriger Treffplatz von FU-Größen, betrachten kann. Der Dichter war ein Erfinder von Utopien, die der Negierung des Todes durch Bazon Brock ähnelten. Der Dichter konnte beim Gang durch das Frankfurter Westend sagen: »Dieses Hochhaus steht nur dort da, weil ich es will.« Die Unschuld Wolf Wondratscheks als Hippie hatte großen Charme. In seinem Ernst war kein Hass im Spiel wie bei den Geistesverwandten des Frankfurter Abends. Oder wie bei dem für den kulturrevolutionären Sound einer neuen deutschen Lyrik vielleicht charakteristischsten Autor: Rolf Dieter Brinkmann, der von der amerikanischen Popliteratur um *Acid* inspiriert war, aber deren politisch obszönen Glamour in ein infernalisches Ressentiment übersetzt hatte. Er starb jung, wie nicht wenige andere seiner Generation. Damals sah man nicht die unerquickliche Seite seiner extremen Begabung, weil das Hasselement verbreitet war und als Gütemerkmal verstanden wurde.

Die Hamburger Partys, die Frankfurter Literaturlesungen in der Straßenbahn und im neuen U-Bahnhof an der Hauptwache, die Ess- und Trinkorgien bei den Verlagsempfängen hatten alle eine eigentümliche Atmosphäre unerquicklichen

Größenwahns entwickelt. Das Sich-Entledigen von bürgerlicher Sitte und Anstand wirkte hemmungslos unkontrolliert. Hier traten mit Vorliebe die Großmäuler der großen Umwälzung auf: linksradikale Verleger und Autoren, die eigentlich nicht bis drei zählen konnten, und jeder, der nicht mit von der Partie war, wurde verbal zum Abschuss freigegeben. Denn das ist ein Stigma der Achtundsechziger geblieben, insofern sie aus diesem Berufsmilieu kamen: die Verbreitung eines flächendeckenden Opportunismus. Diese ehrgeizigen Medientypen wären dreißig Jahre vorher wahrscheinlich Nazis geworden. Nicht wenige, wie sollte es auch anders sein, stammten aus Nazifamilien. Ihr Hass rechnete sozusagen mit sich selbst ab.

Dagegen waren die Aktionen der Kommune I gelungene Artefakte intellektuell und künstlerisch wacher Geister. Andererseits – und das gibt einer nachträglichen Rundumdistanzierung von Achtundsechzig das Nachsehen – war das alles epochal notwendig, entsprang nicht nur fehlgeleiteten Dezisionismen einiger Angeber. Wenn bei Ankündigungen von Frankfurter Vollversammlungen der sentimentale, zum Ohrwurm gewordene Song *L'amour est bleu* über den Campus schallte, vermischte sich Krahls puritanischer Aufruf an die Massen mit deren nächtlichen Erotika. Party war immer. Es war eine phantastische, eine aufregende und darin wunderbare Episode des 20. Jahrhunderts. Und eben auch die Gestalt, deren politischer Ernst nicht nur die Gewalt aufrief, sondern sie dann auch praktizierte und ihr den eigenen Namen gab, war auch auf den Partys zu Hause: Ulrike Meinhof.

Sechste Szene

Es ist eine früh sich verbreitende irrige Lesart von Achtundsechzig, wonach der Mordterror der Baader-Meinhof-Verschworenen eigentlich nichts zu tun habe mit der kulturrevolutionär-kulturkritischen Substanz von Achtundsechzig. Ge-

rade damit hat er zu tun! In Berlin war Baader-Meinhof-
Alarm. Das Gerücht hatte sich verbreitet, die Polizei habe
eine konspirative Wohnung entdeckt. In der Schaubühne am
Halleschen Ufer hatte Peter Stein ein russisches Revolutions-
stück ausgegraben, in dem eine junge Kommunistin, schön,
bleich und heroisch, die entscheidende Rolle spielte, sie
kämpfte im Untergrund. Bei dieser Aufführung an jenem
Nachmittag war die dichte Atmosphäre einer Solidarität unübersehbar, die nicht nur der fiktiven Heldin des Stücks galt.
Im Hörsaal der Frankfurter Universität stand mir, dem Dozenten, der neue Phänotyp gegenüber: zwei Asse des Germa-
nistischen Seminars. Es ging eigentlich um Theorie der Literaturkritik. Die beiden jungen Kommissare in der Lederjacke
wollten aber eine Art Schauprozess mit dem Dozenten veran-
stalten und mit ihm seine bürgerliche Rolle diskutieren.

In *konkret* war am gleichen Tage ein Artikel erschienen, in
dem der Dozent, Literaturblattchef der *FAZ*, als Hintermann
der Baader-Meinhof-Aktivitäten im Frankfurter Raum ent-
tarnt wurde: »Dahinter steckt immer ein kluger Kopf«. An
diesem Tage war der Hörsaal proppenvoll. Man wartete auf
eine Sensation, vielleicht auch auf die Polizei. Die Pointe des
Ganzen war, dass dem Verfechter ästhetischer Kriterien nunmehr eindeutig und nicht klammheimlich Sympathien ent-
gegenflogen, die er zurückwies: der *konkret*-Artikel sei eine
Groteske. Die beiden im schwarzen Leder beließen es gnädig
beim Konstatieren eines »Widerspruchs«, der ohnehin die
Existenz des Vorgeladenen, zwischen literaturwissenschaftli-
cher Theorie und journalistischer Praxis in einem reaktionären Organ, spalten würde. Jedenfalls hatten die beiden Anlass, großspurig den zu allem entschlossenen Jakobiner zu geben, zumal der Hörsaal mit den aufsteigenden Bänken dem
Ganzen die Atmosphäre einer revolutionären Versammlung
verlieh.

Dieser Szene war eine andere vorausgegangen, die das An-
tidot zum Jakobiner-Spielen der Studenten darstellte: Der
enttarnte Literaturblattchef hatte am gleichen Morgen vor

versammeltem Herausgebergremium Rede und Antwort zu stehen gehabt, die ominösen Behauptungen in *konkret* betreffend. Der souveräne alte Primus der *FAZ*-Herausgeber gab sich in Rede und Flair so, wie man sich einen preußischen Generalstabsoffizier der alten Schule vorstellen mochte. Er hatte nur eine knappe Frage: »Was ist da dran?«, und schob mit dem Knöchel das Journal wie angeekelt von sich. Auf die ebenso knappe Antwort »Nichts« schlug er mit der flachen Hand auf den Tisch, sah sich herausfordernd um, erhob sich, und an seine zögernden oder begriffsstutzigen Kollegen gewandt, sagte er nur: »Das war's denn, meine Herren!« Die Vernehmung war zu Ende. Kein Gerede. Keine Erklärungen. Ein Wort genügte.

Ulrike Meinhof hatte auf jenen Hamburger Partys zusammen mit ihrem Mann Klaus Rainer Röhl nicht verloren gewirkt. Vielmehr drückte sie ihre Distanz zu dem Gerede um sich herum durch konzentrierte Konversation mit einigen wenigen aus, deren Denken sie interessierte. Manchmal tanzte sie auch. Wie das oft ist bei solchen, die ihre Ideen veröffentlichen können, bedurfte es nicht der Selbstfindung in endlosen nächtlichen Diskussionen. Vielmehr ging es um Anwerbung von ähnlich Denkenden, um strategisch geführte Gespräche. Zum Höhepunkt der hedonistischen Umtriebe, an dem der von keinem theoretischen Öl gesalbte Baader in München teilnahm, gab es bei Ulrike Meinhof nicht einmal die Ahnung von dem, was kommen würde. Man kann das inzwischen genauer nachlesen. Eine Frage ist noch nicht beantwortet: Was unterschied und was verband sie mit der Kulturkritik der Achtundsechziger, sie, die ähnlich wie ihre spätere Mitverschworene Gudrun Ensslin aus einer protestantisch gläubigen Familie kam?

Natürlich ist das lutherische Motiv da. Man hat ja auch nicht von ungefähr Kleists Mordbrennererzählung *Michael Kohlhaas* als deutsches Paradigma einer absoluten Gerechtigkeit bemüht. Wenn man dazu noch die kitschige Allusion der Münchner Weißen Rose aufbietet, dann verschwindet die

Frage hoffnungslos im geistesgeschichtlich-teleologischen Rechtfertigungsargument. Kommen wir auf die deutsche, sozusagen rousseauistische, nicht voltairesche Kulturkritik zurück: Es gibt einen eigentlichen Menschen vor der Pervertierung durch die Zivilisation. Es gibt eine reinere Welt hinter dieser bösen Welt. Wir müssen sie nur wiedergewinnen. Der Kapitalismus ist die aktuellste Deformation, die furchtbarste Form der Entfremdung vom eigentlichen Menschen. Das hatten Adorno und Horkheimer gelehrt, und das hat sich bis heute als Grundinstinkt erhalten, wo deutsche Zivilisationskritik rumort.

Seiner politischen Argumente erstmals nach dem Zusammenbruch des Staatssozialismus verlustig gegangen, wachte der gleiche Instinkt nach dem 11. September 2001 wieder auf: Nunmehr ließ sich das Argument Frantz Fanons von der Ausbeutung der Dritten Welt wie ein Geschenk des Himmels neu in Anschlag bringen. Und dabei geschah, worauf es hier ankommt: Es gab durch Zeugenschaft belegte Triumphschreie deutscher Intellektueller angesichts der zusammenstürzenden Wolkenkratzer und sterbenden New Yorker. Dieser Triumph konnte sich im Nachhinein verbal und öffentlich kaum noch zügeln. Das ließe sich im Detail am Beispiel der Debatte nach dem angloamerikanischen Angriff auf den Irak erhärten. Entscheidend ist in unserem Zusammenhang: Es ist die Erbschaft der Kulturrevolutionäre von Achtundsechzig im Allgemeinen, von Ulrike Meinhof und Andreas Baader im Besonderen: die Erbschaft in eschatologischem Hass. Wenn das erklärende Moment für den Terror nach wie vor anwesend ist, dann sollte der Blick auf die blutigen siebziger Jahre nicht nur wie auf eine exotische Zone fallen. So exotisch ist sie nicht.

Am Abend vor ihrem Abschied aus Frankfurt – Baader saß inzwischen wegen des Kaufhausbrandes als Verurteilter im Berliner Gefängnis ein – rauchte Ulrike Meinhof auf dem Boden sitzend unzählige Zigaretten, deren Asche sich ausbreitete. Stundenlang. Was sie sagte, war ein zusammenhangloser

Appell an die Notwendigkeit zu »handeln«. Es wurde aus ihren Worten nicht klar, was genau damit gemeint war. Es schien, dass sie nach so unendlich vielen Reden und Gesprächen am Ende ihrer Kraft war, dass sie nicht mehr auf Details zu sprechen kommen wollte oder konnte, sondern nur noch ein »großes Ganzes« anrief. Allerdings, etwas Konkretes wollte sie: Sie wollte Kameradschaftlichkeit, ja vielleicht sogar eine Art von Komplizenschaft für das, was ihr als Handeln vorschwebte, ohne dass sie es im Einzelnen erklärte. Man habe doch, so drückte sie sich aus, eine »revolutionäre Mentalität«, wenn man bloß das »spätbürgerliche Bewusstsein« abschütteln könne. Sie begriff nicht, dass ihr Gesprächspartner bei allen Vorzügen, die sie an ihm über die Jahre der distanzierten Freundschaft ausgemacht haben mochte, kein »Kulturkritiker« war: Er hatte keine Welt hinter dieser Welt entdeckt.

Achtundsechzig waren drei Generationen. Die fünfzehnjährigen Schüler, die fünfundzwanzigjährigen Studenten und die fünfunddreißigjährigen Professoren. Die Jüngsten von damals gehen heute auf die sechzig zu. Die klassische Generation der Mittzwanziger hat das Ende ihrer beruflichen Karriere erreicht. Das Schlimmste, was man von ihrem Erbe sagen muss: Sie haben in Deutschland den letzten Rest für Form, vor allem die symbolische Form, zerstört. Dafür war der Bundeskanzler Schröder das sprechende Beispiel. Das Beste, was man von ihnen sagen kann: Sie waren keine Spießer. Und das ist, als kollektives Phänomen betrachtet, geradezu eine zivilisatorische Errungenschaft – wäre da nicht die alt und provinziell gewordene Kulturkritik: Sie erzeugt bis heute Fanatiker. Manchmal scheint das Fanatische von damals gerade dann auf, wenn Ehemalige, wie es jetzt häufig geschieht, Achtundsechzig in Grund und Boden verdammen.

Ritus und Geste

Die Begründung des Heldischen im Western

Spricht man über das Heroische im amerikanischen Western, dann bezieht man sich nicht auf Realitäten, auch nicht auf abgebildete, sondern auf imaginative Konstrukte, auf Phantasmen. Das ist offensichtlich so. Aber dann ergibt sich, dass theoretisch mehr auf dem Spiel steht: Könnte es sein, dass auch der generelle heroische Diskurs von Imagination vorbestimmt ist – ein Phantasieren über die soziale und moralische Identifikation hinaus und dass dieses Darüberhinaus die eigentliche Bedingung des Sprechens vom Helden ist? Das Darüberhinaus wäre dann nicht die Qualität von physischem und moralischem Mut, nicht der höchste Grad einer noblen Tat, sondern etwas anderes, das eigentlich erst die Attraktivität des sogenannten Heroischen erklärt beziehungsweise lange Zeit erklärte. Eine Qualifikation sollte dann von vornherein ausgeschlossen bleiben: die normative Erwartung.

Was wir wissen, ist: Helden gab es seit jeher. Aber unsere Wahrnehmung von ihnen ist geprägt von Imagination. Pointiert gesagt: Helden gibt es in Wirklichkeit nur, weil es sie vorher in der Literatur gegeben hat. Ob Achill wirklich gegen Hektor gekämpft hat, ist gleichgültig gegenüber der Gewissheit, dass der junge Alexander ein Held sein wollte, weil er Homer gelesen hatte.

Der Archetypus des Heldischen, so kann man verkürzt sagen, ist seit dem homerischen Paradigma der Zweikampf auf Tod und Leben. Sein Vollzug selbst – als Darstellung männlichen Muts und der daraus entspringenden Ehre – ist wichtiger als andere Motive, sei es die Verteidigung der bedrohten eigenen Gemeinschaft, sei es die Rache für erlittenen Verlust. Entscheidend aber bleibt das Ritual selbst jenseits psychologischer Färbungen, die bei Homer durchaus schon subtil sein können: Hektor weiß vor Beginn des Zweikampfs, dass ihn die Götter verlassen haben, aber er weiß auch, dass er trotz des drohenden Todes gegen Achill kämpfen muss.

Dieser in einer archaisch-aristokratischen Kriegerethik begründete Verhaltenskodex, der »kydos«, den René Girard charakterisierte,[1] hat seine Wirkung auf den modernen Leser keineswegs verloren. Wir lesen die Schilderung des Zusammentreffens, des Verlaufes und des Endes von Achills und Hektors tödlichem Rencontre zweifellos anders, als es Alexander tat und viele junge Männer bis Ende des Ersten Weltkriegs, die noch immer dem gleichen Kodex folgten, den wir im europäischen Westen nicht zuletzt in Folge der Anonymität des modernen Kriegs als anachronistisch aus der Zivilisationsidee gestrichen haben. Was aber ist es dann, was uns dennoch die homerische Emphatisierung des Duells empfinden lässt?

I

Sehr viel aktueller stellt sich das Problem des Konflikts zwischen dem Helden und der modernen Gesellschaft im klassischen amerikanischen Westernfilm. Inwiefern wird dieser Konflikt selbst schon thematisiert? Und inwiefern gehört eine solche Thematisierung zur ästhetischen Imagination des Rezipienten? Im Zentrum der künstlerisch bedeutenden Western steht in der Regel das Motiv des Zweikampfs, des Zweikampfs als Ritual, das sich hierin vom Duell der adligen Kulturen des 18. Jahrhunderts unterscheidet, dagegen unmittelbar an den archaischen Typus des Zweikampfs auf Tod und Leben anknüpft.

John Fords *The Man Who Shot Liberty Valance* ist wohl zu Recht als Höhepunkt und Epitaph auf den Western gesehen

---

1 René Girard, *Das Heilige und die Gewalt*, aus dem Französischen übersetzt von Elisabeth Mainberger-Ruh, Frankfurt a. M. 1992, S. 223.

worden. Nicht zuletzt deshalb, weil hier die Darstellung des historischen Vergangenheitscharakters des Western wie nirgendwo sonst vorher und nachher festgehalten worden ist. Der Film wird erzählt aus der Perspektive einer Epoche nach den stattgehabten Ereignissen. Der Erzähler, ein hochangesehener Senator (James Stewart), ist selbst der Held jener frühen Epoche, in der er den Banditen Liberty Valance erschossen haben soll. Er, der Anwalt Ransom Stoddard, repräsentiert von Beginn an das Prinzip des Gesetzes gegen das Prinzip des Colts und stößt dabei auf zwei unterschiedliche Repräsentanten des alten Rechts auf Gewalt: zum einen den mörderischen Banditen Liberty Valance (Lee Marvin), der im Sold der Besitzer großer Viehherden steht, die die Transformierung der offenen Prärie in den zu gründenden Staat verhindern wollen; zum anderen den Rancher Tom Doniphon (John Wayne), der das Greenhorn mehrfach vor der Brutalität des Banditen rettet. Die Filmerzählung verbringt einen großen Teil mit der Darstellung des zivilen Milieus in der kleinen Wildweststadt, seien es die pädagogischen Bemühungen des Advokaten, den Einwohnern Lesen und Schreiben beziehungsweise die Verfassung der USA beizubringen, sei es der politisch-aufklärerische Journalismus des Herausgebers der örtlichen Zeitung – unterschiedliche Milieutypen, nicht zuletzt der fette Sheriff, dessen komisch larmoyante Angst vor dem Banditen nichtsdestotrotz eines der Zeichen für die chaotischen Verhältnisse darstellt.

Eine ähnlich ausführliche Darstellung sozialer Typen in einer Komödienszene zeigt *Stagecoach*: Fünf extrem unterschiedliche Personen zusammen in einer Kutsche auf der gefährlichen Fahrt durchs Indianergebiet. Auch in *My Darling Clementine* und *High Noon* wird die soziale Fauna erläutert, sei es in Gestalt des sein Leben in Trunk und Wagnis verspielenden ehemaligen Arztes aus dem Osten, Doc Holliday, seien es die verschiedenen Personen der Gemeinde, die den Helden in *High Noon* im Stich lassen, sei es schließlich das in beiden Filmen benutzte Aufeinandertreffen zwischen zwei kodifizierten oppositionellen Frauentypen, der dunkelhaarigen Latino-schönheit und der blonden Ostküstenschönheit, beide konkurrierend um den gleichen Mann.

In diese Szenerien sind viele kleine sozialhistorische Informationen über Familienleben, klassische städtische Anfänge einer sich etablierenden bürgerlichen Gesellschaft nach dem Bürgerkrieg eingegeben. Das dichte Netz sozialer und historischer Bilder vor Augen, erkennen wir zugleich, dass diese nicht die Essenz des Western darstellen. Ja, es erheben sich große Zweifel, ob sie, wie dialektisch man es auch dreht, viel zum eigentlichen Fokus, dem Zweikampf und dem Heldentypus, den dieser verlangt, beitragen oder ob sie doch nur den Stoff und nicht den Geist des Western wiedergeben. Denn handelte es sich wie im Falle von *High Noon* durchweg um eine soziale Allegorie über die aktuelle amerikanische Gesellschaft, das heißt um ein politisches Lehrstück, dann verlören die beiden Agenten des heldischen Diskurses, Zweikampfritual und Held, ihren mythischen Appeal zugunsten einer sozialen Funktion. Historisch gerettet würde der Held sozusagen als Modell, sei es auf unterer Ebene als Sozialhelfer, sei es auf der obersten als Wächter des Gesetzes und Kämpfer für die Gemeinschaft. Die Lektüre der Sophokleischen *Antigone* als »moral agent«, wie es ein beliebter akademischer Trend noch immer belegt, Hegels Tragödientheorie folgend, zerstört gerade die Essenz der Antigone als tragischer Heldin der Einsamkeit. Sie übersieht, dass Antigone nicht wirklich in eine Diskussion über unterschiedliche Werte engagiert ist, sondern in eine Identifikation mit dem Tod. Das gleiche Argument gilt für den Westernhelden. Man wird sich um seiner Ästhetik, seiner imaginativen Evidenz willen von einer historisch-politischen Legitimierung trennen müssen.

Josef Früchtl hat in einer an der *Dialektik der Aufklärung* und an Max Webers Dialektik von »Selbsterhaltung durch Selbstvernichtung« orientierten Analyse die komplexe Struktur des Verhältnisses von Legende und Wahrheit der im Film erzählten Geschichte entwickelt, an die Verabschiedung des Tragödienhelden durch Hegel im Namen der Moderne anschließend.[1] Der für unsere Frage springende Punkt dabei ist kurz aufzugreifen: Unter welcher reflexiven Bedingung können wir noch einmal den »Helden« in uns auferstehen lassen? Früchtl meint: unter der Bedingung einer aufklärerischen Dekonstruktion oder »Zerstörung«. Danach löst die späte Enthüllung, dass nicht Stoddard, der linkisch-mutige Anwalt aus dem Osten, sondern Doniphon, der vereinsamende Mann des Westens, den Revolverhelden Liberty Valance erschossen hat, nicht nur die Ebene der bisher geglaubten Fakten auf, vielmehr, so das Argument, gehört dieses aufklärerische Motiv, das Duell sei ein Mord gewesen, zur eigentlich ästhetischen Rezeption selbst. Nur unter der Bedingung des geschichtsreflexiven Wissens, dass der radikale Individualismus des Westernhelden zum Scheitern verurteilt ist, lasse er sich noch einmal bewundern.

Diese Empfehlung, den Western im Sinne des Odysseus der *Dialektik der Aufklärung* zu lesen, also den Helden nur unter der Bedingung seines Untergangscharakters zuzulassen, heißt ihn zum Zeichen einer Allegorie moderner Subjekttheorie zu erheben. Das ehrt ihn ungemein, aber es verkennt den fiktional ästhetischen Status seiner Erscheinung, genauer das Faktum des Erscheinungscharakters des Helden, ganz abgesehen davon, dass die historische Differenz nur in *Liberty Valance* thematisiert worden ist, alle anderen Filme ohnehin nicht über den dialektischen Leisten geschlagen werden können. So wie man die ideologiekritisch-allegorische Funktionalisierung des homerischen Helden erkannt und zurückgewiesen hat,[2] so ist auch der Westernheld vor einer dialektischen Lektüre zu bewahren. Adornos und Horkheimers

---

1 Josef Früchtl, *Das unverschämte Ich. Eine Heldengeschichte der Moderne*, Frankfurt a. M. 2004.

2 Vgl. Walter Haugs Demontage der kulturwissenschaftlichen Exegese literarischer Texte: *Literaturwissenschaft als Kulturwissenschaft?* in: *Deutsche Vierteljahrsschrift für Literaturwissenschaft und Geistesgeschichte*, Heft 1, 1999.

spekulativ-utopisch bleibendes dialektisches Aufklärungsmodell scheitert ohnehin an einem erstaunlichen Selbstwiderspruch: Warnend vor der Unfähigkeit, »Unerhörtes zu hören« (den Sirenengesang), verwandelt es selbst das Unerhörte in das immer schon Gehörte!

Das Unerhörte im Western ist in Wahrheit die »Erscheinung« des Helden. Diese Erscheinung demonstriert nicht das Scheitern des Individualismus, sondern seine extreme Erfüllung. Hierin variiert die Figur des Westernhelden durchaus den zu Beginn zitierten archaischen Helden des Epos. Der Satz, mit dem der Zeitungsmann ablehnt, die Wahrheit statt der Legende über die Erschießung von Liberty Valance zu drucken, ist zur Erklärung für die ästhetische Etablierung des Helden in Anspruch zu nehmen. Der Satz »When the legend becomes fact, print the legend« wäre dann phänomenologisch dahingehend zu verstehen, dass der Präsenzcharakter des Helden im filmischen Bild (beziehungsweise in der epischen Metapher) sich gegen unser historisches Wissen und gegen seine tatsächliche Vergangenheit durchsetzt – jetzt und in der Realität.

II

Es ist auffällig, dass zwei der berühmtesten Beispiele des Genres, Fords *Der Mann, der Liberty Valance erschoß* sowie Hawks' *Red River* den Zweikampf sozusagen in Frage stellen. Das scheint eine Reverenz an dessen zivilisatorische Problematik zu sein. Der Film ist deshalb auch von der Kritik der siebziger Jahre partiell gefeiert worden. Aber wird das Duell als Reminder des heldischen Rituals wirklich aufgehoben? Ist dessen Ästhetik dadurch prinzipiell obsolet? Im Falle von *Red River* stellt sich das Problem im Film selbst manifest dar: Wenn am Ende des Weges der archaische Mann, der als Tom Dunson in Gestalt John Waynes zum vielleicht berühmtesten Kennzeichen des Genres wurde, zum tödlichen Duell gegen seinen jungen Konkurrenten Matt (Montgomery Clift) antritt, wird dessen Vollzug durch die Intervention einer Frau im letzten Augenblick verhindert: Diese Verhinderung setzt an die Stelle des heroischen tödlichen Ausgangs den Ausblick auf eine friedlichere Epoche, die des Ehemanns, nicht die des Helden.

Im ursprünglichen Skript von Borden Chase war der heroische Ausgang vorgesehen. Der bereits zu Tode verletzte Dunson versucht in letzter Anstrengung, den Gegenspieler zu erschießen, bricht aber vorher zusammen und wird von dem jungen Mann und dessen neuer Liebe auf seinen Wunsch hin zurück nach Texas gebracht, wo er, von ihnen gestützt, in aufrechter Haltung stirbt, bevor er vorwärts auf sein Gesicht fällt. Diese Szene wäre dem traditionellen Charakter des Western angemessener gewesen als jene, für die sich der Regisseur entschied. Ein Hawks-Biograph kommentiert: »Mit diesem Ende hat Hawks nicht nur mit den Regeln des traditionellen Western gebrochen, sondern zudem noch mit den Regeln der klassischen Tragödie.«

Dass der Western der griechischen Tragödie entweder in der Essenz des tödlich-lakonischen Geschicks beziehungsweise dem über das Leben selbst gesetzten Prinzip der Ehre verglichen werden kann, zeigt sich auch in der häufigen Analogisierung mit der Tragödie Corneilles. Corneilles Helden funktionieren, anders als die Helden Racines, noch nach einem sonoren Pflichtkodex und sind eben dadurch als heldische Existenz definiert: als Spiegel des alten französischen Feudaladels. Im Falle Racines tritt dessen Relativierung ein: Der tragische Konflikt kommt nicht mehr durch die Opposition von objektiver heroischer Pflicht und subjektiver Liebe zustande, sondern wird in den Diskurs der Liebe selbst verlegt. Wenn also der Western eher an Corneille anschließt, dann paradoxerweise an das ältere historische Modell.

Hawks' Entschluss, diesem Modell den Abschied zu geben, entsprang einem innovatorischen Einfall, nicht aber einem historisch zwingenden ästhetischen Prinzip. Denn zweifellos wäre die Darstellung des tödlichen Rituals am Ende von *Red River* von größerer Konsequenz gewesen: Die Verfolgung des einmal gesetzten Ziels, des Pakts, den der Held mit sich selbst macht, nimmt schon den Charakter eines Rituals an. Dass Dunson dabei schuldig wird, ja zum Totschläger, diese Verfehlung ließe sich durchaus noch im Sinne des aristotelischen »Fehlers« des Helden verstehen. Der Fehler nimmt diesem nichts von seiner furchtbaren Würde. Wenn Dunson zum Ritt nach Missouri aufbricht, sieht er aus wie ein Krieger. Die Andeutung einer Kritik an der imperialistischen Aggression (»Ich nehme dieses Land«) tritt hinter dem Außen der »großen Landschaft« zurück, die in Analogie zur Erscheinung des Helden selbst steht.

Ebenfalls in Anlehnung an die antike Tragödie ließe sich die Vermeidung des Zweikampfs in *Red River* dergestalt erklären, dass hierdurch, ähnlich wie am Ende von Aischylos' *Orestie*, das abgelaufene tragische Drama eine von außen aufgesetzte »historische« Läuterung erfährt: Wir erfahren, dass fortan das gerade gezeigte Ritual zugunsten eines gesetzlich geordneten städtischen Lebens verschwinden wird. Diese Information kann aber die Faszination am Ritual selbst nicht auflösen, sondern bestätigt sie eher. Die von Tragik befreite neue reale Situation schaut mit erneuter Konzentration auf die gerade vergangene ästhetische Situation zurück: Das ästhetische Rezeptionssubjekt ist wieder zum realen Zeitsubjekt geworden, um immer wieder zum Rezeptionssubjekt zurückkehren zu können.

Im Falle von *Liberty Valance* ist die dem mythischen Gehalt des Kunstwerks nur äußerliche Befreiung vom Ritual noch klarer zu erkennen: Es ist ja nicht so, dass die erste Version der Erschießung des Banditen, der in Gestalt von Lee Marvin nicht ohne Panache daherkommt, durch die zweite Version wirklich entwertet würde. Der noch immer seinen Revolver nicht richtig beherrschende junge Anwalt mag in seiner lächerlichen Küchenschürze seinen bis dahin hoffnungslosen unheroischen Status markieren. Indem er sich zum Zweikampf stellt, dem er auch entgehen könnte, wird er zum Helden im archaischen Verständnis. Dafür ist auch das Motiv von Belang, wie es für alle Duellrituale der bedeutenden Western gilt, von *My Darling Clementine* bis *High Noon*: Zwar hat der Bandit eine erneute Provokation gegenüber dem Gesetz begangen, indem er den tapferen Zeitungsmann fast totschlug und die Druckerei zertrümmerte. Aber das ist am Ende für den Anwalt nicht mehr der ausschlaggebende Grund, das Duell zu suchen. Vielmehr entsteht er in einer anderen, höheren Pflicht: der eigenen Ehre gegenüber. Denn der Villain hat ihn zum Duell gefordert.

Die Selbstreferenz des Duells, sein die sozialen Codes der modernen Gesellschaft transzendierender Gehalt, zeigt sich schon in der ersten Konfrontation zwischen Tom Doniphon und Liberty Valance. Der Anlass des Konflikts, das auf dem Boden liegende Steak, müsste eigentlich einen Komödienabschluss verlangen. Aber hier liegt eben nicht die Inszenierung eines sozialen Realismus vor. Wenn der Anwalt das Steak schließlich aufhebt und die Situation rettet, dann destruiert sein fassungslos ziviler Satz über die Unangemessenheit von Ursache und Wirkung keineswegs das, was hier auf dem Spiel stand: die förmliche Herausforderung eines notorischen Duellisten durch einen anderen. Wir denken dabei keineswegs, die Szene sei wegen ihres geringfügigen Anlasses grotesk. Wir verfolgen sie vielmehr mit auf den theatralischen Punkt gebrachter Anspannung. Das liegt daran, dass der Ehrenpunkt hier nicht als bloß formalisierter Gestus eines überholten Gesellschaftsreglements dargestellt ist, sondern als Ausdruck einer nicht hintergehbaren, unerbittlichen Emotion, die durch kein Wort, sondern nur durch eine ganz andere Handlung zu ersetzen ist.

Deshalb ist auch John Waynes Doniphon der eigentliche Held der Geschichte, dessen Begräbnis zum Anlass wird, sie noch einmal zu erzählen. Erzählform ist das Präteritum, und kein Zweifel kann bestehen über den nostalgischen Charakter des Erzählten: das endgültige Gewesensein des Helden.

Diese Information über das Mittelbare des Geschehens verhindert aber nicht die Unmittelbarkeit seiner Wirkung. Die mitgeteilte Diskussion über Wahrheit und Legende, Faktum und Illusion vollzieht sich allein auf der inhaltlichen Ebene. Wir werden über ein Problem der Zivilgesellschaft unterrichtet, das der Satz des Journalisten »When the legend becomes fact, print the legend« beschreibt. Die in Wirklichkeit zum Faktum gewordene, das heißt entmythologisierte Legende ist aber etwas ganz anderes als die Erscheinung dieser Legende im Film. In ersterem Fall gehorcht sie einer realen psychologischen Erfahrung, nämlich die lebensnotwendige Illusion nicht zu zerstören. Im zweiten Fall gehorcht sie einem ästhetischen Transformationsprozess für den Zuschauer, in dem das Gewesensein und das Andersgewesensein hinter dem heroischen Schein der fiktiven Gegenwart des Filmbildes verschwindet.[1] Die erzählte, zum Faktum gewordene Legende ist etwas vom Faktum einer ästhetischen Operation Unterschiedliches.

Wenn man diese Differenz außer Acht lässt, liest man den Film, vor allem aus der Perspektive des nostalgischen Schlusses, leicht wie eine historische Reflexion über gestern und heute, über Veränderung und historischen Progress. Man könnte dann geneigt sein, die dargetane Aktualität des Helden im Sinne von William James' 1906 veröffentlichtem Essay *The Moral Equivalent of War* als Rettung kriegerischer beziehungsweise männlicher Tugenden in einer postheroischen Gesellschaft zu verstehen. Das aber wäre ein Missverständnis. Das Duell entledigt sich im Vollzug seiner unterschiedlichen sozialen Motive und folgt einem Kanon eigener Art, der in dem Satz beschlossen ist: Tun, was ein Mann tun muss.

1 Vgl. Kurt Scheel, *Die Wahrheit der Legende*, in: *Ich & John Wayne. Lichtspiele*, Berlin 1998.

III

Lakonie ist die Kennmarke des Verhaltens des Westernhelden. Vor allem drückt sie sich im Duell aus. In ihm konzentriert sich der Held als Erscheinung. Wie erscheint nun aber der Held im Duell? Die Antwort lautet: durch die Geste des Gehens. Es ist kein Zufall, dass drei herausragende Repräsentanten des Western, John Wayne, Henry Fonda und Robert Mitchum, durch einen elaborierten, in Teilen manieristischen Stil der Bewegung markiert werden, wobei die Figur der fiktiven Person mit der des berühmten Filmstars völlig verschmilzt, Heldwerdung hier also in einem doppelten Sinne verläuft. Der Kult des modernen Stars vollzieht sich sozusagen als Genesis aus dem archaischen Modell.

Fondas Schreiten. Wahrscheinlich ist der spezifische Bewegungsgestus Henry Fondas als Westernheld am erinnerlichsten aus *Spiel mir das Lied vom Tod*, wenn es zum Showdown zwischen ihm und »Harmonika« (Charles Bronson) kommt. Zwischen beiden liegt von Beginn ihrer ersten Begegnung an ein Geheimnis, das erst im Tode des Fonda-Charakters gelöst wird – für diesen selbst und den Zuschauer. Dabei wird der vom Adversarius gesuchte Zweikampf als Vergeltung für den sadistisch-rassistischen Mord am Vater, einem Mann indianischer Herkunft, enträtselt. Die psychologische Motivation ist aber nur der aufgebauten Spannung letztes Element. Als inszenierte Erscheinung steht Fondas langsames, zeremonielles Schreiten, im Kreis der gegenseitigen Belauerung Schritt für Schritt setzend. In der manieristisch-dekadenten Stilisierung des Italowestern-Regisseurs Leone gewinnt Fondas ohnehin gemessener Gehstil ein Äußerstes an Ritualcharakter. Die Wortlosigkeit des sich umkreisenden Schreitens und gegenseitigen Beobachtens, die bessere Schussposition erwartend, wird nur durch eine charakteristischerweise zunächst unbeantwortete Frage Fondas an den unheimlichen Gegner unterbrochen: »Wer bist du?«

Man hat wegen der Stilisierung der Geste des Schreitens jenseits psychologischer Erklärung der Person – Fonda präsentiert als »Frank« einfach das Böse – auch von einer heimlichen Homoerotik des Zueinanderfindens im Duell gesprochen. Das ist allerdings eine Lesart, die am tiefer fundierten Erscheinungsmodus vorbeigeht. Das zeremonielle Schreiten, das schon charakteristisch war für Fondas Darstellung des Titelhelden in John Fords *Young Mr. Lincoln* (1939), wird das entscheidende Ausdrucksmittel in Fondas Auftritten als Marshal in *My Darling Clementine*, der das legendäre Duell zwischen Wyatt Earp und der notorischen Clanton-Family erzählt (und in vielen weiteren Filmen dargestellt worden ist). Konfrontiert mit dem Entschluss, die Ermordung seines Bruders an dem die Stadt mit seinen Söhnen terrorisierenden Outlawrancher zu rächen, wird Fondas Vorbereitung auf diese endgültige Konfrontation vollzogen in einer Serie von Gesten des Dahinschreitens, die ihren Höhepunkt findet, wenn er zum Treffpunkt des Showdown alleine auf der leeren frühmorgendlichen Straße den Gegnern entgegengeht, während seine Helfer in gedeckter Szenerie Schutz suchen, die Fonda erst unmittelbar vor dem ersten Schusswechsel wählt.

Bei allen einzelnen Farben, die das soziale Milieu der kleinen Bergwerkstadt betreffen – Kirchgang, Tanz, der fahrende Tragödienschauspieler, die eintreffende Frau aus dem Osten und schließlich der dem Trunk ergebene Outsider –, ist es doch dieser immer fortgesetzte stumme Gestus des Schreitens oder des aufrechten Stehens (ein Mittel, das schon in *Young Mr. Lincoln* grandios inszeniert ist), der Fondas Identität als Duellsucher markiert. Schon die erste Begegnung zwischen Earp und der Bande enthält die Rhetorik des Lakonismus, der langsamen Bewegung: Der Marshal ahnt, dass er die Mörder des Bruders vor sich hat, während diese wiederum den Verdacht spüren – ein langer Blickwechsel, die kurze Mitteilung Earps, dass er den Job des Marshals angenommen hat, und dann auf die halbe Frage, wer er sei, nicht die Antwortverweigerung, sondern nur die beiden Worte »Wyatt Earp«.

Sie klingen wie eine Drohung. Der Prozess auf das unvermeidliche Ziel hin wird fortgesetzt, wenn Earp in der Bar auf die ambivalente Figur des asozial gewordenen, dem Trunk und der Selbstzerstörung hingegebenen, offensichtlich lungenkranken Doc Holliday (Victor Mature) trifft, dem der Revolver locker sitzt und der glaubt, seine Umgebung brutal kommandieren zu können. Während Holliday am Ende des Saloons an der Theke stehend eine bedrohliche Ausstrahlung annimmt, geht Fonda mit langsamen Schritten durch die Länge des Raums auf den gefährlich gewordenen Outcast zu, durchaus die Möglichkeit von dessen Aggression in Kauf nehmend, obwohl er selbst keine Waffe trägt. Die Geste dieses Schreitens bekommt symbolischen Charakter: Sie zeigt Unerschütterlichkeit des Willens, Unablenkbarkeit des Mutes an. Es drängt sich der Gedanke auf, dass im symbolischen Charakter der Geste eine wesentliche Ursache des archaischen Charakters des Duellgangs liegt.[1] Die zu seinem Lakonismus gehörende Frage »Wer bist du?« gehört ebenfalls in den symbolisch-archaischen Kontext.

John Waynes Vorwärtsstürzen. In *Red River* wurde Wayne vom Regisseur daran gehindert, das Duell mit Montgomery Clift auszuführen. Das bedeutet aber nicht, dass die das Duell vorbereitende, ja zu ihm selbst schon gehörende Bewegung des finalen Gestus verschwindet: Waynes Gehbewegung stellt das Gegenteil von Fondas Schreiten dar. Es ist ein aus der Hüfte entstehender, ungestümer oder lässiger Selbstausdruck des unbekümmerten Aktionshelden. Drückt sich in Fondas Schreiten eine fast biblisch zu nennende Würde aus, dann in Waynes dynamisch schaufelnder Bewegung auf sein Ziel hin eine jedes Hindernis verachtende, wegräumende Selbstgewissheit, eine Haltung, die die christliche Moral kritisch Übermut nennt, ein Merkmal auch des germanischen Eposhelden beispielsweise im *Nibelungenlied*. Kein Mensch vor

---

1 Vgl. Jean-Claude Schmitt, *Die Logik der Gesten im europäischen Mittelalter*, Stuttgart 1992.

Wayne hat in ähnlicher Fasson des Unbekümmerten einen Saloon betreten, in dem Revolverhelden schon auf ihn warten. Das aus der Hüfte kommende Vorwärts von Waynes Bewegung ist im Falle von *Red River* markiert durch die Emotion des Hasses und der Rache. Durchweg erscheint diese Bewegung in Waynes anderen Western in einem ruhigeren Bewegungsablauf. Aber immer ist es die große Geste desjenigen, der zur Sache kommen will, des nur mit dieser Sache Beschäftigten. Eine oft überraschende Verstelltheit von Arm- und Beinhaltung der mächtigen Gestalt gibt der Geste den besonders provokativen und herausfordernden Ausdruck nicht überbietbarer körperlich-psychologischer Überlegenheit. Selbst nachdem Dunson den Armreif, den er seiner Frau schenkte, am Arm des von ihm erstochenen Indianers findet, also entdeckt, dass seine Frau tot ist, zeigt er keine emotionelle Reaktion, sondern den charakteristischen Bewegungsablauf.

Waynes Gang und Handlungen strömen Freiheit aus: Es ist die Freiheit von jeder bürgerlich-zivilen Verabredung, eben auch der normalen alltäglichen Umgangsform des Grüßens und Verabschiedens. Es ist ein permanentes Zurkenntnisnehmen einer Situation der Gefahr, die Waynes Persona in eigener Souveränität beantwortet. Es ist dieser Bewegungsgestus, der selbst dem unrecht handelnden Helden in *Red River* seine widersprüchliche Größe gibt, Größe ist hier buchstäblich zu verstehen. In solcher Expressivität liegt ein Unterschied zu Henry Fondas, aber auch Gary Coopers stummer Bewegung, in der mehr vom Stoizismus des Duellisten zum Ausdruck kommt. Diese Regel der Wayne-Helden ergänzt die herausragende, vielkommentierte Eingangs- und Ausgangsszene von *The Searchers*: Die aus dem Inneren eines Blockhauses gesehene Gestalt, einmal sich nähernd, einmal sich entfernend, stellt nichts anderes dar als den einsamen Fremden, der nicht integrierbar ist in eine nähere oder entferntere soziale Gruppe, ein Verwandter von Dunson in *Red River*, allerdings ohne das Merkmal des Zweikampfrituals.

Das laszive Gehen Mitchums. Warum nicht die Rhetorik der Bewegung bei James Stewart und Gary Cooper? In beiden Fällen handelt es sich zumeist um eine Bewegung wider die expressive Rhetorik des Duellisten. Die Linkischkeit Stewarts und die Normalität Coopers inszenieren zwar auch Gesten. Aber es sind eher solche des Understatements. Dagegen stellt die Bewegung Robert Mitchums in allen seinen Rollen, besonders wirkungsvoll aber in seinen Western, einen Höhepunkt der stummen Ausstellung von unausgesprochener Souveränität dar. Zur Souveränität bedarf es nicht des »Anderen«, jedenfalls nicht im Western. Sie ist das Apriori, das der Duellist zur Szene bringt. Im Falle von Mitchums Helden ist diese Souveränität aber von einer betonten Selbstreferenz: In seinen Bewegungen liegt eine Sinnlichkeit, ja Laszivität, die eine ironisch-zynische Note bekommt – als ob der Körper dieses Helden die ganze Destruktion der moralischen Welt schon in sich aufgenommen hätte, er alle großen Worte durchschaue.

Mitchums laszive Gesten, die nicht zuletzt auch in seiner Rolle des Beschützers und Vaters in *River of No Return* ausagiert werden, lassen sich als eine besondere Form des Westernstoizismus fassen: Ist es im Falle Fondas und Coopers wohl immer ein Stoizismus in einer jeweils bestimmten Situation, so handelt es sich bei Mitchum sozusagen um eine Abart von prinzipieller Ataraxia, um jene gleichmütige Seelenruhe, die durch nichts irgendwo und jemals überrascht werden kann. Mitchums Stil des einsamen Reiters zieht besonders auch den Typus der Frage an, wer er sei, auf die er in *Blood on the Moon* (1948) zunächst keine Antwort gibt. In *Man of the West* (1958) ist es Cooper, der die Frage »Kenne ich Sie?« mit einem Schweigen eröffnenden »Nein« quittiert. Die Schläfrigkeit der den Körper schiebenden Bewegung auf das angenommene Ziel hin ist bei Mitchum unabhängig vom Charakter dieses Zieles immer die gleiche: Ob er auf das Zelt zusteuert, worin er Marilyn Monroe in *River of No Return* findet, oder in Richtung eines potentiellen Killers in einer Kneipe in *Blood on the Moon*, nichts deutet an, was er im Augenblick denkt. Der gleichmütige Gesichtsausdruck mit den notorisch halbgeöffneten, müden Augen spricht zusätzlich dafür, dass es nichts Gutes ist, was er erwartet.

Wenn also der Stil des Gehens so entscheidend ist bei der Darstellung der Konfrontation und des endgültigen Duells, dann kommt diesem Stil über seine unmittelbare Ausdrucksqualität hinaus eine Bedeutung zu: Die Eingangsszene von *Rio Bravo* zeigt fünf Minuten lang dialogfrei ausschließlich symbolisch hochbesetzte körperliche Bewegung der verschiedenen Akteure, in deren Mittelpunkt die Point-d'honneur-Frage steht, ob der der Trunksucht verfallene Held Dude (Dean Martin) eine ihm hingeworfene Münze aufnimmt oder nicht (eine gewisse Analogie zur *Liberty Valance*-Szene, wer das Steak aufhebt). In dieser ausgesuchten, aber immer wiederholten Körperlichkeit erreicht der Westernheld die ihn vor allem auszeichnende Sphäre – er ist vom Gewöhnlichen zum Ungewöhnlichen geworden –, die Aura des mythischen Helden. Homers Schilderung des Zweikampfes zwischen Hektor und Achill brilliert in grausamen körperlichen Details. Solche Präsenz des Duellkörpers unterscheidet den Westernhelden auch vom Gangster: Ist dieser jede Sekunde auf dem Quivive, so hat jener Zeit für eine Ewigkeit.[1]

Zur sprachlosen Körperlichkeit – der Lakonismus neuerer Filme wie *Unforgiven* oder *Open Range* erreicht sogar etwas vom Stil der Dialoge des frühen Hemingway – gehört vor allem die Demonstration der Waffe: nicht nur das Ziehen des Revolvers oder das In-Anschlag-Bringen des Gewehrs, auch Varianten des Gürtelanschnallens, Entsicherns und des Zurücksteckens der Waffe. Der häufig hierfür in Anspruch genommene längere Zeitraum schafft statt der gewöhnlichen eine imaginäre Zeit. Die die Gesten begleitenden Geräusche,

---

1 Vgl. Michel Ciment, *Le crime à l'écran. Une histoire de l'Amérique*, Paris 1992; Robert Warshow, *Movie Chronicle: The Westerner*, in: Jim Kitses / Gregg Rickman (Hrsg.), *The Western Reader*, New York 1998.

ob von Metall oder Leder, intensivieren den symbolischen Raum. Die Gegenständlichkeit von Waffe, Gesten und Geräuschen repräsentiert Grenzsituationen der Gefahr und des Todes; sie produziert eine Stimmung, die in einer nur psychologisch aufgebauten Drohszene nicht entsteht, weil dort sprachlich zwischen den Gegnern vermittelt wird.

Wenn die heldische Identität des Western denn wirklich in einem von sozialer Funktion befreiten Duell und seinen Gesten liegt, dann fragt man sich am Ende, was denn letztlich hinter deren Attraktivität für den modernen Zuschauer steckt. Mit der Transzendenz des Gewöhnlichen ist ja schon die Erklärung für einen ästhetisch-ontologischen Effekt gegeben. Aber es muss eine inhaltliche Identifikation möglich sein. Lassen wir einmal den etwas wohlfeilen Hinweis auf infantile Omnipotenzgefühle beiseite. Identifikation bietet sich darin an, dass die genannten Duellcharaktere (mit Ausnahme von Fonda in *My Darling Clementine*) sehr ambivalente, moralisch problematische Helden sind. Gerade weil die Westernhelden nicht einfach als »moral agents« genommen werden können, muss für den modernen Zuschauer ein anderer Identifikationsgrund da sein, der in einer Schwäche und nicht in einer Stärke liegt. Schon der homerische Held zeigt solche Schwächen, und Siegfrieds Unattraktivität liegt in seiner Stärke. Was wäre diese Schwäche?

Die Antwort ist in der Darstellungsform selbst zu suchen: Im Duell ist der Held, in welchem Kontext er vorher auch gestanden haben mochte, völlig allein und ohne Botschaft. Diese buchstäbliche Isolation ist zwar vielfältig gebrochen zu erkennen: In *High Noon* steht die Frau dem Bedrohten im letzten Augenblick zur Seite, am Ende des Duells in *Clementine* und *Stagecoach* wird ein neues Leben in Aussicht gestellt – nicht wesentlich für das Image des Helden ist also der tödliche Ausgang. Dazu gehört auch, dass das Prinzip der Fairness beim Duell nicht strikt eingehalten wird. Auszuschließen ist der Schuss in der Rücken, obwohl selbst dieser zweimal in *River of No Return* gerechtfertigt wird. Aber es gibt doch noch andere Möglichkeiten der Vorteilsbeschaffung. In *El Dorado* wird das sogar kommentiert: Der den Gegner überraschende, seinerseits verwundete Wayne antwortet auf dessen letzten Satz, warum er ihm denn keine Chance gegeben habe: »Dazu bist du zu gut.« Der sehr amerikanische grimmige Zynismus dient dazu, die Silhouette der Männlichkeit umso stärker gegen idealistische »Verklärung« zu setzen, so wie es im Detektivtypus Humphrey Bogarts dann ikonisch geworden ist.

Vielleicht ist es kein Zufall, dass der Western seinen Höhepunkt in der Zeit des europäischen Existentialismus fand: Auch Sartres Orest kam als Fremder in eine von schwarzer Melancholie gezeichnete Stadt, in der er töten und »aufräumen« musste. Melancholie ist das Ausdruckszeichen des Westernhelden. Es war Charles Baudelaire, der diesen Typus als moderne Maskulinität zivilisationskritisch in der Figur des Dandy auf den Punkt brachte: Dass nämlich der Dandy das letzte Zeichen des Heros in der neuen Massengesellschaft sei und der Dandyismus ein so absonderliches Phänomen wie das Duell. Lieferte Sartres Emphatisierung des existentialistischen Fremden und Baudelaires Emphatisierung des Dandy nicht das Argument für die Attraktivität des Westerners als fundamental modernem Topos? Man könnte beide Varianten zurückverfolgen bis zu Machiavellis Beschreibung des virilmutigen einsamen Condottiere im *Principe*. In der Affinität, die Reinheit seines Selbst und sein Image zu bewahren und darin den letzten Grund seiner Existenz zu sehen, wie es Robert Warshow gedeutet hat, könnte wohl der Grund für das Interesse an ihm liegen, jedenfalls solange das Kriterium der Individualität noch nicht gänzlich abhandengekommen ist.

Erwägt man diese inhaltliche Erklärung für die Aktualität des Westernhelden, wird man auf die formale umso mehr zurückkommen müssen, also auf die entscheidende Wirkung von Ritual und Geste: Diese sind nämlich Erscheinungsformen im Raum, die von Kategorien der Zeit nicht relativiert werden können. Die Referenz auf den Existentialisten und den Dandy scheint den Gedanken zu fördern, der heroische

Appeal habe etwas mit Narzissmus zu tun, dem Narzissmus des Helden selbst und dem Narzissmus des Beobachters des Helden.[1] Jedenfalls sind beide der Gegentyp zum altruistischen Helden der guten Tat. Von größerem Interesse als diese interne psychologische Motivation ist aber in unserem Kontext der externe raumbezogene Aspekt, welcher die Ähnlichkeit zwischen Existentialisten, Dandy und Westerner erklärt: Ihre Reduktion auf eine irgendwie selbstbezogene Erscheinung produziert intensive Bilder jenseits der sozialen Normalität und der normativen Erwartung. Sie enthalten keine moralisch eindeutig identifizierbaren Handlungen, es sei denn eine Kühnheit, die konformistische oder konventionelle oder normative Gewohnheit überbietet. Unsere Phantasie wird von dieser Kapazität für das Riskante der heldischen Handlung mehr gefangengenommen als für das Ziel. Es gibt gute Gründe für die Schlussfolgerung, dass hierin auch die Attraktivität aller Erscheinungsformen der »sozialen« Helden liegt, bei denen das erreichte Ziel das Offensichtliche ist.

1 So Jan Philipp Reemtsma im Juni 2009 in seinem Vortrag auf der Tagung »Verdammte Helden« des Einstein Forums, Potsdam.

Eine Imagination des Bösen?

Jonathan Littells Roman *Les Bienveillantes* provozierte, als er in Frankreich 2006 und in deutscher Übersetzung 2007 erschien, extreme Reaktionen, die wiederum selbst extrem widersprüchlich waren. Zusammenfassend ließen sie sich wie folgt charakterisieren: Je stärker sie unter einer analytisch-literaturwissenschaftlichen Perspektive formuliert wurden, umso positiver fiel das Urteil aus. Je stärker unter einer politisch-journalistischen – und das war die Mehrheit –, umso vernichtender, wobei die negativen deutschen Reaktionen besonders hervorstachen. Was die politisch-journalistische Perspektive vor allem verdarb, war die Auffassung, *Die Wohlgesinnten* sei ein historischer Roman, denn sie verführte zu einer unterkomplexen, naiven Lektüre, die häufig in moralischer und geschmacklicher Empörung steckenblieb.

Vor diesem Irrtum hätte schon Littells Selbstbeschreibung als eines Ästhetikers des *Imaginären*, seine Unterscheidung zwischen *Wirklichkeit* und *Wahrheit* warnen müssen. Denn diese Kategorien beziehen sich auf eine literarische Tradition ebenjener thematischen Elemente, die Ursache der ungeheuren Provokation wurde: die theatralische Inszenierung des Massakers an Unschuldigen. Es war Georges Bataille, der erste Gewährsmann Littells, der in seinem Essay *La littérature et le mal* (1955) die griechische Tragödie als imaginative Manifestation des Bösen und das Böse als eine Manifestation des Imaginativen beschrieb. Es ist daran zu erinnern, dass Aischylos, dessen *Atriden*-Tetralogie Littell den Titel seines Roman entlehnte, Szenen von furchtbarer Grausamkeit, des Schlachtens und des Mordens, wiedergab, die gleichzeitig einer von Aischylos poetologisch lizenzierten Schönheit der Sprache entspringen, so wenn der Chor den furchtbaren Gesichten Kassandras hinsichtlich der Ermordung Agamemnons einen schönen Ausdruck zuerkennt. So auch, wenn der Chor die

Schlachtung Iphigeneias in ästhetisch evokativem Stil schildert. Künstlerisch elaborierte Form und Gewaltdarstellung stehen offenbar seit Beginn der europäischen Literatur in einem Bedingungsverhältnis.[1] Ebenso ist festzuhalten, dass Littells anderer Gewährsmann, Maurice Blanchot, in *Der Gesang der Sirenen* einen Begriff des Imaginären entwickelte, der mit der Vorstellung des »Abgrunds« spielte und der Verführungskraft, in ihm »verschwinden« zu wollen, so wie schon gut hundert Jahre zuvor Edgar Allan Poe in *The Imp of the Perverse* das Phantasma des »Perversen« aus der Abgrund-Obsession entwickelt hatte.[2]

Jedenfalls gilt für Batailles und Blanchots Idee von Literatur, dass diese von einer Aufhebung gewöhnlicher Zeit markiert ist, in sozialer, moralischer und psychologischer Hinsicht. An ihre Stelle tritt eine Zeit des »Unbekannten« und des »Unendlichen«. Wie angemessen diese Kategorien für die Literatur der klassischen Moderne von Proust bis Musil auch sein mögen, sie gelten jedenfalls keiner Form des literarischen Realismus. Littell nimmt diesen Realismus also absehbar nicht in Anspruch. Es fragt sich aber nun, inwiefern aus einer solchen theoretischen Voraussetzung eine überzeugende Praxis, aus dem intellektuellen Gesetz eines Anspruchs die Konsequenz einer überzeugenden Narratio folgte – und dies bei einer solch realgeschichtlich unser moralisches Empfinden engagierenden Thematik.

Littells imaginative Ästhetik in Reverenz zu Autoren der sadistischen Gewalt und der imaginären Entgrenzung ist für unsere Frage relevanter als die Beziehung der Romanfigur zu rechtskonservativen und faschistischen französischen Intel-

---

1 Vgl. K. H. Bohrer, *Zur ästhetischen Funktion von Gewalt-Darstellung in der griechischen Tragödie*, in: Bernd Seidensticker/Martin Vöhler (Hrsg.), *Gewalt und Ästhetik. Zur Gewalt und ihrer Darstellung in der griechischen Klassik*, Berlin/New York 2006, S. 179f.
2 Edgar Allan Poe, *Alp der Perversität*, in: ders., *Edgar Allan Poes Werke*, übersetzt von Arno Schmidt und Hans Wollschläger, Freiburg i. Br. 1967, Bd. 2, S. 833.

lektuellen der dreißiger Jahre wie Robert Brasillach, Pierre Drieu la Rochelle und Lucien Rebatet. Mag die Littellsche Ästhetik ihren Schrecken und ihr Böses sehr wohl in Theorie und Praxis der Literatur seit der griechischen Tragödie begründen können: Ihre Rechtfertigung kann nur im Darstellungsinhalt und Darstellungsverfahren bezüglich dieses Schreckens gefunden werden. Die Antwort darauf sei im Folgenden ausschließlich auf die Sprache der Tötungsakte beschränkt. Dabei ergeben sich zwei Probleme: Handelt es sich bei den minutiösen Beschreibungen des Gemetzels (vor allem in der Ukraine) um einen sogenannten »Hyperrealismus«[1], d. h. eine Transzendierung der beschriebenen Realität durch Metaphorik und Intensität der Darstellung? In diesem Falle wäre der Vorwurf der Kolportage und der reißerischen Sensationalisierung hinfällig. Doch dann entstünde das schwerwiegendere Problem: Ob denn die tatsächlich stattgehabte und nicht etwa – wie in verschiedenen Texten der Romantik und der Horrorliteratur – nur fiktive Gewalt überboten werden darf durch eine imaginative Form des Stils.

Was wir von den Details der stattgehabten Massentötungen wissen, ist als Vorstellungsbild vornehmlich durch Fotografien beteiligter Soldaten auf uns gekommen und seit der Wehrmachtsausstellung in das kollektive Bewusstsein der historisch reflektierten nationalen und internationalen Öffentlichkeit eingegangen. Und was auf solchen Fotografien erscheint, ist kein blutiges Detail eines Gemetzels, sondern es sind Genickschussszenen, Erschießungsszenen. Die entsetzlichste zweifellos, wo der Delinquent am Rande einer schon mit den Leichen gerade Erschossener bedeckten Grube stumm entsetzt mit geisterhaft aufgerissenen Augen das Todesgeschoss erwartet, das ein Soldat ihm mit einem Pistolenschuss in den Hinterkopf verabreicht, während eine Gruppe

---

1 So Pierre Nora, *Gespräch über die Geschichte und den Roman (mit Jonathan Littell)*, in: Jonathan Littell, *Die Wohlgesinnten, Marginalienband*, Berlin 2008, S. 28.

von weiteren Wehrmachtssoldaten fast gelangweilt, teilnahmslos zusieht. Das von dieser Fotografie vermittelte Grauen entspringt nicht zuletzt der Vulgarität und Empfindungslosigkeit der beteiligten Befehlsvollstrecker. Anders ausgedrückt: Das Dokument des Massenmords entbehrt jeder den Vorgang dämonisierenden, emphatisierenden oder moralisierenden Charakteristik. Der Eindruck des Entsetzlichen kommt gerade von der Belanglosigkeit, der Durchschnittlichkeit des mörderischen Dabeistehens von Soldaten, die eher wie kleinbürgerliche Hausmeister denn Kämpfer aussehen: Mörder mit der ins behäbige Gesicht geschriebenen Spießigkeit. Es ließe sich als ein perfektes Abbild der »Banalität des Bösen« bezeichnen, von der Hannah Arendt am Beispiel von Eichmanns Selbstdarstellung während des Jerusalemer Prozesses gesprochen hat. Und diesen Eindruck vermitteln durchweg alle überlieferten Bilddokumente, seien es Abbildungen von Soldaten und Opfern beim Hinrichtungsakt oder seien es nur sogenannte Schnappschüsse von KZ-Offizieren in geselligen Situationen. Unser Bild vom Massenmord des Dritten Reiches an den europäischen Juden ist durch diese Erkenntnisse über die Durchschnittlichkeit der Täter inzwischen geprägt, ergänzt durch zusätzliche zeithistorische Forschungen wie das Buch *Ganz normale Männer* von Christopher Browning.

Damit ist auch die entscheidende Ursache für die Provokation des Romans bei der Mehrheit der deutschen Literaturkritik benannt: Wie kann jemand darangehen, seine historische Erkundung des Menschheitsverbrechens mit Mitteln einer ästhetischen Zurichtung der Fakten zu entstellen? Ästhetische Zurichtung hieß durchweg bei den negativen Reaktionen: Pornographie, schwarzer Kitsch, sensationalistische Ausschlachtung des Massenmords. Nun ist die Geschichte der von Prozessen begleiteten Empörung über Pornographie ziemlich identisch mit der Geschichte der modernen Literatur: Von de Sade über Flaubert und Baudelaire bis James Joyce, Henry Miller und Jean Genet geht die Liste der Empörung der jeweiligen journalistischen Reaktion. Es handelt sich also um eine jeweils zeitversetzte ähnliche Empörung, woraus sich die Einsicht ableiten lässt, dass sich die »Empörung« jeweils der fortgeschrittensten Provokation annimmt, ohne aber jemals ein Argument präsentiert zu haben, das im Kontext künstlerischer Kriterien zugelassen werden könnte.

Zunächst ist festzustellen, dass der Vorwurf der ästhetischen Entstellung des furchtbaren Faktums schon vor sechzig Jahren gegenüber Paul Celans *Todesfuge* hätte erhoben werden können und auch erhoben worden ist. Die berühmten als Refrain wiederholten Verse: »Schwarze Milch der Frühe wir trinken sie abends / wir trinken sie mittags und morgens wir trinken sie nachts / wir trinken und trinken / wir schaufeln ein Grab in den Lüften da liegt man nicht eng« – was sind diese Verse anderes als die poetisch-imaginative Transzendierung der schaurigen Faktizität des Endes der jüdischen Opfer von Auschwitz und Treblinka? Und der Satz »Ein Mann wohnt im Haus der spielt mit den Schlangen der schreibt / der schreibt wenn es dunkelt nach Deutschland dein goldenes Haar Margarete / Dein aschenes Haar Sulamith« – was ist er anderes als eine mythologisierende Überhöhung des Täters und seiner Tat? Abgesehen von der Möglichkeit dieses Einwands, der Adornos Diktum »nach Auschwitz ein Gedicht zu schreiben, ist barbarisch«[1] nur variiert bzw. näher begründet, ist Celans *Todesfuge* in den Kanon der deutschen Nachkriegslyrik eingegangen. Das Argument der ästhetischen Entstellung des Factum brutum hat offenbar in diesem Fall nicht hinreichend gewirkt. Das gilt für Claude Lanzmanns dokumentarische Erinnerung der Shoah von 1984 ebenso wie für Rex Bloomsteins Holocaustfilm *KZ* von 2006. In beiden Fällen ist das Grauen des Tötungsaktes, vor allem das Ersticken im Gas, distanziert durch eine imaginative Darstellungsform, also eine ästhetische Entstellung. Im Falle von Bloomsteins herausragendem Projekt wird die traditionell gebotene Pietät sogar, ähnlich wie bei Littell, verlassen und überboten durch

---

1 Theodor W. Adorno, *Kulturkritik und Gesellschaft*, Frankfurt a. M. 1951.

provokative Szenen banaler Lustigkeit. Die als Werbemotto formulierte Frage »When the unimaginable has been shown a thousand times – where do you go from there?« soll auf diese Weise beantwortet werden: imaginativ.

Warum also sollte der Vorwurf der ästhetischen Entstellung im Falle von Littells *Die Wohlgesinnten* angemessener sein? Die voreilige Antwort lautet: Weil es sich um einen historisch-dokumentarischen Roman handele, jedenfalls um eine akribisch an den historisch ermittelten Fakten orientierte prosaische Darstellung des SS-Staats, seiner Ideologie und seinen Verbrechen in der Sowjetunion. Und da, so ließe sich diese Kritik ergänzen, verböte sich jede Form von Ablenkung durch über die schiere Faktizität hinausgehende Darstellungsmittel. Damit ist das zu Eingang genannte zentrale Missverständnis, das Apriori der polemischen Reaktion charakterisiert: Es handele sich bei Littells Roman eben au fond um eine massive Kolportage historischer Begebenheiten, die der Autor aus der Lektüre einschlägiger internationaler Forschung herausgepresst habe. Diese Behauptung trifft schon deshalb nicht zu, weil das Buch als die bisher wahrheitsgetreueste und detailreichste Darstellung des deutschen Mordkriegs in der Sowjetunion verstanden worden ist, also schon als ein Mehrwert an historischer Einsicht. Es wird aber unter literarhistorischer und literartheoretischer Perspektive auch erkennbar, dass hier das historische Material imaginativ transformiert worden ist:[1] Es sind nicht historische Fakten, sondern die in der ästhetischen Imagination – und Imagination heißt seit Kant immer subjektive Reflexion – aufgehobenen Fakten. Damit ist auch die populistische, wiederholt herumgereichte

---

1 Die bisher interessanteste literaturwissenschaftliche Analyse von Littells Roman als eminent literarische Textsorte ist Martin von Koppenfels' Aufsatz *Captatio malevolentiae. Infame Ich-Erzähler bei Littell und Céline*, in: *Lendemains*, Nr. 134/135, 2009. Daneben Florence Mercier-Leca, *»Die Wohlgesinnten« und die griechische Tragödie. Eine makabre Wiederaufnahme der Orestie des Aischylos*, in: Jonathan Littell, *Die Wohlgesinnten. Marginalienband*, Berlin 2008.

Behauptung, so einen SS-Mann habe es nie gegeben, irrelevant. Es geht beim Helden des Romans gar nicht ausschließlich um den Versuch eines ideologischen und psychologischen Porträts des kulturell privilegierten Täters Max Aue, wie sehr Littells Auskünfte über dessen intellektuelle Herkunft (präfaschistische Intelligenz) und Mentalität (Homosexualität, Inzest) auch zu solcher Annahme verleiten könnten. Es handelt sich vielmehr um eine extrem fiktive Figur: Sie ist ein Medium des imaginativen Begreifens nicht bloß des aberwitzigen Verbrechens, sondern auch unseres eigenen reflexiven, nicht zu Ende gekommenen Verhältnisses zu einem Verbrechen, das sich einer moralischen oder politischen Distanzierung, Reue oder einem Schuldritual nicht erschließt. Vor allem auch nicht der bloßen historischen Rekonstruktion. Die Fiktivität zeigt sich im extrem elaborierten Redestrom des Helden, dessen Bilder und Sprachgesten über das historisch Gewusste und Denkbare (Denkgewohnte, Denkerlaubte) hinausschießen.

Der schon mehrfach benutzte Begriff »imaginativ« ist kurz zu klären: Er ist hier nicht umgangssprachlich-metaphorisch verwandt, so als ob es sich eben um literarische »Phantasien« bezüglich eines bestimmten Themas handele. Imaginativ soll in der definitiven Tradition der Imaginationstheorie seit ihrer im 18. Jahrhundert erneuerten Fassung als aktive (nichtpassive) Einbildungskraft heißen, dass es sich bei Littells Sprachverfahren erstens um die Produktion von Bildern handelt, die über die Wiedergabe der geschilderten Wirklichkeit exzessiv und provokativ hinausgehen, zweitens um die solcher Produktion innewohnende Reflexivität solcher Bildvorstellungen durch ein herausgestelltes Subjekt. Ein solcher Imaginationsbegriff – der das Imaginäre als Akt und als Vorstellungsinhalt versteht – war seiner mittelalterlichen-frühneuzeitlichen Fassung noch nicht eigentümlich, geschweige seiner platonisch-aristotelischen Bindung an den Begriff der Mnemosyne. Zwar ist der platonisch-aristotelische Erinnerungsakt – also ein kritisches Kriterium zur Beurteilung des

Vorgehens Littells – schon verknüpft mit der Akzeptanz des Phantasiebegriffs. Aber dieser bleibt der Vorstellung der Wahrnehmung von Wirklichkeit eng verhaftet. Es war Hölderlin, der nach der frühromantischen Sprengung der Einheit von Phantasie und Vernunft (Friedrich Schlegels Konzept einer »Neuen Mythologie«) dem Realitätsprinzip noch einmal dadurch Auftrieb gab, als er die poetische Phantasie als Akt der »Erinnerung« fasste, nämlich die »ruhelosen Thaten in weiter Welt«[1] zu nennen, wie es in *Dichterberuf* heißt. Das war auch ein empathischer Blick zurück auf Platos *Phaidros* und dessen Evokation der Seele als Medium von imaginierten Wirklichkeitsbildern. Weder die romantisch-avantgardistische Fassung der Einbildungskraft, aber ebenso wenig ihre Kritik durch Paul de Man als ideologisierte Einheitssehnsucht[2] untersagen es, diese Kategorie noch einmal als den einzigen für literarische Texte angemessenen Wirklichkeitstest anzunehmen. Dabei ist es nicht notwendig, sich auf eine der unterschiedlichen philosophisch-literaturwissenschaftlichen Fassungen des Begriffs der »Imagination« bzw. des »Imaginären« – von Jean-Paul Sartre bis Wolfgang Iser – festzulegen, sondern diese okkasionell vorauszusetzen.

Das Imaginäre des Romans, nämlich »Abwesendes in einem Vorstellungspanorama zur Anschauung zu bringen«[3], ist schon angekündigt in der ironischen Reverenz des Titels an Aischylos' *Oresteia*, deren letzter Teil, *Die Eumeniden*, den tragischen Helden Orest aussöhnen. Dass dies eben auch in Littells Roman geschehen könnte, gehört zum Sarkasmus des nicht bloß auf die Hauptfigur, sondern auch auf den deutschen bzw. euroäischen Leser bezogenen Erlösungsmotivs: Der Schuldkult ist in seiner heimlichen Obsession, freige-

---

1 Friedrich Hölderlin, *Dichterberuf*, in: ders., *Sämtliche Werke und Briefe*, hrsg. von Michael Knaupp, München 1992, Bd. 1, S. 269 f.

2 Vgl. Jochen Schulte-Sasse, *Einbildungskraft/Imagination*, in: Karlheinz Barck (Hrsg.), *Ästhetische Grundbegriffe*, Stuttgart 2010.

3 Wolfgang Iser, *Das Fiktive und das Imaginäre. Perspektiven literarischer Anthropologie*, Frankfurt a. M. 1991, S. 292.

sprochen zu werden, ebenso illusionär wie die Leugnung oder die Verdrängung des Holocaust in seinem Ausmaß, nämlich die Verwicklung einer ganzen Generation deutscher Eliten in ihn. Inwiefern das Imaginäre in spezifischer Weise vorbereitet ist, lässt sich weiterhin an dem Tatbestand ablesen, dass Aischylos für eine andere Referenzfigur Littells, nämlich Charles Baudelaire, entscheidend wurde: In dem poetologischen Selbstkommentar des ersten Teils der *Fleurs du mal*, dem Gedicht *L'idéal*, wird Aischylos' Phantasie schrecklicher Motive als »Traum« angerufen, d. h. Aischylos' Imagination des Schreckens zum Paradigma einer neuen Poesie erklärt. Inwiefern die Baudelairesche Ästhetik des »Bösen« Littells Literaturkonzeption beeinflusste, ist ebenfalls an dem Umstand zu erkennen, dass Baudelaire in seinem Vorwort an den Leser diesen als heimlichen Komplizen in der Lust am Bösen anspricht. Allerdings ist dabei zu sehen, dass nicht mehr die romantisch-sadistische Affinität angesprochen wird, sondern das dem modernen Imaginären implizite Moment ausschweifender Phantasie. Baudelaires »Traum« des Bösen ist eine Deklaration des imaginären Prinzips, keine Suche nach dem Reiz der erotischen oder kriminellen Sensation, wie die bürgerliche Kritik ihm vorhielt. So auch bei Littell, dessen Traumdarstellungen den Roman u. a. imaginativ strukturieren. Sprechakt und Bilder Littells betreffen als imaginative Mittel in diesem Sinne vornehmlich drei Zonen der Darstellung: die Phantasmen des Massakers, der Erotik bzw. Sexualität, des Kriegs generell. An ihnen entscheidet sich der Charakter des Romans, weshalb sowohl auf die Struktur als auch die Inhalte des Roman-Ganzen hier nicht eingegangen werden soll. Es ist vielmehr nur zu verstehen, ob und inwiefern es sich um Phantasmen im definierten Sinne der Imagination und des Imaginären handelt, also nicht etwa um perverse Phantasien des Romanhelden. Sehen wir zunächst auf die Darstellung der Tötungsaktion in der Ukraine, die »große Aktion« als Paradigma des Massakers, erweitert durch die Darstellung der Tötung des alten Juden auf der Krim, als Phänomen einer symbolischen Funktion. Was es von Beginn an zu entscheiden gilt, ist die Frage nach dem sogenannten Realismus des Stils: Man ist verführt zu glauben, der erstrebten historischen, sozialen und topographischen Genauigkeit der Szenen entspräche auch der Versuch einer sozusagen fotografisch getreuen Wiedergabe der Massentötung von Babi Jar, aller geschilderten Massaker oder individuellen Morde. Das dem Roman zur Last gelegte Crimen – so jedenfalls fast unisono die Ansicht der negativen deutschen Reaktionen – ist die kalkulierte Extremität, eine abstoßende Krassheit der körperlichen Details, die man allein schon unabhängig von den Kapiteln der sexuellen Assoziation mit dem Vorwurf der »Obszönität« belegte.

Zunächst müsste unterschieden werden zwischen Extremität des Themas und Darstellungsform dieser Extremität. Littells Stil, die Darstellung der Fakten seines ungeheuerlichen Themas, ist sachlich, unexpressiv. Man könnte diesen Stil klassisch nennen.[1] Hierin allein schon liegt die Distanzierung einer auf äußere Effekte berechneten Sprache. Diese Sprache verhält sich gegenüber dem zu erzählenden Inhalt deshalb sachlich, weil sie die Extremität dieses Inhalts in seiner kognitiven, psychologischen und moralischen Dimension nicht einfach wiederholt, sondern erst allmählich zu vermessen versteht. Der Roman zeigt das nationalsozialistische Verbrechen nicht als ein inzwischen schon begriffenes Faktum, dem man sich nur noch in Sühneritualen nähern kann. Vielmehr entwirft er dieses Verbrechen als ein anhaltend zu begreifendes, ungeheures Vorkommnis in der Geschichte der modernen Zivilisation, an dem nicht nur die Entgleisten und Pervertierten, sondern die Eliten einer Bildungsnation ersten Ranges teilhatten, deren Nachkommen möglicherweise ähnliche Taten vollbracht hätten bzw. noch immer vollbringen könnten, gerieten sie nur in ähnliche Umstände heute. Und nicht bloß

---

1 Vgl. Wilfried Wiegand, *Max Aue ist ein Monstrum, aber auch ein Montaigne*, in: *FAZ* vom 29. Februar 2008.

sie, sondern, wie die Geschichte gezeigt hat, auch Willfährige der benachbarten Nationen. Die Sachlichkeit des Stils ist also nicht Mimesis eines gefühllosen, wenn auch gebildeten SS-Kriminellen, sondern Medium der politischen und philosophischen Reflexion des Autors. Damit ist die entscheidende Differenzierung genannt: Wie schon zu Beginn angesagt, ist zwischen der intellektuellen Referenz des Erzählers und der intellektuellen Referenz des Autors zu unterscheiden. Im ersten Fall sind das, abgesehen von einer spezifischen Richtung der Naziweltanschauung, präfaschistische oder rechtsintellektuelle französische Autoren wie Brasillach, Drieu la Rochelle und Rebatet, die der Held zu Anfang und im letzten Teil des Romans ausführlich erörtert. Im zweiten Fall handelt es sich um die erwähnten Theoretiker der Imagination, Bataille und Blanchot. Allerdings entstehen Überschneidungen. Nämlich dort, wo des Autors Phantasie der »Entgrenzung« sich mit der präfaschistischen Phantasie des »Absoluten« möglicherweise vermischt. Hier liegt die Achillesferse des Projekts, worüber zum Abschluss zu entscheiden ist.

Die Reflexion des Autors, also das Apriori-im-Auge-Haben einer Ungeheuerlichkeit im moralischen und philosophischen Sinne, verbietet das ausschließlich expressiv-psychologisierte Verständnis des Zeugen und Täters Aue, wie es bei Lektüre des traditionellen psychologischen Romans geschieht. Zwar werden wir ausführlich über den Werdegang Aues, den soziologisch und psychologisch atypischen eines homosexuellen Intellektuellen und französisch Erzogenen, unterrichtet. Zwar bekommen wir von Anfang an sowohl den bürokratisierten, technologisch präparierten und umgangssprachlich aufgeräumten Tonfall bzw. Jargon dieser Karrieretäter vorgeführt, und das bis zum Ende des Romans in partiell ermüdender Wiederholung. Aber es handelt sich um die informierende, nicht die eigentlich darstellende, reflektierende Stimme des Autors. Dieser weiß, wie der historisch Gebildete seit geraumer Zeit, um diesen Jargon. Doch im Unterschied zu einschlägigen soziologischen und historischen

Analysen des SS-Staats belässt er es nicht bei einer faschismus-theoretischen Identifikation. Die Nennung des Jargons fungiert als Darstellungsmoment der Tötungsserien, die den dokumentarischen Charakter verlassen und zur Essenz der Darstellung, ihrem imaginativen Charakter, übergehen. Der Jargon fungiert nämlich als konstrastierende Vorbereitung der Ungeheuerlichkeit der »großen Aktion« und der ihr ähnlichen Massentötungen: Er dient also nicht einfach einer psychologisierenden subjektiven Identifikation des Täters, sondern der Objektivierung der Aktion als nicht auszudenkendes Geschehnis oder als eines, das bisher nicht wirklich durchdacht werden konnte, weil die moralische und politische Identifikation der Täter das eben nicht leisten kann.

Die Darstellung der »großen Aktion«, die Massentötung der Juden von Babi Jar, stellt den zentralen Gehalt des Phantasmas dar. Dieses wird vorbereitet durch die Darstellung einer Kette von Massentötungen in der Ukraine. Die Tatsache, dass die ersten Beschreibungen dem Schauplatz begangener und sich vollziehender Gemetzel gelten, bei den jüdische, ukrainische oder sowjetische Täter verantwortlich sind, dient zweifellos einer Perspektive auf den Zweiten Weltkrieg als einem generellen Zivilisationsbruch. Das ist eine Perspektive, die von der deutschen Zeitgeschichtsforschung als Relativierung der deutschen Schuld inkriminiert wird. Der Romancier Littell hat eine solche Relativierung aber nicht im Auge, sondern die perspektivische Vorbereitung auf die »große Aktion«, die – auch dies wiederum eine Verletzung des historischen Common sense der Bundesrepublik – als Vorbereitung einer Darstellung des Krieges im Sinne eines Weltenchaos erscheint. In diesem Chaos fungieren die Darstellung der »großen Aktion« und die Darstellung der Schlacht um Stalingrad als Metaphern des ungeheuerlichen »Schreckens«. Die Pointe dabei ist nicht, dass die nationalsozialistisch vielseitig motivierten Täter aufgehoben werden sozusagen in einer verantwortungsfreien Zone des generellen Zusammenbruchs menschlicher Humanität. Die Darstellung des Schreckens zielt vielmehr auf die Porosität dieser Humanität, genauer auf eine unheimliche Unausdenkbarkeit ihrer Übertretung durch Menschen, die von Hause aus keine Sadisten oder Kriminelle sind. Das ist zweifellos eine anthropologische und moralpsychologische Pointe, die der politische Soziologe zurückweisen mag. Sie ist aber ein absolut zulässiges Argument des imaginativen Romangeistes, der es einmal, hierin vergleichbar den französischen Moralisten, unternimmt, herkömmliche Übereinstimmungen der moralischen Vernunft in Frage zu stellen. Zum andern aber wird die Unausdenkbarkeit als das Imaginäre thematisiert.

Deshalb – das hat als zentrale Einsicht in die Darstellung des Schreckens als Phantasma und nicht als Dokument zu gelten – tritt der Schrecken nicht mimetisch-expressiv, sondern reflexiv-symbolisch auf. Schon die ersten Erwähnungen und Beschreibungen der Exekutionen jüdischer Einwohner oder die Hinrichtung zweier kommunistischer Funktionäre entbehren jeder auskostenden Expressivität. Die erbarmungslose Aufrufung der physisch und psychisch-moralisch Ekel provozierenden Details, sei es das im Tode noch ejakulierende Glied eines Gehenkten oder die den Todesschützen ins Gesicht spritzende Hirnmasse, sind als repräsentative Gesten eines Vorgangs genannt, den unser Alltagsbewusstsein nicht aufzunehmen bereit ist und der deshalb gemeinhin »moralisch« desintegriert wird, nämlich qua ideologischer Interpretation. Bei Littell bleibt eine solche Rettung unseres humanitären Bewusstseins aus. Das steigert sich in der Darstellung der »großen Aktion«, die in solcher Wahrnehmungsintensität bisher von keinem Historiker erzählt worden ist und auch nicht erzählt werden kann. Schon deshalb nicht, weil nur Bruchstücke dokumentarischer Erinnerung existieren. Es ist vielmehr die Erinnerung eines *Autors* nötig, also die im Kontext der Imaginationstradition genannte Einbildungskraft des Erzählers. Seine Darstellung unterscheidet sich prinzipiell von der Darstellung der überlieferten Fotografien: Den Belegen der Banalität des Bösen steht der Versuch des Verstehens gegenüber. Solches Verstehen im Zuge einer Erzählung zu vollziehen ist in sich provokativ. Derlei Vorgänge, so sagt unsere politische Ethik, dürfen nicht erzählt, sondern selbst nur als warnende Mahnmale gewusst werden. Erzählung heißt im Falle der Darstellung der »großen Aktion« die allmähliche Verfertigung von Bildern des Schreckens, die sich in beispiellosen Szenen des Entsetzens intensivieren. Nunmehr bleibt der Romanheld nicht mehr ein selbst noch entsetzter Zuschauer, sondern wird erstmals aktiver Täter, wodurch die Beobachtung des Verbrechens zusätzlich perspektiviert ist: Es gibt keine Außenwelt mehr, sondern nur noch die Innenwelt des Massakers, d. h. das Vorherrschen seiner absoluten Metapher: »der Bach war schwarz von Blut«.[1] »Die Juden, von den Askaris und Orpos getrieben, schrien vor Entsetzen auf, wenn sie oben an den Rand der Schlucht kamen und die Schreckensszenerie entdeckten«[2], »stöhnten in ihrer Qual, andere dagegen verstummten vor Schreck und waren wie gelähmt, die Augen weit aufgerissen. Die Soldaten kamen und gingen, feuerten Schuss um Schuss ab, fast ohne Unterbrechung.«[3] Die Schreckensszenerie ist die Ansicht von schon Erschossenen, ihre neben- und übereinanderliegenden Leichen. Was in Celans *Todesfuge* qua lyrischer Evokation buchstäblich in einer höheren Sphäre aufgehoben ist und nur in einer solchen literarisch akzeptierbar erschien, wird hier in der niedrigsten Sphäre manifest gemacht, ebenfalls aber mit literarischen Mitteln. Was als unzulässige, weil »geschmacklose« Drastik missverstanden wurde, ist das Äußerste dieser Manifestation: »Manchmal musste man, um an die Verwundeten heranzukommen, über die Leichen gehen, das war entsetzlich glitschig, das weiße, weiche Fleisch verschob sich unter meinen Stiefeln, die trügerischen Knochen brachen unter meinen

1 Jonathan Littell, *Die Wohlgesinnten*, aus dem Französischen übersetzt von Hainer Kober, Berlin 2008, S. 183.
2 Ebd.
3 Ebd.

Schritten und ließen mich straucheln, ich versank bis zu den Knöcheln in Schlamm und Blut.«[1]

Halten wir hier ein: Die eingeführte Kategorie »absolute Metapher« soll zweierlei betonten: Erstens, dass die gewählten Bilder des Tötens und des Todes nicht unmittelbare Wiedergaben einer Realität sind, weil eine solche unbekannt und niemals vorher erzählt worden ist. Zweitens, dass ihr metaphorischer Charakter nicht gesucht ausschweifend, sondern auf das imaginativ notwendige Bild beschränkt bleibt. Wenn die Metapher als Sprechakt des Täters vollzogen wird, dann zeigt sich hier schließlich auch, dass und inwiefern wir es nicht mit einer psychologisch verstandenen Figur zu tun haben, sondern mit ihr als Medium einer reflexiven Bewegung der Imagination des Autors. Der Blick in die Grube, der im zitierten Fotodokument bloß die Tatsächlichkeit barbarischer Regression zeigt, wird in Littells Blick zu einem symbolisch-allegorischen. Ernst Jünger hat in seinem Ersten-Weltkriegs-Roman *In Stahlgewittern* (1920) das Entsetzen in den Granattrichtern mit furchtbaren Motiven von Breughel verglichen und indirekt mit diesen Trichtern auch Edgar Allan Poes Blick in den Abgrund assoziiert. Das war ein literarisch eher epigonales Verfahren, weil das Primäre, das für sich selbst sprechend sein sollte, durch ein Sekundäres, nämlich eine kulturelle Assoziation, ersetzt wird. Littells Darstellung der Mordgrube entbehrt solcher Anspielungen, ist völlig frei von ausgedrückten Hinweisen auf literarische Kontexte. Natürlich sind sie mittelbar gegeben: Dantes *Inferno*, Goyas *Desastres de la Guerra*, Flauberts *Salammbô* und Kafkas *In der Strafkolonie*, um besonders repräsentative Beispiele der Weltliteratur zu nennen, stellen Szenen ausgesuchter, ja von Sadismus geprägter Grausamkeit dar, wobei die physiologischen Details durchaus Parallelen zum Horror der »großen Aktion« zeigen: Ob es die Qualen von Dantes endgültig Verurteilten in einer letzten Unterwelt sind, die von entmenschten Wesen vorwärtsgetrie-

1 A. a. O., S. 184.

ben werden, ob es Goyas Leichenteile von Massakriertcn oder Körper von Verstümmelten sind, ob Flauberts dem Moloch geopferte Kinder in einem von Blut rotglühenden Kessel verdampfen oder ob schließlich Kafkas minutiöse Beschreibung eines pervers vollzogenen Hinrichtungsakts, dessen Autor der Delinquent selbst ist.

Ohne auf den prinzipiell anderen Realitätsgehalt dieser berühmten Imaginationen des Schreckens oder des Bösen einzugehen – er ist auch jeweils sehr different –, ist in Hinsicht auf unser Thema Folgendes festzuhalten: Solche vormodernen und modernen Phantasmen des Schreckens sind nicht zu verwechseln mit der romantischen Faszination am Bösen (de Sade, E. T. A. Hoffmann, Achim von Arnim, Heinrich von Kleist, Lautréamont). Sie sind gleichwohl Beispiele für die spezifische Obsession einer Transzendierung von Realitätserfahrung. Ohne dass Littells Roman direkte Anleihen an diese ihm wohlvertrauten Paradigmen des Schreckens gemacht hätte – die eindeutige Intertextualität betrifft, wie Florence Mercier-Leca und Martin von Koppenfels gezeigt haben, vornehmlich die griechische Tragödie und Louis-Ferdinand Célines Roman *Voyage au bout de la nuit* –, hat seine Metaphorik vor ihnen aber geistig standzuhalten: als Apparatus reflexionis. Denn der Nachweis der intertextuellen Bewusstheit eines Schriftstellers belegt zwar den literarischen Charakter seines Textes. Er beweist aber noch nicht dessen literarische Eigenart und Qualität.[1]

Die literarische Eigenart von Littells Phantasie des objektiven Bildinhalts – das Imaginäre – wird ergänzt durch die Eigenart der subjektiven Bildperspektive, die Rhetorik des Wahrnehmungsakts des Helden – die Imagination. Es ist angedeutet worden, dass sich hier Autorperspektive und Erzählperspektive mischen: Ja, zuweilen scheint sich die erste über

---

[1] Diese Differenz nicht behandelt und entschieden zu haben, ist das Defizit von Mercier-Lecas Lektüre der *Wohlgesinnten* im Kontext von Aischylos' *Eumeniden*.

die letztere zu schieben. Die Intensität des Schreckens bzw. der Abscheu und der Angst angesichts der physiologisch-psychologischen Details ist dann nicht mehr einfach der Ausdruck der psychisch-kognitiven Reaktion des Täters. Es ist vielmehr eine Größenphantasie des Autors, eine Reflexion der Größe des moralischen Skandals, eines noch unbegriffenen, vielleicht auch nicht begreifbaren, jedenfalls nicht durch soziohistorische Erklärungen der zeithistorischen Forschung in Hinsicht auf die NS–Täter. Der Autor weiß mehr als der Erzähler. Paul de Mans Auflösung der Grenze zwischen Fiktion und faktischer Autobiographie, die er in *Die Ideologie des Ästhetischen* entwickelt hat, lässt sich hier anwenden: Auch die fiktive Autobiographie geht über die reale Fiktion hinaus.

Das herausragende Beispiel für eine solche Evokation des Schreckens durch die Darstellungsperspektive ist die Beschreibung, in welcher Weise und warum der Erzählerheld eine schon tödlich verletzte junge Frau tötet, die er lieben könnte. Der Eröffnungssatz dieser Szene lautet: »Mein Blick begegnete dem eines schönen jungen Mädchens, das fast nackt war, aber sehr elegant, gefasst, die Augen voll unendlicher Traurigkeit.« Es folgt die sich vom Eros zum Thanatos steigernde Darstellung eines Exzesses: Dem »ungläubigen« Blick »aus großen, überraschten Augen« antwortet die Reaktion des Täters: »und dieser Blick setzte sich in mir fest, zerriss mir den Bauch und ließ einen Strom von Sägemehl herausrieseln, ich war eine gewöhnliche Puppe und spürte nichts, gleichzeitig empfand ich den unwiderstehlichen Drang, mich zu ihr hinabzubeugen und ihr das Gesicht aus Schweiß und Erde von der Stirn zu wischen, ihr die Wangen zu streicheln und zu versichern, dass es nicht so schlimm sei, dass alles gut werde«. Es ist aber nicht die Darstellung einer psychisch perversen Expression. Es handelt sich um das Bild des unendlichen Leids, das auch die griechische Tragödie als Emotion neben Schrecken und Pathos prägte. Das unterstellte Mitleid des Täters, psychologisch plausibilisiert durch die Reihe vorangegangener Abwehrreaktionen desselben, die

potentiell identisch sind mit dem Entsetzen der Opfer, wird
überboten durch die Objektivität des Leidausdrucks im Sinne eines Märtyrermals. Dieses Erbarmensbild ist unmittelbar
konfrontiert mit dem Bild der Tötung: »bei dem Gedanken
an dieses sinnlos verschwendete Leben« – »ihr Kopf war
längst wie eine überreife Frucht geplatzt«. Vermutlich ist der
Vorwurf der Obszönität extremen Bildern wie diesem geschuldet, hier werde auf Kosten des »guten Geschmacks« und
»psychologischen Takts« überdies gegen alle Wahrscheinlich-
keit des Verhaltens von tatsächlichen SS-Tätern auf den extremen Effekt spekuliert, um unsere unmittelbare sinnliche
Neugier zu befriedigen. Das ist der Fall bei Horror- und Por-
nofilmen.[1]

Was Littells Bildinhalte von solchen Beispielen der Obszönität grundsätzlich unterscheidet, ist nun aber, dass seine Bildperspektive eine emotionale und kognitive Distanzierung bewerkstelligt, wodurch die Suggestion des Obszönen vermieden und zu einer anderen Intensität geführt wird: der eines
unendlichen Blicks der Reflexion, deren zentrales Element
Trauer heißt. Die dem Tötungsakt sich anschließende Beschreibung seines Armes, der sich vom Täter Aue »löst« und
»sich ganz allein durch die Schlucht davonmachte, hierhin
und dorthin schießend«, ist nicht als psychologisierende Ex-
kulpation, nicht als Hinweis auf einen psychotischen Ausnahmezustand zu lesen, sondern abermals als eine objektive Bildperspektive, die das Surreal-Extreme der »großen Aktion«
darstellt. Dieses Extrem enthält eine Unheimlichkeit von eigener Größenordnung, die nicht allein in der Provokation
liegt, dass viele Angehörige der deutschen Intelligenz das

---

1 Vgl. die souveräne Diskussion des Problems durch Wilfried Wiegand,
Max Aue ist ein Monstrum, aber auch ein Montaigne, a. a. O. Außerdem:
H. R. Jauss (Hrsg.), *Die nicht mehr schönen Künste. Grenzphänomene des Äs-
thetischen*, München 1966 (»Lässt sich das Obszöne ästhetisieren?«,
S. 611 f.); (»Das Abscheuliche und Schreckliche in der Kunsttheorie
des 18. Jahrhunderts«, S. 271 ff.).

Mordprojekt akzeptiert oder es geduldet haben.[1] Dieses Extrem lässt sich erhärten im Vergleich mit einschlägigen Szenen aus Célines *Reise ans Ende der Nacht*. Es sei betont, dass Célines Perspektive des »infamen« Erzählers das Gegenteil darstellt von Littells »infamer« Erzählperspektive: Célines Perspektive ist satirisch-anarchistisch und sozialpsychologisch. Der brutale Detaillismus der Schilderung des Grauens des Ersten Weltkriegs, der Koloniekorruption, der New Yorker Abgründe und der Pariser Kleine-Leute-Misere gehorcht einer Metaphorik zwischen Fäkalien, Mord und Sexualität, um uns auch die letzte Illusion von einer Idee namens »Menschheit« auszureden. Auch die Schilderung des Kriegsgemetzels dient solcher Reduktion des Ideals: »Was den Oberst anlangt, dem wünschte ich nichts Böses. Er war indes auch tot. Zunächst sah ich ihn nicht mehr. Das kam daher, weil er durch die Explosion auf die Böschung geschleudert worden war, auf die Seite hingestreckt und in die Arme des Kavalleristen zu Fuß, des Boten, geworfen, der auch erledigt war. Sie umarmten sich, die zwei, für Zeit und Ewigkeit, aber der Kavallerist hatte keinen Kopf mehr, nur noch eine Öffnung über dem Hals, mit Blut darinnen, das gluckste und brodelte wie Eingemachtes in einem Kochtopf. Der Oberst hatte den Bauch offen, er schnitt eine abscheuliche Fratze darüber. Es hatte ihm wohl tüchtig wehgetan, als es geschehen war. Sein Schaden! Wäre er gleich nach den ersten Kugeln fortgegangen, wäre es ihm nicht passiert. All diese Fleischstücke bluteten ungeheuer.«[2] Es wird deutlich, dass der an grässlichen Bildern nicht überbietbare Detaillismus Célines sich von dem Littells darin unterscheidet, dass Sarkasmus ihn leitet: Gegenüber dem den menschlichen Körper zum Fleischstück entstellenden und hierin degradierenden Kriegsakt wird die heldische Rhe-

---

1 Vgl. Jochen Hörisch, *Nazis, Sex und Religion*, in: *Merkur*, Nr. 734, Juli 2010.

2 Louis-Ferdinand Céline, *Reise ans Ende der Nacht*, Hamburg 1958, S. 17 f.

torik zur Farce. Dabei triumphiert die Geste der Farce über den sich anbietenden Impuls des moralischen Gewissens. Und eben dieser Priorität der Metapher als Farce verdankt sich Célines grandiose Literarizität: Die schiere Nennung extremer Körperzustände ist stilistisch funktionalisiert.

Littell hingegen, der trotz Motivanleihen[1] nicht durch Célines Stil beeinflusst worden ist, sondern durch die Entgrenzungsphantasien Batailles und Imaginationsmotive Blanchots (was künstlerisch eher gegen ihn spricht), engagiert anlässlich der geschilderten Mordexzesse das Gegenteil von Célines Sarkasmus: nämlich den Overkill ekstatischer Empfindungen. Das entspricht notwendigerweise der differenten Thematik: Während Célines Metzelszenen dem anonymen inhumanen Schlachtereignis entsprechen, geht es bei Littell um eine individuelle Causa, wenngleich diese auch integriert ist in der »Notwendigkeit« des nationalsozialistischen Holocaustprojekts. Die für Littells Emphase sich zunächst negativ ausnehmende Gegenüberstellung mit Célines Sarkasmus kann also nicht das endgültige Diktum sein. Der Verdacht, hier werde schwarzer Kitsch produziert, entpuppt sich als vordergründige Reaktion. Zur festgestellten kognitiven Distanzierung kann man in der dem Sarkasmus entgegengesetzten Emphase nämlich eine gleichrangige Stilisierung der Wirklichkeit erkennen: Céline *reduziert* die Wirklichkeit zur Farce, zur Komödie, Littell *überbietet* die Wirklichkeit zur Apokalypse, zur Tragödie.

Ein weiteres, der Differenz von Autor- und Erzählerperspektive folgendes Problem ist schließlich zu benennen: Aue wird beim ersten Wahrnehmen der Massenexekution als jemand charakterisiert, den seit seiner Kindheit »der leidenschaftliche Wunsch nach dem Absoluten und nach Grenzüberschreitung«[2] getrieben habe, als jemand, der »immer bestrebt gewesen« sei, »radikal zu denken«; angesichts der ihn

---

1 Vgl. Koppenfels, a. a. O.
2 Littell, a. a. O., S. 137.

psychologisch-moralisch überfordernden Tötungsaktionen zitiert der zögernde, unsichere Täter affirmativ Kategorien des kulturellen Avantgardismus wie den »Abgrund« und das »Absolute«, selbst unter der Bedingung, dass es das »absolut Schlechte«[1] impliziere. Diese im Roman mehrfach wiederholte Applikation von Idealen der kulturrevolutionären Moderne auf die faschistische Ideologie des Helden – weitere Kategorien sind die des »Notwendigen«, des »Reinen« und des »Neuen« – haben zweifellos eine gewisse Nähe zur Ästhetik des Autors selbst, also zu den von Bataille oder Blanchot emphatisierten mentalen Zuständen der Intensität und der Entgrenzung. Nicht von ungefähr hat man beiden Denkern, die vom Surrealismus her kommen, eine gefährliche Denknähe zum intellektuellen Präfaschismus vorgeworfen, ebenso wie formale Ideale der russischen Avantgarde mit dem Totalitären von Stalins Regime verglichen worden sind.[2]

Insofern es Littells Absicht ist, seines Helden intellektuelle Perversion ernst zu nehmen und zu zeigen, dass das, was in den Künsten kreativ-innovatorisch wirkte, in der Politik ins Kriminelle umschlägt, gehört das zur ideen- und ideologiegeschichtlichen Erkundung des Nationalsozialismus, zu den selbst von scharfen Kritikern anerkannten Faschismus-analytischen Elementen des Romans. Aues von Littell diktierte Deutung des Krieges klingt uns zynisch, will aber das Gegenteil sein: Entgegen der traditionellen Auffassung des Krieges sagt Aue nach der Erschießung des jungen Mädchens: »Seit den Anfängen der menschlichen Geschichte war der Krieg stets als das größte aller Übel wahrgenommen worden. Doch wir, wir hatten etwas erfunden, neben dem der Krieg richtig und rein erschien, etwas, dem schon jetzt viele dadurch zu entgehen suchten, dass sie sich in die elementaren Sicherheiten von Krieg und Front flüchteten. Selbst die wahnwitzigen Schlächtereien des Ersten Weltkriegs, die unsere Väter und

1 A. a. O., S. 138.
2 Vgl. Boris Groys, *Gesamtkunstwerk Stalin*, München 1988.

einige unserer älteren Offiziere miterlebt hatten, erschienen fast sauber und gerecht gegenüber dem, was wir in die Welt gebracht hatten. Ich fand das außerordentlich.«[1]

Es ist in der Tat sehr zweifelhaft, ob irgendein führender oder untergeordneter Offizier der Waffen-SS derlei geschichtsphilosophischer Spekulation angehangen hat. Dennoch gehorchen diese Sätze der Stilisierung des Krieges zu einer Kategorie des »Neuen« sowohl aus ideologiekritischer Perspektive der Logik faschistischen Denkens, als sie auch der historischen Erkenntnis folgen, wonach der Nationalsozialismus aus der Emphatisierung des Ersten Weltkriegs als einer Massenschlachtung entscheidende suggestive Impulse gewann, nicht zuletzt die Kombination von heroischem Opferkult und barbarischer Inhumanität. Es gibt allerdings auch hier die transhistorische Identifikation. Aues Phraseologie zur »Notwendigkeit« der Tötungen ist vergleichbar der materialistischen Blutmetaphorik, die Georg Büchner seinem St. Just in *Dantons Tod* in den Mund gelegt hat, ohne im Unterschied zu anderen Revolutionsreden sich unmittelbar auf historische Quellen zu stützen. Die molochistischen Bilder sind ausschließlich imaginative Erfindungen Büchners. In beiden Fällen – dem tödlichen Purismus Aues und dem tödlichen Molochismus St. Justs – übersteigt der Affront gegen die moralische Norm die Charakteristik des stattfindenden Verbrechens aus politischen Motiven und gewinnt das Pathos des furchtbaren Imaginären, das sich eben nicht mit Hinweis auf die Perversion einer Idee oder eines Täters rationalisieren lässt. Die verschiedenen Elemente der politischen Rede Aues sind also abermals von den emphatischen Bildinhalten einer Imagination des Schreckens prinzipiell zu unterscheiden. Sollte diese Unterscheidung nicht möglich sein, dann wären *Die Wohlgesinnten* tatsächlich einerseits der psychologische Erziehungsroman über einen SS-Täter mit akademischer und literarischer Bildung, andererseits eine Theorie des Faschis-

---

1 Littell, a.a.O., S. 187.

mus im Kontext der Avantgarden des 20. Jahrhunderts. Aber sie sind, wie wir gesehen haben, in Folge der vom Autor gesteuerten Imagination des Bösen noch etwas anderes. Die historisch-ideologische Erklärung reicht nicht aus, und eine psychologische noch weniger.

Wir haben festgestellt, dass die Perspektive des Erzählerhelden von der Perspektive des Autors durchbrochen wird, insofern die Metaphorik des Schreckens nicht einfach der perversen Assoziation des Täterhelden entspringt, sondern einer vom Autor gesetzten Imagination des Leids und der Trauer. Das klingt angesichts der Gewöhnlichkeit, Vulgarität und Banalität der Mehrheit des geschilderten SS- und Wehrmachtspersonals wie die Zumutung der Inanspruchnahme des »benefit of the doubt«. Die in diesem Sinne moralisch überanstrengte Zumutung ist die Erzählung vom Hergang der Tötung des alten Juden im Kaukasus. Überanstrengt deshalb, weil hier der Tötungsakt im Unterschied zur Erschießung des »schönen jungen Mädchens« den Getöteten von Beginn an in die Sphäre des Erhabenen und Wunderbaren transzendiert. Die Erzählung vom altgriechisch sprechenden kaukasischen Juden, der einen ebenfalls altgriechisch sprechenden Henker zur eigenen Grabstätte führt, evoziert die Schönheit der Gebirgslandschaft, die Henker und Opfer gemeinsam betrachten, evoziert die Schönheit der bestimmten, ausgewählten Stelle des Grabes als quasi mythischen Ort und evoziert einen furchtbaren und erhabenen Tod, der über seinen Henker triumphiert. Abermals schiebt sich in die scheinbar realistisch-psychologische Erzählung des Täterhelden die imaginative Perspektive des Autors, wodurch der stattgehabte Hergang der Ermordung zum Märchen transformiert wird. Das wäre ein moralisch-ästhetischer Skandal, würde uns hier solch eine Wahrnehmung als »Sensibilität« des Mörders zugemutet. Aber das ist nicht der Fall! Wir lesen abermals eine Intervention eines objektiven imaginativen Bildes, wodurch das Grässliche des Täters, ähnlich wie in der *Todesfuge*, zur Schönheit des Opfers verwandelt ist.

Hier nun ist auch der phantasmagorische Charakter des ganzen Romans in Rechnung zu stellen, auf den näher einzugehen nicht die Absicht ist. Nur seine perspektivische Funktion ist im Kontext der Imagination des Massakers und von Einzeltötungen kurz zu berühren. Die phantasmagorisch-phantastische Darstellungsweise nimmt im Laufe der Schilderung sowohl der Hinrichtungen wie auch des Schlachtgeschehens zu. Wenn der Held die Anblicksszene des »schönen jungen Mädchens«, das er selbst erschießt, wiederholt in der Darstellung der Leiche eines gehenkten jungen Mädchens mit »einem klaren, leuchtenden Blick« findet, dann schlägt die Wahrnehmung der provozierenden Details des Erzählers um zur Imago des Autors: zur »Meduse«, »unsagbar schön, im Tode zu Hause wie eine Madonnenstatue, Notre Dame-de-neige«. Wenn der Held nach dem realistisch geschilderten Gemetzel von Stalingrad, dessen furchtbare Details *nicht* die imaginative Transformierung der Details der Massenhinrichtungen erfahren, schließlich seine wunderbare Reise nach dem Ende der Welt antritt, dann hat der Roman längst die Form einer phantastischen Erzählung der romantischen Tradition angenommen: Unmerklich ist der Realismus der Stalingrad-Erzählung des Helden übergegangen in die phantasmagorische des Autors, auch wenn rein romantechnisch diese Phantasmagorie als Halluzinationen des von seinen Traumata – sprich *Erinnyen* – verfolgten Aue-Orestes verstanden werden kann, zumal die interne Korrespondenz mit der Aischylos-Tragödie nunmehr stärker ins Blickfeld gerückt ist. Die schließlich im vorletzten Kapitel des Romans (»Air«) erzählten sexuellen Obsessionen des Helden, die sich von Beginn an in wilden Träumen und phantastischen Vorstellungen äußern und sich zur Erzählung eines einzigen tagtraumartigen obszönen Phantasmas steigern, sind durch eine psychologische Erläuterung nicht erklärt: Der Held wurde nicht zum Mörder, weil er pervers ist. Wir haben es vielmehr mit imaginierten Konstruktionen des Autors zu tun, denen Pierre Nora im *Marginalienband* zu Recht »Augenblicke von seltener

Schönheit«[1] zuschreibt. Eine solche Charakteristik ist deshalb möglich, weil die angesprochenen Situationen keine Psychogramme darstellen, sondern Szenerien des Imaginären. Aus diesem Befund bezüglich einer autonom gewordenen Metaphorik und einer Objektivierung der phantastischen Perspektive durch den Autor ergibt sich, dass zunächst faktisch angebotene, dann imaginativ überbotene Realien nicht herkömmlicher Sinndeutung zugeführt sind.

Wenn es so etwas gibt wie die alle geschilderten Fakten und Ereignisse überbietende Deutung des geschilderten Grauens, dann ist es eine der Melancholie, gebrochen durch die Evokation des surreal Phantastischen und Grotesken. Die Melancholie wäre das letzte Produkt der »imaginativen Sympathie«, von der Littell selbst im Dialog mit Pierre Nora gesprochen hat. Diese Melancholie konnte nicht dem realistisch informativen Element des Romans entspringen, sondern seinem imaginativen. Man kann für Littells apokalyptische Perspektive auch den Begriff des »taedium vitae«, eine seinen Träger vernichtende Melancholie, einsetzen, eine Form des imaginativen Phantasmas, der Giorgio Agamben nachging.[2] Das ungeheure Wuchern der Phantasie entspringt nach Einsicht patristischer Literatur dem »Mittagsdämon«. »Sobald dieser Dämon den Geist eines Unglücklichen in Besitz genommen hat, erzeugt er in ihm Abscheu vor dem Ort seines Aufenthalts.«[3] Der von Agamben nach Johannes Cassianus' *De institutis coenobiorum* zitierte Satz könnte zum Motto von Littells Roman gewählt werden. Dennoch: Zwischen einer subjektiven Stimme (Ich-Erzähler) und einer objektiven Stimme (Autor) zu unterscheiden und daraus das Argument für den imaginativen Charakter des »Bösen« zu gewinnen, bleibt eine Herausforderung. Es ist deshalb hilfreich, diese Unterschei-

---

1 Vgl. Pierre Nora, *Im Gespräch mit Littell. Marginalienband*, a. a. O., S. 44.
2 Giorgio Agamben, *Stanzen. Das Wort und das Phantasma in der abendländischen Kultur*, Zürich 2005, S. 24.
3 Ebd.

dung noch einmal an drei klassischen Beispielen zu verifizieren: Nietzsche hat in *Die Geburt der Tragödie* im Anschluss an Schiller zwischen realistischem und »ästhetischem« Zuschauer der Tragödie unterschieden[1], nämlich dass erst Letzterer den tragischen Mythos überhaupt wahrnehme, der nicht in den realistisch geschilderten Fakten des Tragödienablaufs bestände. Baudelaire sagte in seinem Aufsatz über Werk und Leben Delacroix' über die grauenhaften Motive von dessen Malerei, sie seien über jede moralische Perspektive hinaus ein »furchtbare(r) Hymnus zu Ehren des unentrinnbaren Schicksals und des unheilbaren Schmerzes«[2], darauf verweisend, dass diese Malerei nur aus »Verwüstung, Gemetzel, Feuersbrünsten« bestünde. Sie stellte ein Zeugnis dar von der »ewigen und unverbesserlichen Barbarei des Menschen«. Nicht jede malerische Darstellung von Krieg und Gemetzel ließe sich so charakterisieren. Rubens' allegorisches Bild *Die Folgen des Krieges* enthalten die eindeutige Botschaft, dass der Krieg einen furchtbaren Zivilisationsbruch darstellt, der zu verhindern wäre. Dass vor allem die Maler der Renaissance und des Barock gleichwohl qua Kriegsthematik ein für sie entscheidendes ästhetisches Prinzip, nämlich das der heftigen Bewegung, verfolgten, ist im Zusammenhang von Delacroix' Stil festzuhalten.

Schiller, der unverdächtige Kronzeuge Nietzsches für das Imaginative der Tragödienanschauung, hat in *Gedanken über den Gebrauch des Gemeinen und Niedrigen in der Kunst* für die ästhetische Lizenz der Darstellung des gemeinen »Bösen« sogar die Formel gefunden, die unser Problem noch unmittelbarer erklärt: Das Niedrige im Schrecken könne durchaus dargestellt werden, müsse aber »ins Furchtbare übergehn«,

---

1 Friedrich Nietzsche, *Sämtliche Werke in 15 Bänden*, hrsg. von G. Colli und M. Montinari, München/Berlin/New York 1967–71, Bd. 1, S. 141; 145.

2 Charles Baudelaire, *Sämtliche Werke/Briefe in 8 Bänden*, hrsg. von Friedhelm Kemp und Claude Pichois, in Zusammenarbeit mit Wolfgang Dorst, München 1992, Bd. 7, S. 289.

um die »augenblickliche Beleidigung des Geschmacks« durch
die »starke Beschäftigung des Affekts« auszugleichen und um
von einer »höheren tragischen Wirkung gleichsam verschlun-
gen«[1] zu werden. So kann man auch unser aktuelles Paradigma erklären: das Über-sich-Hinausschießen des Grauens
stellt eine neue imaginative Perspektive her, durch welche
dieses Grauen das Pathos von unerlösbarem Leid und nicht
aufzuklärender Dunkelheit bekommt.

Es ist – und das ist unstrittig – Littells Auffassung der europäischen Geschichte, die ihm den melancholischen Diskurs
eingab. Aber: Seine Erforschung der deutschen Vernichtung
der europäischen Juden – und das ist das Umstrittene – folgt
nicht einer historisch-soziologischen Erkenntnis. Diese Erforschung wird nicht einer Causa abgeleitet, sondern als Phänomen entfaltet und ausphantasiert. Eine aufklärerische
Schule der Sozial- und Kulturwissenschaften, ja jede historische Diagnostik wird dies ein »reaktionäres« Verfahren nennen, weil hier das politisch Böse verunklärt werde. Das ist
in diesem Fall aber kein zureichendes Argument, da es sich,
wie hinreichend geklärt, nicht um einen historischen Roman
handelt, sondern um einen literarischen Text, auf historischen Dokumenten fußend. (Ganz abgesehen von der Differenz der Textsorte ließen sich eminente Literaturwerke der
Moderne – beginnend mit Edgar Allan Poe über Baudelaire
bis zum Absurden Theater – als »reaktionär« bezeichnen,
ohne dass damit etwas wirklich Relevantes ausgesagt wäre.)
Das zwingt zu einer abschließenden Antwort auf die Frage, ob
und inwiefern es sich bei Littells Roman um eine »Ästhetik
des Bösen« handelt, insofern man die Kategorie richtig versteht und damit nicht eine Ästhetisierung des politischen
Verbrechens meint. Die Kategorie des »Bösen« ist au fond ein
der Ethik zugehöriges Wort und hat eine lange theologische
Begriffsgeschichte. Sie bekam seit einiger Zeit vor allem in

---

1 Friedrich Schiller, *Sämtliche Werke*, hrsg. von G. Fricke und U. H. G.
Göpfert, München 1975, Bd. 5, S. 540.

der politischen Philosophie eine besondere Aktualität[1], zweifellos durch die neuen rassistisch-politisch motivierten Verbrechen gegenüber ganzen Ethnien und Religionen. Wahrscheinlich würde der politische Philosoph das Littellsche Verfahren positiv oder negativ als eine Ästhetik des Bösen oder des Schreckens bezeichnen und dabei nichts anderes im Auge haben als die Identifizierung von politischer Kriminalität und Intellektualität.[2]

Nun hat sich aber das Böse andererseits auch unter die Begriffe des Ästhetischen eingereiht, und das nicht erst seit Baudelaires programmatischem Titel *Fleurs du mal.*[3] Die Verbindung der Wörter »Ästhetik« und »das Böse« bzw. »der Schrecken« ist seit der Erhabenheitsästhetik des ausgehenden 18. Jahrhunderts, ja seit den zu Eingang angeführten Schreckensmotiven der griechischen Tragödie nicht fundiert in der Erkenntnis des intellektuellen Charakters des politischen Verbrechens, sondern in der Wahrnehmung einer durch Schrecken intensivierten Schönheit, was in den berühmten Worten Rilkes aus der *Ersten Duineser Elegie* seine klassisch moderne Formel fand: »Denn das Schöne ist nichts / als des Schrecklichen Anfang.« Es ist aber zu betonten, dass die im 18. Jahrhundert gefasste Idee von einem ästhetisch Bösen in der deutschen Tradition – im Unterschied zur französischen – nur über eine moralisch-philosophische Funktion legitimiert wurde.[4] Noch 1830 sprach Hegel dem Bösen eine ästhetische Qualität ab und kritisierte von daher die romantische Phanta-

---

1 Vgl. Susan Neiman, *Evil in Modern Thought. An Alternative History of Philosophy*, Princeton 2002.

2 In diesem Sinne hat der Frankfurter Rechtsphilosoph Klaus Lüderssen seine Lektüre von Littells Roman als eine »Ästhetik des Schreckens« gefasst: *Das Furchtbare erkennen* (*FAZ*, 31. Dezember 2008).

3 Vgl. K. H. Bohrer, *Das Böse – eine ästhetische Kategorie?* in: ders., *Imaginationen des Bösen*, München 2004, S. 19–32.

4 Jauss (Hrsg.), *Die nicht mehr schönen Künste*, a. a. O., S. 643 f. (Diskussionsbeiträge zu *Grenzphänomene des Ästhetischen in der fortgeschrittenen Neuzeit*).

sie.[1] Und diese Moralisierung der Kunst bestimmte ihre deutsche Diskussion bis in unsere Tage.[2]

Was sagt uns das über die Anwendung auf Littells Roman? Wir haben die beiden Begriffe, das »Imaginäre« und das »Böse«, die, wie wir sahen, in unmittelbarem Zusammenhang stehen, auf *Die Wohlgesinnten* anzuwenden. Da die bloß metaphorisch benutzte Verwendung des politischen Philosophen nicht in Frage kommt, bietet sich nur die ästhetiktheoretische an. Würde dies die Auffassung implizieren, dass die analysierten Grauensbilder des politischen Verbrechens irgendwie und irgendwo einer Schönheit entsprängen oder entspringen sollten? Offensichtlich nicht. Es war auch nicht das Ergebnis der Erörterung des Bildangebots, dass dieses ästhetisch im Sinne von »schön« sei, sondern dass es als Imaginäres die Imagination anregt und hierdurch eine tiefere Kontemplation, und zwar im Modus der Melancholie. Das gilt aber mehr oder weniger für alle sogenannten ästhetischen Evokationen böser Gehalte (seien es Menschen oder Taten), wie die Beispiele von Baudelaire und des »Traums« seines Gewährsmanns Aischylos gezeigt haben. Das dargestellte Böse stellt keinen identifikatorischen Akt her, sondern es provoziert die Phantasie zu einer unendlichen Kette von Vorstellungsbildern. Das Böse wird nicht ästhetisch attraktiv gemacht, sondern es wird imaginativ instrumentalisiert. Selbst eindeutige voyeuristische Lust am Schrecken – die schon antike Formel hierfür lautet »Schiffsuntergang mit Zuschauern« – meint keinen amoralischen Reizgewinn auf Kosten anderer, sondern die Ekstasis des Vorstellungsvermögens. Die Prominenz von Schlachtdarstellungen in Literatur und Malerei sind ein konventionellerer Beleg dafür. Dasselbe gilt für den bösen Theaterhelden à la Richard III. oder Eposhelden wie

---

1 G. W. F. Hegel, *Vorlesungen über die Ästhetik*, in: ders., *Werke in 20 Bänden*, hrsg. von E. Moldenhauer und K. M. Michel, Frankfurt a. M. 1986, Bd. 13, S. 288 f.

2 K. H. Bohrer, *Die permanente Theodizee. Über das verfehlte Böse im deutschen Bewusstsein*, in: ders., *Imaginationen des Bösen*, a. a. O., S. 33–62.

Miltons Satan: Ihr Böses enthält so viel ethisch attraktive Elemente, etwa Mut und Intelligenz, so dass die von ihm ausgehende Faszination keinem inhaltlich Bösen gilt, sondern abermals der Kapazität, Imaginationen auszulösen. Andererseits ist festzuhalten, dass der Charakter der »Imagination«, ausgelöst von bösen Inhalten, nicht mehr jene innere Distanz impliziert, durch die seit Kants ästhetischer »Urteilskraft« grässliche Themen der Kunst rezeptionsästhetisch lizenziert worden sind. Das Reflexionspotential der Imagination und des Imaginären ist also nicht mehr über eine Souveränität des Subjekts und seines Selbstgenusses zu begründen, sondern muss in das böse Thema selbst verlegt werden[1], d. h., es lässt sich nicht mehr normativ funktionalisieren. Daraus folgt, dass das Imaginäre für unsere Frage wichtiger wird als die Imagination, verstanden mehr im Sinne von Deleuze[2] denn im Sinne von Jean-Paul Sartres Begriff des Imaginären. Im Falle von Littells Roman wiegt das böse Thema so unendlich schwerer, dass es der Einsicht, es handelte sich auch um ein imaginatives Verfahren, zweifellos im Wege steht. Nichtsdestotrotz ist dies der Fall.

Nur dann, wenn man also die semantische Aktivierung des Bösen nicht als ästhetische Reizproduktion missversteht, sondern als Intensivierung unseres Vorstellungsvermögens, kann man Littells Roman eine Darstellung des Bösen, eine Imagination des Bösen nennen, die insofern ästhetisch ist, als ihr keine pragmatisch-moralische Nutzanwendung, sondern eine phantasmagorische entspringt. Die phantasmagorische Narratio des Romans als Ganzes bestätigt ein solches Urteil.

---

1 Vgl. Hans Blumenberg, Diskussionsbeitrag in: *Grenzphänomene des Ästhetischen*, a. a. O., S. 647.
2 Gilles Deleuze, *Logik des Sinns*, Frankfurt a. M. 1993, S. 314 f.

Nachweise

Was heißt unabhängig denken? (Vortrag an der Universität für Angewandte Kunst, Wien, 24. Mai 2007. *Merkur*, Nr. 699, Juli 2007)

Der Verdacht wider die Idee. Zum Konflikt zweier Modernen (Vortrag an der Universität Leuwen [Belgien], April 2009)

Moderne Diskontinuität. Der Moment als Funktion – der Moment als Substanz (Vortrag am Europäischen Institut Florenz, 16. August 2005)

Welche Macht hat die Philosophie heute noch? (*Merkur*, Nr. 734, Juli 2010)

Vernunft, Zeitlichkeit und Ästhetik. Aus Anlass von Jürgen Habermas' »Der philosophische Diskurs der Moderne« (*Merkur*, Nr. 721, Juni 2009)

Agonales Denken. Über Kurt Flasch (Vortrag anlässlich der Verleihung des Hannah-Arendt-Preises an Kurt Flasch, Dezember 2009. *Merkur*, Nr. 732, Mai 2010)

Kritik am Ende der Kulturkritik? (Vortrag am Berliner Colloquium der Redaktion »Geisteswissenschaften« der FAZ, Oktober 2009. *Merkur*, Nr. 726, November 2009)

»Deutscher Geist« als Sekte. Ulrich Raulffs Stefan-George-Kreis (*Merkur*, Nr. 729, Februar 2010)

Sechs Szenen Achtundsechzig (*Merkur*, Nr. 708, Mai 2008)

Ritus und Geste. Die Begründung des Heldischen im Western (Vortrag am Einstein-Forum, Berlin, Juni 2009. *Merkur*, Nr. 724/725, Sept./Okt. 2009)

Eine Imagination des Bösen? (*Merkur*, Nr. 741, Februar 2011)